読みなおす日本史

アイヌ民族と日本人

東アジアのなかの蝦夷地

菊池勇夫

吉川弘文館

目　次

序章　東アジアの視野のなかで

一八世紀前期の「徳川の平和」が安定的だったころの日本人の世界認識を、たとえば寺島良安《りょうあん》の『和《わ》漢三才図会《かんさんさいずえ》』（正徳三＝一七一三年）についてみると、良安は外国人を「異国人物」と「外夷《がいい》人物」の二種類に分けていた。「異国人物」というのは、震旦《しんだん》・朝鮮・耽羅《ちんら》・兀良哈《おらんかい》・琉球・蝦夷・韃靼《だったん》・女真《じょしん》・大《たい》宛《わん》・交趾《こうち》・東京《とんきん》の一一国の人々をさしている。いっぽう、「外夷人物」はそれ以外の「横文字を用ひ中華の文字を識《し》」らず、また食事をするのに箸を使わず手でつかんで食べる人たちのことで、占城《ちゃんぱん》・紅夷《こうい》・呂《る》宋《そん》・以西巴爾亜《いすはにや》・天竺《てんじく》・阿蘭陀《おらんだ》・小人国・女人国など、想像上の人種を含め一七七種類もの人々があげられている。

こうした「異国人物」と「外夷人物」とに分ける認識のありかたは、これより少し前の西川如見《じょけん》『増補華夷通商考《かいつうしょうこう》』（宝永五＝一七〇八年）における、「中華」「外国」「外夷」の三区分法に似通っている。良安の場合、如見のいう「中華」と「外国」とを合わせて「異国」と呼んでいるぐらいの違いにすぎず、人間世界を日本もその一部に含む漢字＝中華文化圏と、それ以外の西洋諸国などの横文字＝非中華文化圏の二つに大別するのが、当時の支配的な考え方であった。近世日本では、中世日本における日本・中国・天竺といういわゆる仏教的な三国世界観が、南蛮人のもたらしたヨーロッパ的な世界認識の影響を受けて大き

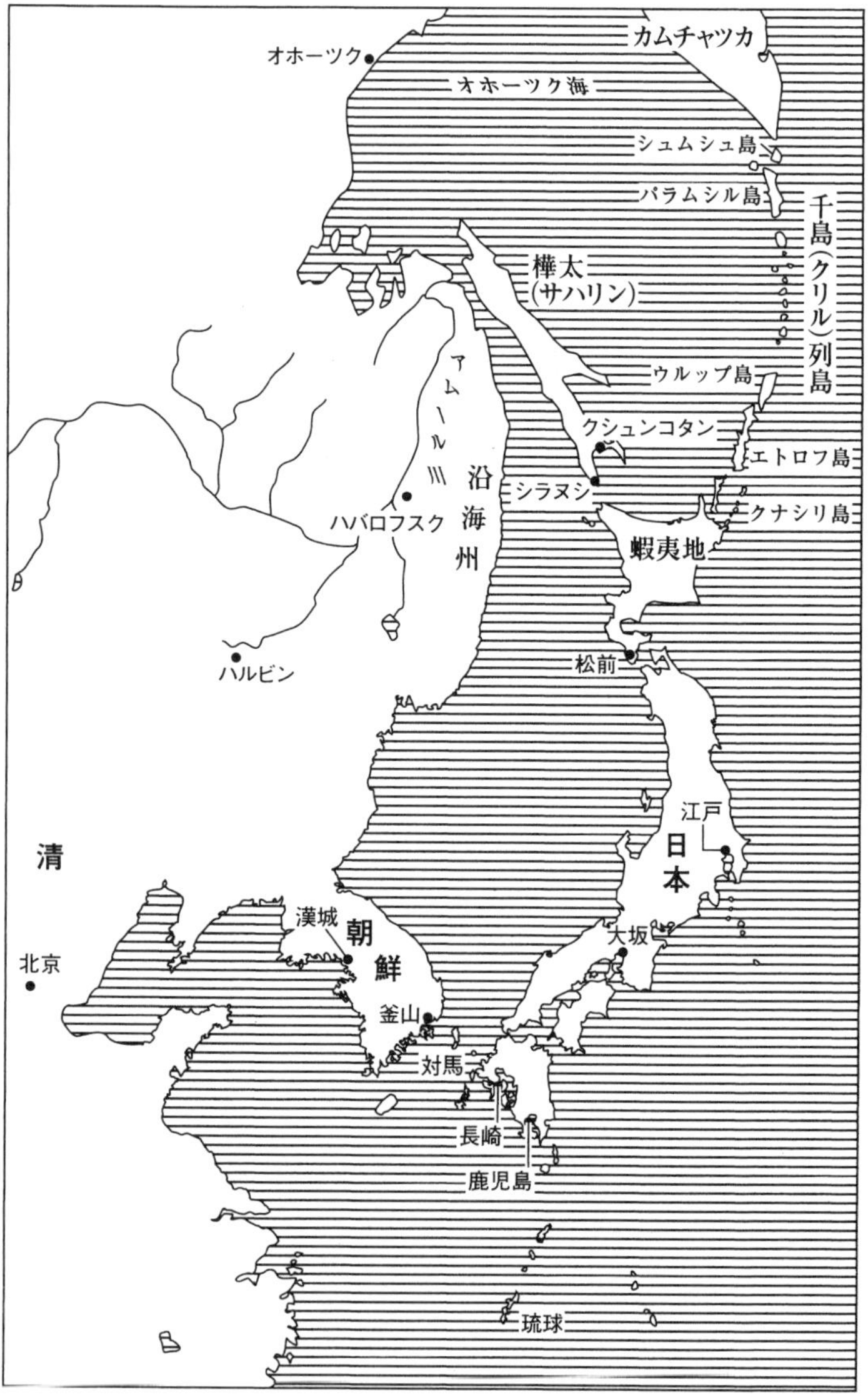

カムチャツカ
オホーツク
オホーツク海
シュムシュ島
パラムシル島
千島(クリル)列島
樺太
(サハリン)
ウルップ島
アムール川
クシュンコタン
エトロフ島
沿海州
シラヌシ
クナシリ島
ハバロフスク
蝦夷地
松前
ハルビン
江戸
清
日本
漢城
朝鮮
大坂
北京
釜山
対馬
長崎
鹿児島
琉球

く動揺し、その結果天竺の地位が相対的に低下し、日本・中華・西洋という認識枠に変わった。ちなみに、良安と同時代の新井白石が著した『西洋紀聞』の「西洋」は、中国西南方の南洋諸島といった中国における伝統的な用法とは違い、明らかに西欧を念頭においたネーミングであった。

良安の「異国人物」の中華文化圏は、ひとまず本書にいう東アジア世界といっておいてよいものだが、その一一国のなかで、近世日本を中心においたときに、日本国を衛星のように取り巻いて、ひとつの政治的な地域世界をつくっていると認識されていたのが、朝鮮・琉球・蝦夷の三国であった。まず、朝鮮については、「日本に来貢《らいこう》」した始まりや、「三韓を制し」た神功皇后、および「朝鮮を征」した豊臣秀吉の事績が語られ、「東照神君」の天下統一以来、朝鮮は「和を乞《こ》」い、「公方家《くぼう》」（将軍家）の「嗣世《しせい》の嘉儀《かぎ》」には必ず「三使」が「来聘」するならわしで、宗《そう》対馬守が「朝鮮国を司《つかさ》ど」っているとする。秀吉の侵略についてもう少し触れておくと、天下統一を果たしたあと、「大明を滅して異国の皇帝」になろうと欲した秀吉は「朝鮮を以つて導」びかせようとしたが、朝鮮がこれに従わなかったので憤り、朝鮮を攻めたと述べている。この戦争目的の理解は誤りではないが、この戦争で朝鮮民衆の抵抗に敗れた、ないし苦戦を強いられたという認識は微塵もなく、鍋島直茂や加藤清正らの勝ち戦がもっぱら称賛されている。近世大名のその出発点における共同体験としての外征が、領主階級の「日本」というまとまりでの結集をつよめ、近世の朝鮮観に大きな影を落としていたことは否めない。

また、琉球については、「中国の冊封《さくほう》を受くると雖《いえど》も亦《ま》た日本に臣服」という点が強調されている。「近年」は「薩摩の付庸《ふよう》の国」となっていたが、しばらく命に従わず、そのために島津家が「関東」（徳川将軍）の許可を得て、慶長一四（一六〇九）年琉球に侵入し、尚寧王《しょうねいおう》を虜にした、それ以来毎年「貢物」を薩摩藩に対して怠らず、将軍嗣立《しりつ》のさいには王子が来て「方物《ほうぶつ》」（その土地の産物）を献じているのだという。鎮西八郎源為朝の琉球渡りについても関心が寄せられている。為朝が琉球に渡って、「魑魅《ちみ》を駆り百姓を安ん」じてより、「島の民」がみな「日本の風俗」になり、為朝は死亡後「舜天太神宮《しゅんてんだいじんぐう》」として祀られたというもので、人口に膾炙した琉球国始祖伝説である。これが琉球の日本従属が当然であることを想像させるべく機能したことはいうまでもない。琉球は「言語能《よ》く倭《わ》に通ず」などと、日本文化との類似性も指摘されている。

そして、蝦夷であるが、景行天皇の代、日本武尊による「王化に染《したが》」わない「蝦夷」の「平討」以来、「本朝の奴《ど》」となったという認識が示される。阿倍比羅夫《あべのひらふ》・坂上田村丸（麻呂）の「征伐」、さらには斉明天皇のときの遣唐使への蝦夷人随伴の歴史を語っている。その人となりについては、「髪を被り髭鬚《ししゅ》（口ひげとあごひげ）長」く、「容貌夜叉の如《ごと》」きで、禽獣のごとく身が軽く敏捷性に富んでいるとする。国の長たる者の名を「沙具沙允《しゃくしゃいん》」もしくは「鬼菱《おにびし》」といい、寛文年中（一六六一―七三）に蝦夷が叛いたが、松前志摩守が「魁首沙具沙允《かいしゅ》」およびその党類を殺し「征伐」したと記す。そのほか、国に文字はなく言語が通じないことや、義経が「偽死」して蝦夷に渡り、島民の敬服を受け「南無義経」と称えられたことなどに説き及んでいる。琉球の為朝伝説と同様の性格のものである。古文献の知識とシャクシャインの蜂起の情報などがごちゃまぜになった説明になっているといえよう。こうした蝦夷知識のありようについては、本論でときほぐしていくことにして、ここでは深入りしないでおきたい。

寺島良安は必ずしも朝鮮・琉球・蝦夷三国といっているわけではないが、「大日本国の図」のあとに「朝鮮国の図」「琉球国の図」「蝦夷の図」と並列してその地理を解説していることをみれば、この三国が他の「異国」からはおのずと区別されていたのは明白であろう。一八世紀後期の林子平の『三国通覧図説』はもっと直截的に朝鮮・琉球・蝦夷の「三国」服従論を語っていた。このような三国観は、全体として中華文化圏のなかにありながら、中国に求心する冊封《さくほう》体制には組み込まれず、いわば小中華として独自の地域世界を編成しようとした幕藩制国家の華夷秩序意識に照応していたことはもちろんである。寺島良安にあっても、「大日本国」は「始祖の天照大神、中興の神功皇后、共に女王にして神威異朝に輝く」などといわれるように、神国意識がベースにあり、神国日本における徳川将軍の「武威」に畏れ、周囲の国々がつきしたがっているというのが、近世中期のポピュラーな対外認識であったのである。

近年の近世史研究は、従来の西欧中心史観的な鎖国のとらえかたを乗り越えて、東アジアとの関係を組み込んで、オランダ・中国への窓口である長崎口、朝鮮への窓口である対馬口、琉球および琉球を通した中国への窓口である薩摩口、蝦夷すなわちアイヌ民族への窓口である松前口の、いわゆる四つの口として把握すべきことを提示してきた。むろん、四つの口とはいえ、それぞれの関係国・民族が幕藩制国家の思惑通りに自らをとらえていたかはまったく別問題であるし、口によっても相互の力関係によって様相がだいぶ違っていた。その点を認めたうえで、四つの口に貫かれている幕藩制国家の対外編成原理に着目しなければならない。正式な国交がなく貿易関係にとどまるオランダ・中国を「通商の国」といい、朝鮮からの通信使とか琉球からの慶賀使・謝恩使といった国交のある朝鮮・琉球を「通信の国」と位置づけていたし、長崎口が幕府による直接の管理貿易であるのに対して、他の三口は個別大名に外交・貿易を委ねており、それは外交権の分有といってもよい。近世後期に蝦夷地を幕府が直轄支配するさいには、長崎口の遠国奉行支配がモデルともなっていた。いずれにせよ、国家意識の面で朝鮮・琉球・蝦夷の三国がひとつの連鎖をなし、鎖国制の一環を構成していたことはおおかたの理解が得られるところだろう。

本書の副題を「東アジアのなかの蝦夷地」としたのは、まずはこのような幕藩制国家の枠組みや対外認識のありかたと密接不可分に関わって「蝦夷地」が位置づけられていたことを念頭においているからである。しかも、幕藩制国家による蝦夷地の編成・支配は日本社会とアイヌ民族との関係だけで決まっているのではなくて、東アジア（ここでは北東アジアを含めて用いる）という地域世界全体における華夷秩序的な世界観によって大枠で規定されていたとみるべきである。いうまでもなく、その前提として中国を軸としたアジアの朝貢貿易システムが存在しており、日本が中国から相対的に独自の道を歩もうとしても、新たなシステムを創り出したわけではなく、そのミニチュア版でしかなかったことはよく論じられているところである。本書では具体的に取り上げることはできないが、日本国にとっての蝦夷地の意味は、中国と周辺諸民族、朝鮮国と「野人《ヤーイン》」（女真）との関係などに比定することが可能であろうし、蝦夷地に眼を向けていくことによって、東アジア世界の華夷（秩序）意識を批判的に解きあかし、今日なお華夷観念から自由ではなく、差別感覚や偏見を再生産させているかにみえる文明と未開の文化意識を乗り越えるのに貢献できればと思う。

むろん、東アジアのなかの、といった場合、右に述べてきた近世中期の支配的な認識枠に蝦夷地（アイヌモシリ＝人間の大地）がとどまっていたわけではない。「蝦夷」という場合、蝦夷人または蝦夷地のどちらの意味でも使われ、近世では蝦夷人はほぼアイヌ民族、蝦夷地はほぼ今日の北海道に該当するとみてよいが、地域としての蝦夷地は、千島列島、カムチャツカ、あるいは樺太・沿海州・東北アジアへとつらなっている。アイヌ民族がはやくから北方の諸民族と接触・交流をもち、民族文化を形成し発展させてきた様相は考古学の成果などによってかなり明らかになってきた。アイヌの活動は中世や近世でも同様であって、樺太アイヌの山丹交易《さんたん》（沿海州方面との交易）にみられるように、明・清の中国に求心する北東アジアと日本とをつなげる役割を果たしていた。このような北東アジア世界の一員としてのアイヌ民族の側面を正当に評価し組み込んでみたいというのも、本書の大きなねらいのひとつということになる。アイヌ民族を日本国家の華夷秩序観や「蝦夷征伐」史観の枠内から解き放す力となるはずである。

一八世紀半ばを過ぎると、周知のようにロシアの南下、蝦夷地接近がみられ幕藩制国家の対外秩序・対外意識を大きく揺さ振りだす。一八世紀末期のクナシリ・メナシのアイヌ蜂起やラックスマンの根室来航がその大きな転換点となり、寺島良安のような異域としての蝦夷島認識が打破され、幕府の直轄統治によって蝦夷地の内国化が図られる。アイヌ民族の国家的な位置づけががらりと変わり、近代国家の民族問題の性格を帯びてくる。ロシアによる北からの外圧がどのような国家的対応を生み出し蝦夷地に作用していくことになったのかは、解体期政治史の主要なテーマのひとつといえるが、東アジア世界と「西洋」のぶつかりあいが近世後期の日本のなかでもっともシビアに現象したのが蝦夷地に他ならなかったといってよいだろう。この点については後でまた述べることになるが、蝦夷地もまたマクロにいえば、東アジア世界の近代的変容という大きな歴史の渦の中にあったことを見落としてはならない。

以上述べてきたように、本書では東アジアないし北東アジアの視野のひろがりのなかで近世蝦夷地をとらえていきたいと思うが、本書のじっさいの叙述にあたっては、「蝦夷」と呼ばれた人々や地域の歴史的な歩み、とりわけアイヌ民族の歴史が基軸的な位置を占めることになる。近世アイヌ社会は一八世紀半ば以降、商人資本の蝦夷地開発によって他律的に変容・解体を迫られていく。それまで能動的な展開をみせてきたアイヌ民族にとって、民族の存立がかかった未曽有の体験の始まりであった。国家内的性格を与えられたという意味での現代につながる民族問題の起点を、明治期の開拓使による北海道開発におく考え方もあるが、近世後期にさかのぼらせて理解すべきであろうというのが本書の立場である。近世前期と近世後期とではアイヌ社会のおかれている歴史的環境がまるで変わってしまっている。中世や近代という前後の時代を射程にいれながら、そうした時代の転換がアイヌ民族に何をもたらしたのか、じっくり述べてみたいと思う。

また、アイヌ民族とともに、蝦夷という過去の歴史を背負い、しかも近世蝦夷地に深い関わりをもった奥羽の人々にもかなりのスペースがさかれている。奥羽の地域権力や民衆にとって蝦夷とは何かと問うた場合、地域アイデンティティの持ち方として中世までと近世以降とでは、肯定的なものから否定的なものへとスタンスが大きく変わっているように思われる。また、中央人から「夷風」視された近世北奥民衆が蝦夷地開発の尖兵としてアイヌ民族を抑圧・差別する側に身を置いていたという重たい事実もある。国家が何をしてきたかはむろん不可欠の論点であるが、民衆自身がどのような行動・意識をもっていたのか明らかにしていくことも、民族差別の発現のしかたを読み解いていくうえで必要な作業である。今、東北地方では、蝦夷を内なるものとして再評価する気運が出ているが、この問題を避けて通ることはできまい。

さらにもう一つ柱をたてておくとすれば、「蝦夷」という言葉に徹底してこだわってみたいという点である。蝦夷という漢字表記は古代国家に始まり、幕藩制国家の崩壊とともに公的には消え、現在では日常語としてはほとんど死語となっている。「エミシ」あるいは「エゾ」と読むかは別としても、東北や北海道の住民をさす言葉として、日本の前近代の国家・社会を生き続けてきたことになる。しかし、時代相によってその内容・イメージはかなり変化を遂げていることも事実である。蝦夷観は日本人の他民族・他文化に対する意識がどう成長してきたのか、あるいはそうではないのかを見極めるもっとも身近な材料といえる。歴史研究者においてもこの点の自覚が総じて弱いように思えるが、近世蝦夷地の歴史的前提として、冒険をかえりみず、古代蝦夷から説き起こしたのはそうした意味合いからである。

蔑視・差別感情がきわめて濃厚に付着している「蝦夷」や、相手を罪悪視する「征伐」・「征討」という言葉などは、できれば使いたくないところである。近世では蝦夷はほぼアイヌ民族をさしていることは先にも述べたが、だからといって、史料に出てくる蝦夷をアイヌ民族に置き換えて叙述すれば済むという問題ではない。蝦夷というのは、日本人すなわち他者の眼・意識を通して映じた限りでの東方ないし北方の住民像であって、実在のアイヌ民族そのものと同じではなく、しばしば相当の距離があることも稀ではない。現代科学ならば言い換えをすることによって積極的な問題解決の提案にもなりうるが、歴史学においいてはマイナスの価値意識であれ、それをまるごと引き受けて、その言葉の含意しているところをえぐりだし、問題点を引き出さねばならないといえよう。

およそ右に述べてきたような問題関心にもとづいて、国家と民族の問題に正面から向き合い、アイヌと日本人の関わりを軸に、現段階における近世蝦夷地の全体像を私なりに力を込めて提示してみたいと思う。一九九三年は「国際先住民年」として位置づけられた年であった。現在、アイヌ民族の人たちは、民族の尊厳や権利を盛り込んだ「アイヌ新法」（正式には「アイヌ民族に関する法律」）の制定を政府につよく求めている。その道理ある運動やアイヌ民族の現在については、巻末にあげた参考文献を参照していただきたい。また、ソ連が一九九一年に倒れ、日ロ間の冷戦構造の壁もまた崩れつつあるが、懸案の領土問題は未解決のまま残されている。アイヌ民族の要求に耳を傾け、その権利をきちんと保障していくためにも、また、領土問題の進展のためにも、事実にもとづいた北方史認識が欠かせないと思われる。本書はこのような現代的課題に処方箋を与えることを直接のねらいとしてはいないが、考えるための一助ともなればと願うものである。事実の大海から何を歴史的事実として引き出し光をあてるか、そこが歴史学の勝負どころだろうと考えている。

本書では、近世蝦夷地を中心にしながらも、古代から近代までをいちおう射程にいれ、全体的見通しをつけてみようと心掛けた。そのため、未着手の領域にまで大胆に踏み込まざるを得ず、幾多の著書や論文に学ばさせていただいた。一般書という性格から注記のスタイルをとらなかったが、それらは参考文献として巻末に章の節ごとに一括して示しておいた。

なお、本文の表記について一言触れておくと、アイヌ語は一般に通用している例にならったが、アイヌ語地名に関してはおおむね史料の用例にしたがい、現在通用の漢字・仮名表記に無理に統一しなかった。また「蝦夷」「俘囚」などの史料用語はすべてカッコ付きで示すべきであるが、煩わしさを考えてカッコを付さなかった場合があることを断っておきたい。

第一章　近世蝦夷地の歴史的前提

1　古代国家とエミシ

華夷意識と蝦夷

蝦夷という漢字表記は、毛人・俘囚・夷俘・蝦狄・東夷・夷・狄など時代によって多少の振幅があり、また、古代ではエミシ・エビス、中世・近世ではエゾと読み方が変化しているが、古代から幕末期まで、主として東北または北海道に居住したある特定の人々をさす生きた言葉として使われ続けてきた。このように時代を超えて、蝦夷という言葉が日本列島に住む人々の意識を長い間束縛してきたのはどのような理由によるのであろうか。蝦夷のイメージはこれからみていくように、時代によってかなり変容していると思われるが、しかし、変わらない認識の枠組みというものがなければ、蝦夷という言葉が生き続けるのは難しかったといえよう。

蝦夷といえばこれまで古代蝦夷をめぐる論議に集中してきた感がある。近年、中世蝦夷論が活発になってきたものの、各時代の範囲を打ち破り古代から近世末に至る長いスパンで蝦夷の歴史を整理してみると

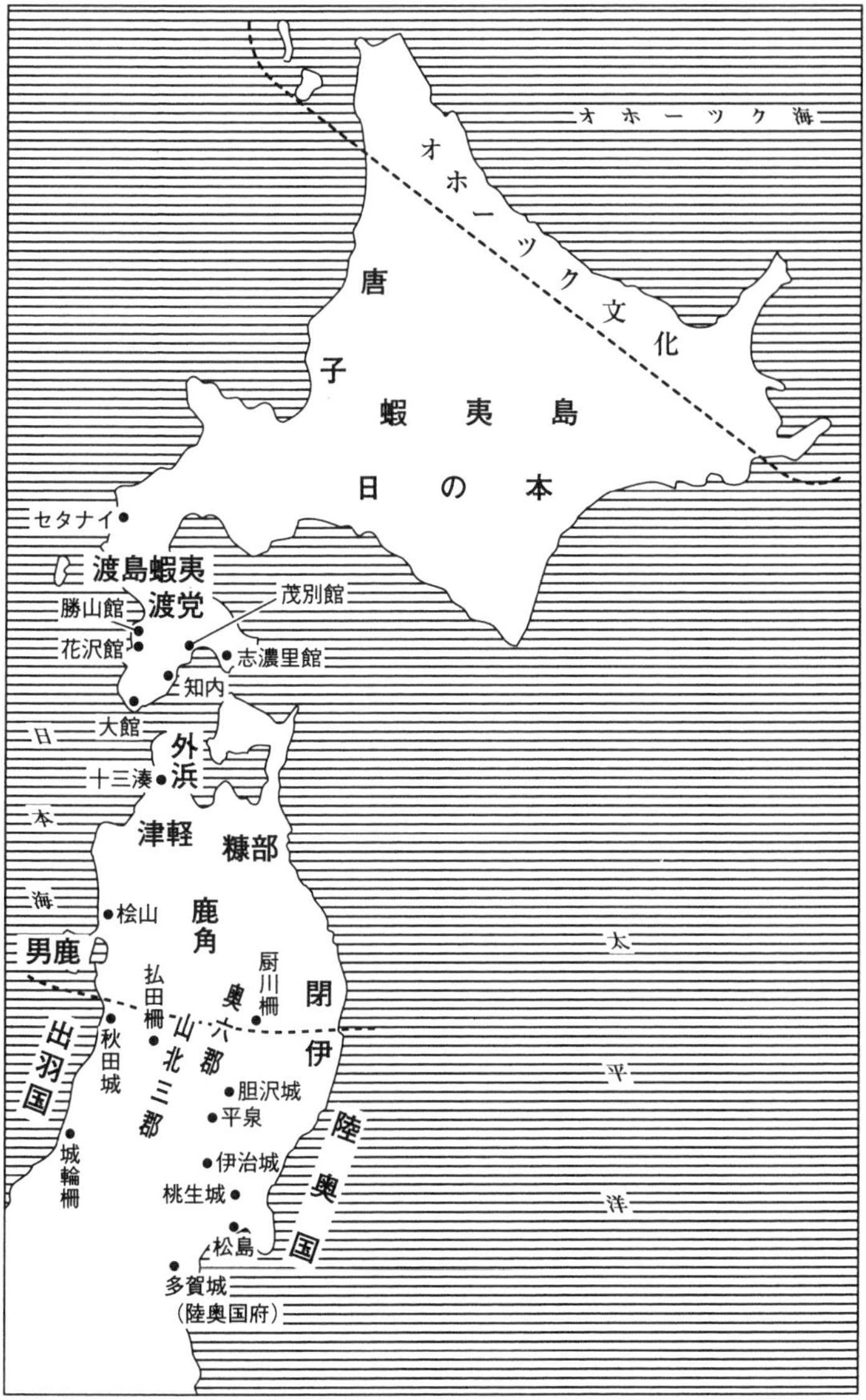
オホーツク海
オホーツク文化
唐子
蝦夷島
日の本
セタナイ
渡島蝦夷
渡党
勝山館
花沢館
茂別館
志濃里館
知内
大館
日本海
外浜
十三湊
津軽
糠部
鹿角
桧山
男鹿
閉伊
払田柵
厨川柵
奥六郡
山北三郡
出羽国
秋田城
胆沢城
平泉
城輪柵
伊治城
桃生城
松島
多賀城
（陸奥国府）
陸奥国
太平洋

いう試みは、従来ほとんどなされてこなかった。そこで、近世蝦夷論を本書で展開していくにあたって、古代から中世までの蝦夷観念・イメージの変遷、および「蝦夷」自身の歩みを概括しておこうと思う。

古代蝦夷を考える場合の大事なポイントは、すでに石母田正以来論じられていることであるが、日本の古代国家と蝦夷という単なる二者の関係としてあったのではなく、中国王朝を中心とする華夷秩序的な東アジアの国際関係のなかで、あるいっていの役回りを日本によって蝦夷が演じさせられていたという点にある。このような観点を重視するならば、『日本書紀』斉明天皇五（六五九）年七月三日条の遣唐使派遣記事はまことに興味深いものがある。遣唐使が道奥《みちのく》蝦夷男女二人を連れて行き唐の皇帝に見せたというのであるが、蝦夷は日本の東北の方角に位置すること、蝦夷の種類には大和からみて遠い方から近い方へ都加留《かる》・麁蝦夷《あらえみし》・熟蝦夷《にきえみし》の順に三種類があること、毎年朝貢にやって来ること、そして、五穀はなく肉食し深山樹下に住んでいること、といった皇帝との問答の内容までが、そこに詳しく記されていた。麁蝦夷と熟蝦夷の違いは朝廷に対してアラ（荒々しい）か、ニキ（おだやか）か、の政治的な服属の度合いによるものといわれている。

唐側からみれば遣唐使の派遣は朝貢使であったように、倭国（日本）もまた唐の皇帝の徳を慕って朝貢してくる蕃国のひとつであった。王朝の周囲には、よく知られているように、北狄《ほくてき》・東夷《とうい》・南蛮・西戎《せいじゅう》と呼ばれる四夷が存在し、この夷狄《いてき》の国々が朝貢・服属することによって国際的秩序が成り立っていると考えられていた。いわゆる中華思想にもとづく冊封《さくほう》体制と呼ばれるシステムである。日本の古代国家はまぎれもなくこのような中国を中心とする東アジア国際秩序の一員であった。しかしながら、いっぽうでそこから離脱を図り小中華としての自立的な道を歩もうとしていた。天皇号の使用はこうした華夷秩序的な国際認識と深く関わっていたことを示す一例であるが、遣唐使が蝦夷を唐の皇帝のもとに連れて行ったのも、蝦夷が日本の小中華を引き立てるための朝貢する蕃国に擬せられたからに他ならない。蝦夷の供覧にあたって、五穀すなわち農耕を知らない狩猟民的な未開・野蛮性がことさらにイデオロギッシュに主張されたことは容易に想像されよう。

　遣唐使派遣の前後はちょうど阿倍比羅夫《あべのひらふ》による蝦夷・粛慎《みしはせ》（沿海州方面から北海道に渡来したツングース系集団をさすか）の「征討」が経略されている時期にあたっていた。『日本書紀』の派遣記事の直前、斉明天皇五年三月の是月《このつき》条に飽田《あぎた》・渟代《ぬしろ》二郡、津軽郡、胆振鉏《いふりさえ》の各蝦夷・虜が服属し、大饗《たいきょう》賜禄《しろく》（朝貢する蝦夷に対して朝廷側が饗応し物を賜うこと）、地神祭礼、郡領設置のことなどがみえている。とすれば、比羅夫の蝦夷征討と唐皇帝への蝦夷供覧は一連の流れとして内的に結びついていたことは明らかである。

　ところで、蝦夷（蝦蛦）という漢字表記が中国側の史書に現われるのは『通典』や『新唐書』などからで、この遣唐使派遣に関する記述が最初であった。中国では蝦夷の使用以前、たとえば『宋書』倭国伝中の倭王武（雄略天皇）の有名な上表文、「東は毛人を征すること五十五国」の記述にみられるように「毛人」、ないしは「毛民」と表記していた。古代日本でも、エミシを毛人と書いた例は少なくない。倭がその東方の住民を毛人と表記したのは、現実に多毛の人々が存在したからというのではなく、たとえば、『山海経』海外東経の「毛民の国、其の北に在り。人と為り、身に毛を生ず」といった記述のように、中国側文献にみられる「毛民」「毛人」という東北の方位感覚と結びついた夷狄知識の借用と考えられている。

毛人の中国根拠説に対して蝦夷表記の方は日本固有のものという見解がある。海老に長い鬚《ひげ》があるからとか、腰の曲がったさまが類推されたからとか、蝦字の醜く卑しい意味が古くから語られていて、蝦（エビ）に夷の字が合わさって蝦夷という用語が造られたというものであるが、エビは蝦夷という語が生まれる以前からマイナスイメージがあったのか、説得力にいまひとつ欠けている。むしろ、蝦夷表記の発生理由を毛人と同じく中国側に求める推察のほうが魅力的である。当該住民が自らをカイと称しており、このカイに蝦夷の字を当てたのだという、喜田貞吉や金沢庄三郎らによる蝦夷＝カイ自称説がある。カイが自称であるかは意見の分かれるところだが、黒竜江地域の住民たちはアイヌ民族の先祖たちをクイに近い発音で呼んでいたといわれ、中国人がこのクイなりカイの音に蝦夷の字を当てたとみる、カイ他称説とでもいうべき理解が支持を得てきているように思われる。蝦夷表記の問題は未だ決着がついていないが、日本固有のものとみる解釈が行き詰まっている以上、視野を東アジアにひろげておくのはとても大事なことであろう。

小中華をめざした古代国家の政治姿勢は、蝦夷と並んで蝦狄なる用字を作為したことにもよく現われている。中華体制をとりつくろおうとしても、四夷に相当する存在がうまく編成できるとはかぎらない。「蛮」にあたるのが南九州の隼人《はやと》、さらには多禰《たね》・夜久《やく》といった南島人であったといえるが、『続日本紀』文武天皇元（六九七）年一二月一八日条の越後蝦夷を「蝦狄」とする例を初出として、陸奥国太平洋側の蝦夷を「夷」、越後・出羽の日本海側の蝦夷を「狄」と使い分けするようになる。中国での北狄と東夷に見立てたものであることはいうまでもない。朝廷儀礼の一環をなす、蝦夷や隼人の朝貢とそれに対する饗《きょう》給《ごう》（食を饗し禄を給すること）は毎年定期的に行なわれていた。また、令の規定などによっても、蝦夷は高句麗・勃海・新羅などに準じて「蕃国」「外蕃」扱いされていた。したがって、蝦夷が小中華体制の証として擬制されたことは明らかであろう。

このようにみてくると、蝦夷表記は古代国家の小中華意識に根ざした政治的観念の表出に他ならず、中国でいう東夷ないし北狄に見立てられた王化されない化外の民、擬似国を意味していたことになる。こうした政治概念としての蝦夷は、幕末期に蝦夷呼称が政治的に廃止されるまで、その後の国家権力を拘束しつづけた。蝦夷観念には異種・異族的な感覚も反映しているとみなければいけないとは思うが、蝦夷がアイヌか日本人かという民族学的な立論に対し、蝦夷は異文化・異民族概念であるよりは、まずは化外の民をさす政治概念として成立したという点を強調してきたのがほかならぬ歴史学であった。

エミシから俘囚へ

蝦夷・毛人の倭語としての読み方はエミシまたはエビスである。エミシが転訛してエビスになったものと解釈されている。エミシがアイヌの自称「エンチウ」に由来するという金田一京助の見解があるが、必ずしも一般的支持を得ているとはいいがたい。

蝦夷・毛人は東方の夷狄の称であったばかりでなく、人名としても用いられていた。蘇我蝦夷《そがのえみし》（毛人）が有名だが、他にも小野朝臣毛人《おののあそんえみし》、鴨朝臣蝦夷《かものあそんえみし》、佐伯宿禰今毛人《さえきのすくねいまえみし》（蝦夷）、佐伯宿禰毛人《えみし》など少なくない。蘇我蝦夷は逆賊であったので後に蝦夷と書かれたのだという説もあったが、功臣の者にも蝦夷の例があることから、エミシは勇猛な人をさした美称で、本来卑賤感覚はなかったというのが現在では通説のようである。エミシは勇者の美称であるのに対し、エビスは強暴な者をさす賤称と明確に区別されていたともいわれるが、エミシがエビスに転訛してからはもっぱら賤称として使われるようになったと考えればよいだろう。ただ、エミシを美称としてのみとらえてよいかは疑問がある。勇猛なという価値評価は立場を変えれば強暴というイメージに容易に逆転しうるものである。とすれば、エミシは両方の意味を同時に持ち得る両義的な言葉だと理解しておく方が都合がよい。

このようなエミシの理解から、東方の住民としての蝦夷の出てきかたを記紀にみておくと、まず、『古事記』景行天皇条には、倭建命《やまとたけるのみこと》が父の天皇から「東《ひむがし》の方《かた》十二道《とをまりふたみち》の荒ぶる神、及《また》まつろはぬ人等《ども》を言向《ことむ》け和平《やは》せ」との命令を受け、「悉《ことごと》に荒ぶる蝦夷等《えみしども》を言向け」云々とある。また、『日本書紀』景行天皇二七年条では、「東《あづま》の夷《ひな》の中《なか》に、日高見国《ひたかみのくに》有り。其の国《くに》の人《ひと》、男女《をのこめのこ》並《ならび》に椎《かみを》結《わ》け身《み》を文《もどろ》けて、為人《ひととなり》勇《いさ》み悍《こは》し。是《これ》を総《す》べて蝦夷《えみし》と曰《い》ふ」、同四〇年条では「其《か》の東《ひむがし》の夷《ひな》は、識性《たましひ》暴《あら》び強《こは》し。凌犯《しのぎをかすこと》を宗《むね》とす。……其《そ》の東《ひむがし》の夷《ひな》の中《うち》に、蝦夷《えみし》は是尤《これはなは》だ強《こは》し。……故《かれ》、往古《いにしへ》より以来《このかた》、未《いま》だ王化《みおもぶけ》に染《したが》はず」などと表現されている。

蝦夷の人性についてみれば、「人となり勇悍」「識性暴強」とあるように、勇猛さという点で人名のエミシと共通していることは明らかだろう。ただ、その人性の方向がプラスかマイナスかの違いである。この強暴さが、政治的不服従という意味の「まつろわぬ」と結合し、農耕に従う王化された「人民」をしばしば襲って「盗略」に及ぶとき、国家的敵対者・反抗者としての荒ぶるエミシがイメージされ肥大化する。蝦夷・毛人という漢字表記は東方の夷狄が大王・天皇の徳に感じて朝貢してくるという安定的な華夷秩序を想定するところに成立した概念であったが、エミシ・エビスとしての蝦夷はそうした願望とはおよそ違って、ときに反抗する勇猛果敢な別物の姿を私達の前に示しているといえよう。それがまた大和人の畏怖ともなっていたのである。

「まつろわぬ」蝦夷は、その華夷秩序的理念からすれば、とうてい許されるべき存在ではない。ここに、蝦夷を征討し、内民化して抵抗の力をそぎとろうという欲求が絶えず出てくる。律令国家は多賀城・出羽《でわ》柵《き》・桃生《ものう》城・雄勝《おがち》城などといった城柵を拠点として、関東地方などからの移住民である柵戸《さくこ》を置きながら、国郡制的な行政支配を強力に進め、抵抗する蝦夷を投降・帰順させていったが、その最大の戦争は八世紀末から九世紀初めにかけての征夷大将軍坂上田村麻呂によるアテルイらの「征伐」であったことはよく知られている事実である。

八世紀に入ると、俘囚《ふしゅう》・夷俘《いふ》といった呼称が新たに使用されるようになる。朝貢関係はあっても「蕃国」の化外の民に他ならない存在が蝦夷であったが、蝦夷のなかには律令国家の内側に取り込まれ、辺境支配に一定の役割を果たすようになった者も出てくる。しかし、調庸の民として税を負担する公民となるまでには至らない段階が俘囚または夷俘と呼ばれる存在であった。俘囚・夷俘という用字も中国に起源があるようだが、俘囚は「吉弥侯部《きみこべ》」姓、夷俘は「地名＋公《きみ》」姓を特徴とする。

最近の研究によれば、「吉弥侯部」は天皇との直接の結びつきが想定される「君の子部」に関連するといわれ、陸奥・出羽の国司に征夷のための俘軍として編成されたものであった。いっぽう夷俘の方は、在地に勢力をもつ族長が王化して律令制地方行政機構の末端を担った者で、後で触れる伊治の地名を冠した伊治公呰麻呂《これはるのきみあざまろ》などのように大領《だいりょう》という郡の長官についた者も生まれてくる。俘囚と夷俘とはこのように編成のされかたに違いがあるようだが、いずれにせよ古代蝦夷は九世紀前期ごろまでに津軽など東北北部を除き、俘囚・夷俘として国家体制のなかで生きる道を余儀なくされたことだけは確かなことであった。

反乱に参加し鎮圧され投降した俘囚・夷俘たちが、「移配」といって日本各地に強制移転させられたことも、蝦夷の苛酷な運命を物語るものであった。滋賀県信楽《しがらき》町玉桂寺の阿弥陀如来立像（建暦二＝一二一二年造立）の胎内から発見された交名《きょうみょう》に、「エソ三百七十人」の名前が記されていたが、これが陸奥に住む蝦夷というとらえかたのみならず、近江に移住させられた俘囚の子孫の可能性も指摘されている。そうだとすれば、移住させられた俘囚が鎌倉初期に至るまで周囲からエゾ集団視されていたことになる。

このように体制内化した俘囚・夷俘であったが、前出の呰麻呂の反乱によって、宝亀一一（七八〇）年、按察使紀広純《あぜちきのひろずみ》および牡鹿郡大領道嶋大楯《みちしまのおおだて》が殺害されるという事件が発生している。夷俘扱いされたことに対する反感が理由といわれる。また、自ら積極的に公民化をめざす動きも存在した。たとえば、弘仁三（八一二）年、陸奥国遠田郡の竹城公金弓《たかぎのきみかたゆみ》ら三九六人が「田夷《でんい》の姓」を脱したいとして、「本姓を改めて、公民となり、禄を給するを停められ、永く課役を奉ぜん」と願い認められたケースがあった。「田夷」とあるように農耕民化していたことが改姓を容易にしたとも考えられているが、このような動向を高橋富雄は近著で「古代公民権運動」としてきわめて高く評価している。田夷としての差別待遇からの自由・解放を求める「水平化運動」だというのである。

喜田貞吉のこうした見解は、ある意味では喜田貞吉の同化融合論にきわめて近い位置にあるといえようか。喜田の場合には、国家による蝦夷の農耕民化は日本民族への同化融合策であり、蝦夷としての蔑視的差別待遇からの解放であるという観点をつよくもっていたが、喜田の上からの視点に対し、高橋のそれはいわば蝦夷の側からの同化融合を語っているわけである。高橋のいう「蝦夷自身の視角」の帰結が蝦夷の公民化にあることは興味深い。しかし、公民化運動にどれだけ高い評価を与えようと、それは「まつろわぬ」ところの独立自尊のアイデンティティを喪失し、自らの過去の歴史を消し去るという代償のもとに、公民化すなわち同化の道を選び取ったという限定条件つきであることを忘れてはなるまい。

エミシはアイヌか日本人か

古代蝦夷論の主たる関心は国家史を別にすれば、エミシがアイヌかそれとも辺民としての日本人かという、種族的ないし民族的実体に向けられてきたといっても過言ではあるまい。当初は金田一京助に代表されるように蝦夷＝アイヌというのがいわば常識であったが、これに対抗して長谷部言人が蝦夷＝辺民・方民説を打ち出して以来、平泉藤原氏のミイラ調査で人骨はアイヌではないと指摘されたことや、弥生時代稲作が東北北部にまで広がっていたことが考古学的に確認されるなど、アイヌ説にかわって辺民説が力を得ることになった。その背後にある思潮も問われなくてはならないが、それはさておき、近年では逆に山田秀三によるアイヌ語地名の実地踏査にもとづいた研究や、考古学の発掘調査事例の蓄積や見直しによって、津軽海峡をまたいで東北・北海道に共通する文化の存在がもはや否定しえないものとなってきた。アイヌ語地名は山形・秋田の県境以北、および宮城県北部以北に濃厚に残存していること、続縄文後期にあたる四〜五世紀頃の後北C_2・D式や、七世紀頃の北大式と命名されている北海道系土器が宮城県北部にまで展開し、古墳文化の様相が東北北半と南半とでは大いに様相が違っていたことなどが、その例証である。エミシの言葉を古代国家が「夷語」と呼び、エミシとの交渉にあたって「訳語人」（通訳）が存在したこともまた見逃せない事実である。再び蝦夷＝アイヌ説が盛り返しているというのが現状といえるだろうか。

蝦夷（エミシ）の種族的・民族的実体という点についていえば、アイヌ語に直接つながる言葉を話し、気候・生態系とも関わって北海道と東北地方とに共通する文化要素を持った人間集団が中心であったとみてよいと思われる。形質人類学的にアイヌ民族と東北地方（とりわけ北部）の住民との間柄が他の日本地域より近しいと指摘されていることも、こうした推測を裏づけるものとなっている。むろん、倭語を話す勢力との接触の度合いによって倭文化要素の影響が地域的な濃淡をみせるのは当然であろう。

ただし、ここで注意しておかなくてはならないのは、近世以降の日本人（和人）とアイヌ民族をそのまま古代蝦夷の時代に持ち込んで、蝦夷がアイヌか日本人かと択一的に議論するのは慎重であるべきだという点である。近世の文化様式のあり方をひとまずアイヌ文化の到達された姿とみるならば、後述するように、それは擦文《さつもん》文化を母体として北方的なオホーツク文化の影響を受けながら成立したものだといわれ、古代エミシ時代の北海道文化が化石化されて残存したわけではない。また、アイヌ語を話す人間集団といっても、国家という枠組みによって広域にわたって統合される契機がないため、アイヌというひとつのまとまり意識をもっていたかはアプリオリに前提すべきことではなく、分化した複数のグループが存在したことも十分に考えられる。前述のように麁蝦夷・熟蝦夷という区別は倭国側からみたアラ・ニキの服属の程度を表現したにすぎないが、その基準とは異なる都加留（津軽）はそれらと集団を異にしていることの反映とみることもできる。古代国家による征討・内民化が仮になかったとして、エミシ社会が近世のアイヌ社会へ歩む一本の道しかなかったと考えるのは非歴史的民族理解というものであろう。

ところで、網野善彦による日本人はいつから日本人になったのかという問いは意表をついた新鮮さがあった。種族的・民族的な倭人が古代国家を形成する主体になったとしても、倭人と日本人とはイコールではない。日本人は日本国という国家概念と不可分に結びついて成立した国民概念であることは間違いなく、種族的・民族的出自のいかんにかかわらず、王化され公民となった者がすべて日本人である。渡来系の人たちは「帰化」すれば日本人であったし、移配された俘囚・夷俘にしろ、一定のプロセスを経て内民化されたのである。

日本人がこのようなものだとすれば、政治概念としての蝦夷もまた同様である。近世アイヌ語につながる言葉を話す人々が中心であるとしても、日本国家の外側にいる倭人を含め、複数の種族的・民族的集団を包含しうる概念だということをはっきりさせておかなくてはならないだろう。エミシはアイヌか日本人かという問いは、国民と民族（ないし種族・語族）とを論理的に峻別し、しかも我々意識を共有するところに成り立つ民族それ自体が歴史的に形成されるものだ、という観点を最小限ふまえておく必要があることを示している。この点は中世以降の蝦夷をめぐる歴史的展開においても同様である。

2　中世のエゾと境界権力

安倍・清原・藤原各氏の登場

八世紀末から九世紀初めの坂上田村麻呂・文室綿麻呂《ふんやのわたまろ》による蝦夷征討のあと、陸奥国では規模の大きい蝦夷の反乱はなりをひそめた。出羽国では元慶《がんぎょう》二（八七八）年、秋田郡の俘囚が秋田城司《じょうし》の苛政に怒って秋田城および郡衙《ぐんが》を攻撃し、秋田河（雄物川）以北を「己地《おのれがち》」（自ら治める地域）にしたいと要求した元慶の乱が起きているが、これを最後に古代蝦夷の反乱はおおむね終息した観がある。奥羽の蝦夷問題が中央政局で再び頭をもたげてくるのは、いわゆる前九年・後三年の合戦（役）で知られる安倍《あべ》氏・清原氏が登場する一一世紀半ばになってからのことである。

この間、一〜二世紀にわたる奥羽の政治情勢の静謐さの理由は、いくたびかの戦闘によって律令国家側に疲弊・厭戦感が生まれ、いたずらに差別・分断の対立感情を煽って征夷を繰り返すより、俘囚と妥協しながら夷をもって夷を制する方向に政策転換したことがまずあげられる。平安期の奥羽の行政機構として、陸奥国府（多賀城）・出羽国府（酒田城輪柵《きのわ》）の他に、胆沢《いさわ》城（延暦二一＝八〇二年設置）と秋田城（天平五＝七三三年設置）とが置かれており、鎮守府将軍・秋田城介《じょうのすけ》が国司に準じた地方官として現地に赴任していた。内民化させられた俘囚たちは鎮守府・秋田城の在庁官人としてある程度満足すべき地位・待遇が割り当てられ、地方行政の末端を担い、自らの政治的・経済的力を蓄積していくことが可能になっていたといえよう。

　また、九世紀になると、蝦夷の使用例が少なくなり、かわって俘囚の語が多用されるようになる。寛《かん》平《ぴょう》四（八九二）年成立した『類聚国史』は、蝦夷・俘囚を渤海《ぼっかい》・靺鞨《まっかつ》・粛慎《しゅくしん》・高麗などの蕃国たる「殊《しゅ》俗《ぞく》部」ではなく、隼人・多禰《たね》・南嶋《なんとう》などの「風俗部」に入れている。古代国家成立期の蝦夷を擬似蕃国と見立てる国家意識が九世紀末には大きく後退していたことが知られる。俘囚化による内民化の進行という実態を反映した認識の変化であることは間違いない。それに加えて、中華帝国を誇った唐の衰退・滅亡という国際的影響が、国家意識として夷狄たる蝦夷をふだんに創り出していく政治的衝動性を弱めることに結果し、俘囚のさらに北方にいる津軽蝦夷・渡嶋《わたりしま》蝦夷をことさらに刺激する必要性がなくなったということも合わせ考えておかねばなるまい。

　さて、このように国家の積極的な在地介入が後退した一〇世紀から一一世紀にかけて、有力在庁官人として成長し、自立的な地域権力の道を歩みはじめたのがおそらく奥州の安倍氏であり出羽の清原氏であった。そして、それを継承するかたちで奥州藤原氏の栄華が出現することになる。安倍氏の出自はよくわかっていないが、一般には土着の俘囚の系譜を引く者であろうと考えられている。安倍氏は奥六郡（胆沢・江刺・和賀・稗貫・紫波・岩手の各郡）といわれる衣川《ころもがわ》以北北上川中流域に勢力を誇った豪族で、「六箇郡之司」「東夷酋長」などと、前九年の合戦（一〇五一〜六二年）をテーマにした『陸奥話記』（群書類従本）に出てくる。もっとも異本には「六箇郡内に安倍頼良といふ者あり」「自称酋長」（尊経閣文庫本）ともみえ、安倍氏は郡司職などいかなる公的な官職にもついていなかったという見解もみられる。独立的な俘囚政権（国家）を想定するのはいきすぎであるが、鎮守府在庁官人として陸奥国の年貢である馬・金の収取を担い、また奥六郡以北の蝦夷村との交易などに関わりながら地域支配を強化・拡大していったものとみておきたい。

従来、前九年の役と呼んできたが、当時の表現では「十二年の合戦」といわれていた。文禄・慶長の役など、「役」は国家の側からみた対外的な征服戦争の意味をもつといわれるから、最近では「合戦」を意識的に使用する研究者もみられる。一族の長である安倍頼良が「賦貢《ふこう》を輸《いた》さず、徭役を勤《つと》むることなし」といわれたように、六郡を私領化して租税を納めず、さらに衣川以南に触手を伸ばして陸奥国府と対立する。陸奥守藤原登任《なりとう》がこれを討伐しようとして敗れ、その後源頼義が追討のため陸奥守兼鎮守府将軍となり下ってくる。一時和平が成り立って、安倍頼良は頼時と改名したが、源頼義の個人的野望もあって長期戦に突入した。源頼義側の劣勢であったが、出羽山北《せんぼく》（雄勝・平鹿・山本三郡）の「俘囚主」清原武則の参戦を得て安倍氏を滅亡させた。安倍頼時の娘を妻とした藤原経清は中央貴族出の陸奥国府の官人で、陸奥守に次ぐような地位にあったと推定されているが、源頼義への疑心から安倍頼時の側につき、最後は斬首された。藤原経清の子清衡《きよひら》が奥州藤原四代の祖となる。

「俘囚主」清原武則はこの功によって鎮守府将軍に任じられ、山北三郡に合わせ奥六郡を支配し強大な力を持つようになる。しかし武則の後を継いだ武貞には嫡子真衡《さねひら》、藤原経清妻に生ませた家衡、そして経清妻の連れ子清衡と、三人の子があり、この複雑な兄弟関係から内紛が絶えず、これに陸奥守として赴任してきた源義家の介入によって後三年の合戦（一〇八三〜八七年）に突入した。結果的に清原氏が滅び、藤原清衡がその遺産を手中に収めることになる。

藤原氏四代についてはここで詳しく述べるまでもあるまい。清衡は衣川以南の地平泉に拠点を移して中尊寺を建立し、また二代基衡も毛越《もうつ》寺を建立した。三代秀衡の時代には絶頂期を迎え、宇治の平等院を模した無量光院が営まれている。「俘囚《ふしゅう》の上頭《じょうとう》」の地位を継承しながら、清衡が陸奥国押領使《おうりょうし》、基衡が出羽国・陸奥国押領使となって両国全体に及ぶ軍事警察権を手に入れ、さらに秀衡は押領使に加え鎮守府将軍・陸奥守に任命され、名実ともに奥羽の支配者として君臨していく。国家官職のみならず奥羽の摂関家領荘園の管理者としても振る舞っていた。北方の蝦夷系集団との交易、馬や砂金が財力の基盤であった。

現在、北上川改修工事計画に伴う「柳の御所跡」の発掘調査、およびその保存運動と結びついた研究によって、奥州藤原氏や都市平泉をめぐる論議が活発である。柳の御所跡は平泉館《たち》とよばれた秀衡の政庁があった場所としてほぼ認定されるようになり、同遺跡からは藤原氏の性格を考えるうえで貴重な遺物がさまざま出土している。ハレの宴で使用された大量の素焼きの使い捨て土器《かわらけ》、中国渡来の白磁や渥美・常滑の陶器、いろり文化と関係ありといわれる北方的な内耳《ないじ》鉄鍋、将棋の駒など枚挙にいとまなく、北方世界や中国ともつながる国際性が指摘されてもいる。幸いに遺跡保存の方向が打ち出されたが、系統的な学術調査が今後進められていくならば、平泉の全体像がみえてくるのもそう遠くはあるまい。

境界権力としての性格

安倍氏から清原氏を経て藤原氏にいたるプロセスを簡単に述べてきた。それでは、「東夷酋長」または「俘囚首」（『朝野群載』）としての安倍氏、「俘囚主」としての清原氏、「俘囚の上頭」「東夷の遠酋」（『中尊寺供養願文』）としての藤原氏の性格をどのように考えたらよいのだろうか。俘囚とのつながりで理解されることの多い安倍氏は、藤原経清など現地赴任官人との間に姻戚関係を結んでいた。清原氏の場合よくわかっていないが、出羽守や鎮守府将軍を出した軍事貴族平氏との関連が推測されたり、一族のなかに吉彦《きみこ》秀武（武則の甥または婿）のように俘囚「吉弥侯《きみこ》」姓をもつ者がいることを考え合わせると、土着豪族と赴任貴族との婚姻関係が浮かぶ。藤原氏の場合には秀郷流藤原氏という京都貴族の血が流れていたことは明らかだが、一方で俘囚安倍氏の血脈も意識せざるをえない立場にあった。在地性を強調せずして俘囚系住民の協力を得ることは不可能であった。父系列であれ母系列であれ、いずれも俘囚豪族と中央貴族との婚姻関係を通した結びつきがあって地域権力として成長・強大化していることがわかる。

「東夷酋長」あるいは「俘囚主」について、俘囚の主だった者という程度のとらえかたから、俘囚の統轄権を表現する官職的なものとみなす解釈まで幅がある。そのいずれにせよ、俘囚の人々を統率する地位にあったことは間違いあるまい。このように俘囚の系譜を受け継ぎながら、王朝国家の地方行政機構に食い入り勢力を拡大していったのが安倍・清原・藤原の各氏であった。藤原秀衡が陸奥守・鎮守府将軍を兼職したことは地方政権としての俘囚権力の到達点であった。藤原氏の場合、その父系の出自もあって、京都公家風への傾斜が際立っていたが、いわば在地性と中央性の統一のうえに金色堂に象徴されるようなその栄華が生み出されていたといえよう。

俘囚・蝦夷系社会と日本の国家とをつなぐ在地的な地域権力は、安倍氏から藤原氏へ、さらにその後安藤氏・蠣崎《かきざき》（松前）氏へと交替していくが、空間的に境界領域に成立しているというのみならず、権力主体自体が婚姻関係や国家官職を通じて蝦夷向きと日本向きの二つの顔を合わせもち、その両面を場合によってうまく使い分けながら成長したという意味において、まさに両義的な境界権力としての性格をもっていたというべきであろう。それは蝦夷（エミシ）の俘囚化が招いた必然的なコースであったといえるかもしれない。

エビスからエゾへ

一一世紀半ばから一二世紀にかけての俘囚社会にねざした在地的な境界権力の成長と揆を一にするかのように、蝦夷（夷）の読み方がエミシ・エビスからエゾに変化していく。エゾ事例をひろく集めて検討した海保嶺夫によれば、エゾの最初の例は『今昔物語』（国史大系本）であるといい、それによれば安倍氏を「酋（エビス）ノ長」と呼ぶいっぽう安倍氏の「国ノ奥ニ夷（エゾ）」が存在するとし、エビスとエゾとが区別されていた。もっとも、別本では夷をエビスと読ませているものもあるという。『今昔物語』は一般に一二世紀初め頃の成立と考えられている。エゾは一二世紀半ばになると、和歌のなかにかなり詠み込まれるようになり、エゾは「えそがすむつかろ（津軽）」「えそか千島」「千島のえぞ」などのように津軽および北海道の住民をさして使われていた。蝦夷概念の古代エミシから中世エゾへの転換がこの時期に起こったことを示している。

津軽および北海道の住民はすでに七世紀半ばぐらいから津刈・都加留・津軽蝦夷（エミシ）、渡嶋《わたりしま》蝦夷（エミシ）として古代国家によって知られた存在で、阿倍比羅夫による蝦夷・粛慎《みしはせ》征討のなかに登場していた。渡嶋蝦夷を能代・秋田、ないし津軽を含む地域に比定する考えもかつてあったが、最近では北海道にあてる見解のほうが有力で、ここでも北海道説にしたがっておきたい。出羽国司・秋田城司と朝貢・饗給＝交易関係をもっており、道央部に存在する北海道式古墳と名づけられている蕨手刀《わらびでとう》などを出土する古墳の存在などがそれを証明するものとみられている。

しかし、渡嶋蝦夷（狄）は寛平《かんぴょう》五（八九三）年をもって史料上から姿を消す。そして一二世紀半ばごろ北海道の住民は「夷」（エゾ）として再び登場してくる。この空白を含む九世紀から一三世紀にかけての時代は、考古学的にいえば、北海道から東北北部にかけて、擦文《さつもん》式土器に標識される擦文文化が展開した。この文化は続縄文文化が移行したもので、サケ・マスの漁撈を主体とし、副次的に農耕や狩猟を伴った、北海道の生態系にうまく適合した生活文化であったことが明らかにされつつある。このように擦文文化を独自に発展させていく力は、農耕民化ないし牧民化して百姓化の道を歩んだ俘囚社会とは文化的較差を大きくしていったに違いない。天慶《てんぎょう》二（九三九）年の「俘囚反乱」のさい、「賊徒秋田郡に到来し、……又、異類を率ゐて来る可《べ》し」（『貞信公記抄』）と出てくる「異類」が、賊徒＝俘囚から区別される津軽以北の人々だとすれば、俘囚と結託しうる存在だが、俘囚とは違う種類の人々として内地社会で認識され出したことを示している。ちなみに、この「異類」をアイヌ民族と結びつける見方もあり、擦文文化はのちのアイヌ文化の直接の母体をなしたと考えられている。

こうしてみると、前節でエミシの実体は、アイヌ語につながる言葉を共通に話す人間集団が中心ととらえたが、平安時代は、エミシ社会が擦文文化を生み出し中世エゾに連続していく人々と、俘囚化しやがてはその俘囚意識さえ失い百姓化していく人々とに大きく分裂し、文化様式・アイデンティティのうえで溝をふかめていった時代ということができよう。安倍氏から藤原氏にいたる境界権力の展開が、一見自立的にみえながら中央の国家とのかかわりを強め、地域の俘囚性を消し去っていく方向に機能しているかのようにみえるのは歴史の皮肉である。奥州藤原氏が滅亡し、鎌倉幕府という全国的な武家政権の誕生とともに、その北方の津軽・北海道方面の住民がもっぱらエゾと呼ばれるようになる。

エゾという呼び方が何に由来するのか、これも謎のままである。エビスがエゾに訛ったものとか、最近では八世紀に出てくる伊治（村・郡・城・公）の音読みイジがエゾの起源だとみる見解もある。ただ、多賀城出土漆紙文書に「此治」とあることから、伊治＝此治＝コレハル（のちの栗原）と読むのが有力になっており、とすれば成立しがたい議論ということになる。そこで、金田一京助の見解、すなわち、エミシ＝エンチウ説はともかく、エンチウが訛ってエゾになったという説の方はいまなお捨て去ることはできないように思われる。少なくともエゾは北奥羽と北海道の交流のなかで擦文文化人をさす言葉として俘囚（エビス）と区別して使用され、それが中央に受容され一般化したものであろう。ただし、エゾという呼称であっても、蝦夷ないし夷・狄などという漢字表記を用いている以上、政治概念としての性格を失ったわけではなく、中世国家の境界領域・境界外の東ないし北の住民は外延的にまるごとエゾと認識されるという、エミシがもっていたと同じような意識の枠組みが再生産されていることに注意しなければならない。

中世国家と蝦夷沙汰

文治五（一一八九）年、源頼朝の武家政権は奥州藤原氏を攻め滅ぼした。蝦夷島《えぞがしま》（蝦夷ケ島・夷島）に逃れようとした藤原泰衡は自らの郎従の手によって殺された。全国六六か国の軍勢が総動員をうけ、軍事指揮権者としての鎌倉殿の存在はいやがうえでも誇示された。源義経を衣川に自刃させた泰衡であったが、頼朝のいわば最後の標的にされたのは、単にその存在が背後から脅かしかねないというだけではなく、奥羽の境界権力を倒し手中に収めることによって全国制覇が文字どおり完結すると意識されていたからであった。入間田宣夫が論ずるように、これより前の文治三年、頼朝は宇都宮信房・天野遠景《とおかげ》に「鬼界が島」（硫黄島）を「征伐」させていた。東と西の日本境を極める、これが追討の宣旨なしに奥州合戦を急いだ理由であったといわれる。しかも、源頼朝には、その直接の先祖頼義・義家が安倍・清原氏との壮絶な戦いを通して武門としての勢力を伸張させてきたという家の歴史があり、奥州攻めが格別な意味あいをもっていたに違いない。

建久三（一一九二）年頼朝は征夷大将軍に任じられた。征夷大将軍は律令国家から蝦夷征討のために補任され、坂上田村麻呂がその職にあったことで有名だが、九世紀初めをもって久しく中絶していた。この忘れかけていた官職を復活させたのは木曽義仲であった。義仲の場合、頼朝と対抗するため征夷というよりは征東の意味で用いていた。頼朝が征夷大将軍職に執着したのは、義仲の継承というだけでなく、武家政権の首長たるにふさわしい称号と認識されたからで、日本全国を束ねて軍事指揮者としての全権を行使しうる最大の場は国家の対外戦争であり、それは古代国家以来の歴史でいえば「征夷」という名目しかなかったといえよう。中世の武家政権が征夷大将軍として出発し、その後室町・江戸幕府と継承されたことは、現実的な重みはともかく、夷狄・蝦夷が武家権力の国家意識のうえで絶えず再生産されつづけるということでもあった点を見逃してはなるまい。

藤原氏の滅亡のあと、奥羽地方は、依然として古代以来の国衙機構（国守の役所）が残るとはいえ、鎌倉幕府の実質的な支配地となり、葛西・伊沢・千葉・畠山・三浦・北条などといった鎌倉の御家人が郡地頭職（郡単位で年貢徴収や現地の管理などにあたる職務・権利）を与えられ、占領者として乗り込んできた。それまでの在地土豪は没落し、俘囚社会的な様相は完全に拭い去られてしまった。その後の奥州の政治史は、奥州惣奉行となった葛西氏（奥州御家人奉行職）と伊沢氏（陸奥国留守職）を軸に展開していくことになり、もはや蝦夷問題は所を変え、東北北部から北海道がもっぱら対象となっていく。

王朝国家期、奥六郡・山北三郡の北方にひろがる北奥羽一帯は、いまだ郡を建てるに至らない蝦夷「村」であった。そこに津軽郡・糠部《ぬかのぶ》郡・閉伊《へい》郡・鹿角《かづの》郡などが成立したのは、平泉藤原氏の支配が及んだ、はやくても一二世紀初めの頃だといわれている。中世期を通して率土《そっと》の浜すなわち王土の尽き果てる所として認識された外浜（外ケ浜・外ノ浜）を含む、この境界領域たる津軽・糠部郡の地頭職を一手に獲得したのが幕府の執権北条氏（得宗《とくそう》家）であった。この北条氏の地頭代として、日本海交易の北の拠点である十《と》三湊《さみなと》をはじめ、この地一帯に勢力をもっていた安藤氏が、いわゆる「蝦夷管領《かんれい》」として歴史の前面に出てくる。

蝦夷問題に関わる諸政務のことを、当時「蝦夷沙汰」とか「東夷成敗」と呼んでいた。中世国家（朝廷・幕府）のシステムとしてみれば、鎌倉幕府がこの沙汰・成敗権を奥州藤原氏から接収し、最終的な統轄者となった。幕府の蝦夷沙汰は、遠藤巌によれば、北奥に地頭職をもつ北条氏とともに、秋田城機構の秋田城介安達氏もまた別系統で管掌していたといわれ、さらに、北条氏の代官として津軽（下国《しものくに》）安藤氏、安達氏の代官として湊（上国《かみのくに》）安藤氏が位置していたと指摘されている。このように二つの指揮系統によって蝦夷沙汰が実現されていたようだが、いずれにしても「蝦夷管領」たる安藤氏によってそれが現地執行され、俘囚安倍氏の系譜を引くと自他ともに認める安藤氏こそが、境界権力としての性格を奥羽藤原氏から引き継いだ直接の後継者であったとみることができよう。これは室町期になっても原則的に変わらず、幕府の京都扶持《ふち》衆の扱いを受けながら蝦夷を統轄する地位にあったと考えられている。

日本国の境界とエゾ観

このような蝦夷管理システムの再編に伴い、蝦夷島が国家的な流刑地として新たに位置づけられたのも中世の特徴であった。京都の犯罪人を朝廷から幕府へ引渡すルートが整えられており、安藤氏がこれを現地でつかさどった。

犯罪人が国家領域外に追放されたのは、罪＝ケガレと考えられたからであった。ケガレ意識はすでに王朝国家の段階から京都の公家社会の間に広まり、民衆を含めて中世社会の人々の意識に深く根をおろしていく。死・産・肉食・殺生などによって発生するケガレは、不幸や災いをもたらす悪しき働きをなすと恐怖されており、それを取り払ったり、未然に防ぐキヨメ・ハライ、イミなどの宗教的儀礼・禁忌を高度に発達させた。穢多という言葉・対象を鎌倉末期に生み出し、天皇・将軍から非人・穢多にいたる身分制的な浄穢《じょうえ》の差別体系が創りだされてくるのもこうした動きのなかであった。

ケガレはいっぽうで、清浄の中心たる京都から同心円的に離れれば離れるほど、清浄さが失われ、ケガレの度合いが強まっていくと意識されていた。この観念によれば、日本国の境界・境外はケガレが充満する極みということになる。蝦夷島に犯罪人が流刑されたのは蝦夷島がケガレの地として観念されたからに他ならない。

中世社会における日本国の境界は、おおむね東は外浜または蝦夷島、西は鬼界島（現鹿児島県硫黄島）または対馬・高麗など、北は佐渡、南は土佐と観念されることが多く、外浜・鬼界島という東西境はちょうど頼朝が「征伐」した範囲にあたる。東境について少し詳しくみておけば、ほかにアクル・津軽と出てくる例がある。アクルは特定の地名というより悪路王《あくろおう》伝説と関係するものだろう。豊臣秀吉の奥州仕置の時代の、津軽・外浜・宇曽利《うそり》・合浦《がっぽ》・日の本《ひのもと》という東の境界認識と比較してみると、中世を通してほとんど変化していないことが知られる。境界は現代の感覚のように一本の線ではなく、幅のある境界領域というべきもので伸縮自在、境界と境外の区別は曖昧であるという性格をもっている。そこから蝦夷島は境界としても意識されたが、西の高麗の例に同じく、ふつうは異国として考えられていた。

では、境界領域ないし異国としての蝦夷島（現在の北海道）に住む人々はどのように観念されていたのだろうか。信濃国諏訪社の円忠《えんちゅう》が著した『諏訪大明神絵詞《えことば》』（延文元＝一三五六年成立）は、鎌倉末期の安藤氏の内紛を「東夷蜂起」ととらえ、その鎮圧に諏訪社の「本朝擁護の神徳」「異賊降伏の霊威」があったとするものだが、この『絵詞』によれば、一四世紀初めごろ、蝦夷島には「日の本」「唐子《からこ》」「渡党《わたりとう》」の三種類がいた。「日の本」は北海道東部の太平洋側の住民、「唐子」は同西部の日本海側の住民をさすと思われる。外国に連なるといわれるように、前者は千島方面、後者は樺太・沿海州方面との交流が想像され、その住民は「形体夜叉の如く変化無窮」で、禽獣魚肉を食べ五穀の農耕を知らず言葉の通じない人たちだとされる。

こうした「日の本」「唐子」の夜叉＝鬼神のイメージは、たとえば、室町物語とされる御伽草子『御曹《おんぞう》子島渡《ししまわたり》』の蝦夷描写に近似している。この草子は藤原秀衡のもとから牛若丸が蝦夷島の千島の都に渡って、「大日の法」なる兵法書を奪ってくるという筋立てであるが、蝦夷の大王は手足が八本、角が三〇本もあって巨大で恐ろしい姿をしていた。近世以降のようにたやすく征伐・退治されるような存在ではなく、恐怖・畏怖すべき対象であった。また、先に東の境界として出てきたアクルもまた、坂上田村麻呂の蝦夷征討の伝説化に伴ってアテルイらの抵抗エミシが悪路王などと鬼神化したものであった。同様に、土佐光信筆といわれる『清水寺縁起』（永正一四＝一五一七年頃）に描かれた蝦夷もまた鬼の姿であった。

こうした鬼の形体とともに、鎌倉期の『聖徳太子絵伝』中の蝦夷のように、蓑《みの》・鬚《ほおひげ》など非人に似た身体としても受け止められていた。先に触れた滋賀県玉桂寺の木造阿弥陀如来像の胎内にあった願文にみられるエゾ名前も、非人ないし下人・所従《しょじゅう》のそれに該当するといわれる。身分制的かつ同心円的浄穢観念が内と外に差別を創りだし、非人と蝦夷がアナロジーされるのは容易なことである。さらに、醜蛮（エゾ）は神武天皇によって外浜に放逐された安日《あび》という鬼王の子孫だと、犯罪人の蝦夷島流刑が想起されるような見方も生み出されてくる（妙本寺本『曽我物語』）。謡曲『善知鳥《うとう》』は猟師＝殺生＝ケガレ＝外浜をモチーフとした筋書きであったことも付け加えておいてよいだろう。

古代の蝦夷観念は狩猟民としての未開性と荒ぶる・まつろわぬという非服属性を特徴としていたが、中世の蝦夷観念はこれを引き継ぎながらも、ケガレ意識を強烈に表出しながら非人または異類異形視し、その極まるところ夜叉・鬼神として意識されたのが特徴といえようか。こうした蝦夷観はまだ相手の風俗・文化を固有のものとして認め合う異民族観とは相当の距離があるといえよう。

『諏訪大明神絵詞』は「日の本」「唐子」についで三つ目の蝦夷として「渡党」をあげていた。渡党はおよそ次のように記されていた。宇曽利鶴子別（ウソリケシ・箱館の古名）・前堂宇満伊犬（マトウマイ＝松前）を拠点に、津軽外浜に往来交易している。鬚髪が多く、「遍身《へんしん》」毛がはえ、言葉は「俚野《りや》」だが、大半は通じ、和国の人に類する。戦場に臨む時は、男は甲冑の間に矢を帯びて進み、女は「後塵《こうじん》」にいて木幣（イナウ）を持ち天に向かって誦呪《しょうじゅ》し、山谷を経過するに乗馬せず、身の軽さは飛鳥走獣同然である。鏃《やじり》には魚骨を用い毒を塗っている。武家たる鎌倉幕府はそれらの濫吹《らんすい》（乱暴）を鎮護するために安藤太《あんどうた》という者を蝦夷管領《かんれい》としておいている。およそこのような記述であるが、戦陣誦呪（ウケエホムシュ）やトリカブトを用いたと思われる毒矢の存在からみると渡党はアイヌ民族を含んでいたことは確実であろう。

しかし、「渡党」と呼ばれた人々は、アイヌだけではなかった。近世に入り一六四〇年代の史料になるが、松前藩の家譜『新羅《しんら》之記録』は、奥州藤原氏滅亡によって糠部・津軽より逃げ渡ってきた人々、および鎌倉の実朝将軍の時、外浜に送られ、狄の島に追放された強盗海賊が「渡党」だという認識を示し、また、『松前系図』も「夷の千島」に住む者を渡党と号したと記している。渡党がみな犯罪人の末裔だとむろん短絡して考えることはできないが、これら逃亡者・追放者に、日本海交易のルートで渡ってきた武装した海商・海民が加わっていたことも想像に難くない。こうした本州からの渡海者とアイヌとは協調と対立を絶えずはらみつつ、津軽海峡をまたいで交易に活躍していたとみることができよう。

とするならば、渡党は倭寇的状況、すなわち日本人・朝鮮人・中国人という複数の民族が混合し、国家的秩序の境界領域にいて海賊的行為を繰り返した倭寇集団に擬してみてもあながち間違ってはいまい。蝦夷管領安藤氏は当然こうした津軽海峡を越えて交易・交流する渡党もまたその管轄下においていたことになる。渡党の有力な者たちを被官化し、渡党たちも安藤氏の庇護を受けることによって交易活動が保障されたといえよう。

またこの『諏訪大明神絵詞《えことば》』の認識によれば、安藤氏自体が蝦夷であった。安藤氏の内紛が原因であった「東夷蜂起」について次のように語る。安藤氏は安倍氏の高丸の後胤であり、五郎三郎季久と太郎季長の嫡庶の対立から合戦に及び、両人を関東に呼んで理非裁決したところ、この留守中に「異賊」を催し城郭を構えて争い、そのため幕府は大軍を送り凶徒を討ったというのである。

安藤氏の内紛を「蝦夷蜂起」ととらえる認識は鎌倉幕府のものであった。『絵詞』を著した円忠自身幕府の公事《くじ》奉行人であった。幕府側の記録には、正中二（一三二五）年、安藤又太郎に代えて五郎三郎を代官職（蝦夷代官＝管領）に補したなどとあり、『鶴岡社務記録』によれば、鎌倉の鶴岡八幡宮で蝦夷降伏祈禱が執行されていた。このような国家的祈禱は他に蒙古襲来にみられるといわれ、「征夷」を政権の正当性の根拠とする武家権力にとって、蝦夷蜂起はその根幹に関わるものとして認識されたことを示している。なお、蒙古襲来に関して、最近、元帝国による「骨嵬《グウエイ》」（アイヌ）の征討の事実が明らかにされ、この北からの襲来に対する安藤氏や幕府の備えの動きが指摘されてきていることも付け加えておこう。

「日の本将軍」安藤氏

津軽（下国）安藤氏の出自について、北条氏得宗《とくそう》の御内人として活躍した安東氏と同族とする解釈もあるが、現在では疑問視され、北奥羽の土着的豪族とみられている。さらに積極的にいえば、王朝国家期の津軽蝦夷など蝦夷系住民と連なる可能性もまたむげに否定できない。安藤氏は安東氏とも書かれるが、安東はおもに室町期に入ってからの表記である。大石直正が明らかにしたところによると、安藤姓の者たちは、津軽や下北のみならず、糠部・閉伊・松島・男鹿などにひろがり、領主、土豪、海商、馬牧、漁業など非農業民的な多彩な顔をもって活躍していた。津軽安藤氏の本拠地十三湊は「夷船京船《えぞぶねきようぶね》」が群集したといわれ（『十三往来』）、渡党のもたらす北方蝦夷島産の昆布・干鮭・海虎皮（ラッコ皮か）などが京・上方へ取引される商港であった。安藤氏の居館と推定される「十三湊遺跡」や関係遺跡からは白磁・青磁・中国銭が出土している。こうしてみれば、東アジア世界の交易ネットワークを背景に、日本海交易の発展を北端で支えた境界都市十三湊の姿が浮かんでくる。境界都市平泉の再来を思わせる。なお、従来安藤氏の居城と考えられていた福島城は、最近の発掘調査などによって、古代の城柵に近い性格のものではないかと疑問が出されている。

安藤氏は自ら安倍姓を名乗り、また他からも俘囚安倍氏の系譜を引く者と認識されていたことはすでに述べたが、最近、安藤氏一族の系図（『秋田系図』『下国伊駒安陪姓之家譜』など）がその系譜意識・アイデンティティのありかたをよく示すものとして注目を浴びている。系図自体は虚構の政治創作だが、安藤氏の系図は、鬼王安日《あび》・高丸・高星といった架空の人物を取り込み、安倍氏の系譜に位置づけ自らの祖としていた。鬼王安日伝説は先にも触れたように『曽我物語』に出ており、神武天皇によって外浜に追放されて醜蛮（エゾ）になったというもの、高丸は坂上田村麻呂伝説に登場し、田村麻呂と戦い、安倍氏の祖となったというもの、高星は源頼義に敗れた安倍貞任の遺児で安藤氏の始祖になったという伝説で、いずれも中世の語り物から借用したものだと考えられている。安日はさらに記紀神話に出てくる神武天皇に殺された長髄彦《ながすねひこ》とも結びつけられていた。安藤氏が自ら「長髄百代」と朝敵の末裔を称したのは、当時流布していた百王《ひゃくおう》説の流行によるものという。百王説というのは、皇統は百代にして滅びるというもので、皇位をうかがう足利義満が利用していたことで着目されている。

また、系図には「日下将軍」（日の本将軍）という称号がみえていた。日の本は、蝦夷島の東部の蝦夷集団をいうと出てきたり、あるいは津軽・合浦・外浜に代わる言葉として使われるようになるが、もともと太陽の昇る方角、東方の果ての地のことであった。「東夷」観念と密接に結びついてきた言葉ともいわれる。入間田宣夫が指摘したように、「日の本将軍」の名も安藤氏が最初ではなく、新皇を称したという平将門をさして語られ、頼朝もまた「日の本将軍」と呼ばれることがあった。西国（京都）に対する東国の自立的権力たらんとする政治意識の文脈にあることは間違いあるまい。

こうした安藤（安東）氏の系図をみれば、安藤氏は蝦夷・俘囚の系譜を逆説的に肯定的アイデンティティとして引き継ぎながら、渡党蝦夷的な世界をベースとして、「蝦夷」国家とでもいうべき独自の政治世界を構想していたと読み取れるかもしれない。安藤氏の後裔である近世大名の秋田氏はエゾ弓なるものを家門の象徴として伝えてきたが、これなども蝦夷に拠って立つという意識の表れであろうか。両義性をもつ境界権力といっても、幕府への機構に繋がろうとするよりは蝦夷側にスタンスを置いていたと評価したい。また、「夷千島王遐叉《かしや》」の使者と称する宮内卿《くないきよう》なる人物が朝鮮国王に献上物を差し出し、大蔵経を求めたという記事が、朝鮮側の記録『李朝実録』にみえることも着目されてきた。これが偽使だとしても、夷千島王というものが観念として浮かんでくるような北辺の自立的な動向があったとみることはできるだろう。

しかしながら、安藤氏の自立化といってもきわめて困難な状況であった。津軽安藤と湊《みなと》安藤の両家が求心力として相並び、しかも海の武士団としての性格は集権的な権力構造を創り出しにくかったといえようか。北奥の農業社会化も中世後期急激に進行したものと思われ、それに基盤をおく南部氏の圧迫によって、津軽安藤氏は一五世紀前期、蝦夷島への逃走を余儀なくされていくのである。

3　アイヌ文化・民族の形成

擦文文化とオホーツク文化

古代エミシの時代、アイヌ語の祖語というべき言葉を話していた人々が北海道から東北地方にかけて居住していた。奥羽のエミシと呼ばれた人々は古代国家がしかけた「征夷」戦争に対して頑強に抵抗したが、結局俘囚化による内民化の道を余儀なくされた。その過程で王朝権力と結びつきながら俘囚の系譜をひく強大な境界権力を生み出したものの、中世武家政権の成立によって解体されてしまう。鎌倉御家人が地頭として入ってくると、北奥の安藤氏の世界を除き、潮が引いたように蝦夷・俘囚の影かたちは消え去り、蝦夷征伐の伝承世界に閉じ込められてしまった。エミシ系住民は数世紀を経るなかで、倭語や農業中心的な生活スタイルの中に呑み込まれ、また移住者との間の混血も進行したものと思われる。その結果、遠い先祖のことは忘れ、一様に百姓意識や日本人意識をもち、エゾと呼ばれる人々との間の同類・共通感情をもはや失う存在になってしまった。むろん、エミシの過去を背負った奥羽人の歴史意識はそう単純ではないことは後述するが、とりあえず古代東北エミシのその後の歩みをこのように考えておきたい。

いっぽう、北海道のエミシは古代から中世への時代、どのような道筋をたどったのだろうか。文献上では、七世紀半ばから渡嶋《わたりしま》蝦夷が現われるが、これが津軽海峡を挟んだ道南の住民だとすれば、たとえば、弘仁元（八一〇）年渡嶋狄《えびす》二百余人が気仙郡に来着し越冬を乞うたこと、貞観一七（八七五）年渡嶋荒《あら》狄《えびす》が水軍八〇艘で秋田・飽海《あくみ》郡を襲い、農民を殺略したこと、秋田郡の俘囚が起こした元慶の乱では、元慶三（八七九）年渡嶋夷首一〇三人が同族三〇〇〇人を率いて秋田城に詣でて饗を受け、乱に参加しなかったこと、さらに寛平五（八九三）年渡嶋狄と奥地俘囚との間の衝突が危惧されたことなどをみれば、船を操り海峡を頻繁に往来していたことが知られる。これは『諏訪大明神絵詞』の海峡を渡って外浜に交易する渡党蝦夷の姿をほうふつとさせるものがあり、古代以来、海峡をまたいで道南と北奥羽の交易・交流に能動的に関与してきた、近世アイヌの祖先たちの海上交易者的な性格を読み取るのはむずかしくない。

渡嶋蝦夷・渡党蝦夷より北の住民となると、『日本書紀』にみえる粛慎《みしはせ》の渡来記事などが断片的にあるものの、日本側の文献ではほとんど分からないに等しい。中世の北海道ですら奥地の唐子・日の本と呼ばれた蝦夷集団のことは、「夜叉の如く」という以上にはリアルな認識を持ち得なかった。しかし、今日、北海道考古学の北東アジアを視野に入れためざましい進展によって、北海道の住民たちの民族文化の形成、民族間接触の様子をかなりの程度知ることが可能になった。それによれば、縄文文化以降、続縄文文化→擦文文化・オホーツク文化→アイヌ文化形成期→近世アイヌ文化とおおむね生成・展開してきたといってよい。

この民族文化の形成過程のうち、一般に八〜九世紀ごろ続縄文文化から移行した擦文文化がアイヌ文化の直接の母体であると考えられている。擦文文化という名称は、本州の土師器の影響を受けた擦文土器の出現からつけられた。紐作りの土器を内面・外面とも木片によってハケ目調整するが、擦痕が残るので擦文土器と命名された。また、表面に木片で線刻した文様があるのも特色といわれる。住居は竪穴式で、隅丸方形のかたちをし、屋内にカマドがある。集落は二〜三軒ぐらいが単位とみられ、いっぽう一〇〇軒を超えるような大集落もあった。大集落はサケ・マス漁の共同作業を行なうための秋から冬にかけての集落で、その他の季節は小集落に分散して生活したという見解もある。生業は、サケ・マスの漁撈を中心に、これに採集・狩猟、さらにコメ以外の雑穀の栽培文化が加わって、安定的なサイクルができあがっていた。紡錘車が住居のなかから出土し、また鞴《ふいご》の羽口《はぐち》も遺跡からみつかり、鉄製品の再利用のための加工がなされていた。前述した北海道式古墳もこの時代の初めに該当するが、短期間に消滅しており、階層の分化はあまりみられなかったと考えられている。

こうした擦文文化と重なる時期、七〜一二世紀ごろ北海道では性格の異なるもう一つの文化が展開していた。サハリン（樺太）、北海道オホーツク沿岸一帯、そして千島と、オホーツク海を囲むように広がっていたので、オホーツク文化と呼ばれている。この文化の遺跡からは、アザラシ・オットセイなどの海獣類の骨、食用としてのブタ・イヌの骨、青銅製の帯飾りや鈴鐸、鏃など鉄製の遺物、骨角でつくった漁撈・狩猟具や動物彫物・婦人像、沈文や浮文の装飾のある土器などが出土している。大陸のアムール川（黒竜江）方面の靺鞨《まっかつ》文化と濃厚なつながりをもっているといわれる。文化の担い手として樺太アイヌなど考えられてきたが、菊池俊彦の研究などによって、近年ではニヴフ（ギリヤーク）説が有力になってきている。住居は一〇〜二〇人もの人数が住める大型の竪穴式で、中央に四角形の炉があり、家の奥にクマなどの頭骸骨を祭った骨塚があるのも特徴とされる。

アイヌ文化の形成

いわば川の民的な擦文文化に対して、海獣猟を主とした狩猟民的なオホーツク文化であった。こうした二つの異質な文化の接触・対立のなかで、擦文文化はオホーツク文化を吸収しながら一二〜三世紀ごろ終わり、新たな段階としてのアイヌ文化の形成期を迎えることになる。オホーツク文化のアイヌ文化への大きな遺産ないし貢献としては、ユーカラとクマ送り儀礼をあげることができる。

ユーカラは少年英雄ポイヤウンペが活躍する、アイヌ民族の英雄叙事詩として知られるものだが、そこではレプウンクル（沖の人）とヤウンクル（内陸の人）との戦いがモチーフになっていた。レプウンクルは樺太・山丹《さんたん》・礼文など沖の彼方をさす傾向にあるのに対し、ヤウンクルは石狩・余市の地名のほか河川での生活・生産を窺わせるといわれ、この二つの集団を和人とアイヌに比定する考えもあるが、榎森進が知里真志保《ちりましほ》の考えを発展させた、オホーツク文化人と擦文文化人との異民族接触に求めるほうが可能性が高いように思われる。

クマ送り儀礼（イオマンテ）は近世アイヌの文化体系のなかで、民族文化の核心として最も重要視されてきた文化要素である。クマ祭文化複合体ととらえる主張もある。クマ送り儀礼がなぜ高度に展開したかはあとで述べてみたいが、クマの骨塚・祭壇は現在のところ擦文文化からは発見されておらず、アイヌ文化がオホーツク文化から継受したものとみられている。また近世アイヌの平地式住居チセも中央に長方形の炉があり、擦文のカマドは消え、オホーツク文化の影響が感じられるという。衣服や器物に施されたアイヌ文様もまた隣接する北方諸民族のそれに類似していることが指摘されている。これらのことなどから、アイヌ文化は擦文からストレートに順調に移行したのではなく、大陸的な北方の狩猟文化要素を受容・融合するなかで形成されたものであることが次第に明らかになってきている。文化のみならず、人間同士の混血も同時に進んだとみるべきだろう。

擦文文化後のアイヌ文化形成期で注目されている遺構・遺物としては、右の送り儀礼の遺跡のほか、内耳式土器、チャシなどがある。内耳式土器は鍋の内側に耳があり、煮沸のさい炉の上に吊り下げたもので、擦文文化終末期一二世紀頃から一七世紀頃にかけて用いられた。カマドから炉への生活様式の変化と関わっている。前述した平泉柳の御所跡からは内耳鉄鍋が出土しており、東北北部の内耳鉄鍋の影響を受けて土器製のものが北海道で作られたとみるのが自然だろう。チャシの方はふつう戦闘用の砦と考えられているが、はじめは区切られた聖なる空間を意味していた。次第にアイヌの共同体間の対立、あるいはアイヌと和人との間の緊張の高まりを背景に砦化していった。だいたい中世末一六世紀頃から近世中期一八世紀頃までという年代比定がなされている。和産物の流入も見逃しえない要素である。中世後期の考古学的知見はまだ蓄積されていないといわれているが、一五世紀では、鉄鍋など鉄製品が少し入っているものの、日常生活用具はほとんど自製品であった。漆器・陶器・斧・太刀など移入品が多くなるのは一七世紀になってからのことであるという。交易にきた渡党蝦夷のイメージと落差が少しあるように思われるが、交易が存在するといってもその展開度が中世と近世とではまるで違うということか。年代観の与えられるアイヌ考古学のこれからの進展をまちたい。

　考古学の成果のみならず、中国側文献への着目も近年高まり、元《げん》・明代の東北アジア政策のなかで樺太アイヌの動向が知られるようになった。樺太アイヌはもともとサハリン（樺太）には先住しておらず、オホーツク文化が終末を迎えた一三世紀半ば以降進出したという考えも出されている。こうした動きを反映しているのであろうか、「骨嵬《グウエイ》」＝樺太アイヌと、元に内附する「吉里迷《ギリミ》」＝ギリヤークとの間の抗争で、元が数度にわたって骨嵬を征討していた。骨嵬はこれに敗れ、元との間に毛皮などの進貢関係を約したという。これが、最近、北からの蒙古襲来として関心を呼んでいることは先に触れた通りである。

　樺太アイヌは元代には骨嵬、明代には「苦兀《クウ》」「苦夷《クイ》」、清代には「庫野《クイエ》」「庫頁《クイエ》」などと表記され、ギリヤークや黒竜江下流域の諸民族がアイヌを呼ぶクギないしクイに近い音の漢字をあてたものという。古代蝦夷がこのクイに起源する説のあることも既に述べた。さらに明代になると、黒竜江下流特林《チル》にあった奴児干都司《ヌルカンとし》の下部機関「衛」がサハリンにも設置されていた。ポロナイ川流域の「波羅河衛《ポロホー》」など三か所で、ここで朝貢交易が行なわれ、獣皮類と絹製品などの交換がなされた。ユーカラの歴史的背景をオホーツク文化人と擦文文化人の対立にみる考えがさらに補強されたといえようか。北海道におけるアイヌ文化（民族）の形成は北東アジアの国際環境のなかで、北方のギリヤークなどの諸民族および中国王朝との交流とも密接に関わっていたことが了解されよう。

ところで、我々はアイヌである、という自己意識ないし帰属意識で結びついたアイヌ民族がいつどのように形成されたのかはなかなか難しい問題である。アイヌ語の祖語を話していた人々が超歴史的に縄文の昔から現代までアイヌというまとまり意識を持ち続けてきたわけではあるまい。江戸時代になれば、「蝦夷とはアイノなり」という認識が日本社会のなかに出てくるように、アイヌ（アイノ）一体意識は確実に存在していた。こうしたアイヌ意識がどこまで遡りうるのか論証不能の感があるが、一般に民族的まとまり意識は対外戦争に直面したときに覚醒ないし高揚されると考えられている。とすれば、ユーカラのような集団共通の英雄叙事詩を生み出し、また熊送りにみられるように生活文化の体質までを変えさせたオホーツク文化人との接触が、アイヌとしての精神的紐帯をつくりだし、ひろげたことはいうまでもなかろう。さらに、中世後期になると、渡島《おしま》半島に根拠を築きはじめた渡党、すなわちアイヌからみた時のシャモ集団との接触もまた民族間戦争を惹起したように、アイヌ意識をいっそう強めたのは確かである。このように、中世という時代は自覚的なアイヌ民族意識の凝集・高揚期であったと考えておきたい。

コシャマインの戦い

『新羅《しんら》之記録』などによると、嘉吉二（一四四二）年、南部氏によって十三湊の本拠を攻め落とされた津軽安東（安藤）の盛季は、翌年蝦夷島へ敗走したといわれている。直系が途絶えて、享徳三（一四五四）

年下北から渡海した傍系政季が津軽安東氏を継いだとか、十三湊を一時奪還したとも考えられている。康正二（一四五六）年安東政季が秋田の湊安東氏の協力を得て秋田小鹿島（男鹿）に移り、やがて檜山《ひやま》に本拠を構え、檜山安東氏となっていく。

津軽や下北から蝦夷島に敗走した安東氏の勢力が館を構えるとともに、渡党の政治秩序化を一挙に促したのではないかと思われる。一五世紀半ばには志濃里《しのり》（志苔）館・箱館・茂別《もべつ》館・中野館（以上「下の国」＝松前以東の範囲）・脇本館・穏内《おんない》館・覃部《およべ》館・大館（以上「松前」の範囲）・禰保田《ねぼた》館・原口館・比石《ひいし》館・花沢館（以上「上の国」＝松前以西の範囲）の有力一二館の存在が知られ、それぞれ交易の拠点となっていた。安東氏の秋田移動のさいに、茂別館の下国《しものくに》家政を「下の国」の、大館の下国定季を「松前」の、花沢館の蠣崎《かきざき》季繁を「上の国」のそれぞれの守護（守護職）に据えたといわれる。下国姓の者が二名守護になっているように、安東氏一族を中心に、守護―館主《たてぬし》の政治序列化が図られたのである。

そして、皮肉にも安東宗家が立ち去った康正二年、アイヌ民族との間に戦争状態が惹起する。そのきっかけは同年春志濃里館近くの鍛冶屋村で起きた殺人事件であった。アイヌのオツカイ（青年）が、鍛冶屋にマキリ（小刀）を打たせたところ、マキリの善悪・価格をめぐって諍いになり、鍛冶屋が青年を突き殺したというものである。安東氏による館主層の編成強化、守護職の設置がアイヌ側への政治的圧迫となり、また津軽や下北が南部の手に落ちて十三湊的な交易拠点が渡島に移り、それまでの海峡往来の自由な交易活動が制約されたことも考えられ、この事件を契機に不満が爆発し、翌長禄元（一四五七）年、東部の首長コシャマインに率いられアイヌは一斉に蜂起した。志濃里館を始めとして次々と館を襲って陥落させ、残るは下国家政の茂別館と蠣崎季繁の花沢館の二館のみにすぎず、生き残った人々は松前と上の国の天河《あまのがわ》に集住したといわれる。季繁の客将武田信広が巻返しのなかで戦いの指揮をとり、コシャマインを射殺し鎮静に向かわせた。この信広が蠣崎季繁の女婿となって家督を継ぎ、上の国に新たに勝山城を築いて近世大名松前氏の祖となる。

その後の渡島半島は蠣崎氏とアイヌ民族の対抗を軸にしながら、蠣崎氏が館主層を統一していくプロセスとして進行した。永正九（一五一二）年～一二年にかけて、ショヤ・コウジ兄弟をリーダーに東部アイヌが蜂起し、志濃里館・宇須岸館《うすけし》（箱館）・松前大館などを陥落させた。蠣崎光広は和睦と見せかけて同兄弟を酒宴に招き入れ、酔興のところを斬殺した。この戦いの過程で、光広は上の国から松前大館に本拠地を移し、松前守護職を手に入れ、まだ檜山安東氏の代官的地位にあるものの、館主層のうえに立つ実質的な権力者となった。大永五（一五二五）年以降は、西部セタナイ（瀬田内）を根拠とするアイヌとの軋轢が深まり、享禄二（一五二九）年攻撃してきたタナサカシを謀殺している。また、天文《てんぶん》五（一五三六）年には、タナサカシの女婿タリコナを和睦を装い討ち取っている。下剋上的時代雰囲気のなかでは、謀略も正当化され、和睦に臨んだアイヌ側の信義を打ち破ることに平然としていられたのである。

蠣崎氏はことさらにアイヌとの対立を煽りながら、館主側の主導権を握り領主権を強化していったとも評されている。だが、臨戦態勢を続けていくにも限りがあり、蠣崎季広の代、天文一九（一五五〇）年ないし二〇年に、「夷狄の商船往還の法度」（『新羅之記録』）ないし「夷へ往来の商人の法度」（『松前家系図』）を取り決めている。宗主権をもつ檜山安東尋季《ひろすえ》の嫡男舜季《きよすえ》が「東公の島渡《とうこう》」といって天文一九年松前を訪れているから、檜山安東氏の何らかの関与（承認）があったものとみなければならない。この天文の講和で、セタナイの首長ハシタインを上の国天河に住まわせて「西夷」の「尹《いん》」（おさ＝長の意）とし、またシリウチ（知内）の首長チコモタインを「東夷」の「尹」とし、蠣崎氏が本州より渡海した商船から徴収する税の一部を「夷役《えぞやく》」として両「尹」に分配するという約束であった。本州商船との自由な交易を求めてのアイヌ側の欲求がたびたびの蜂起の真因であったと思われるが、蠣崎氏はその不満を夷役の配分というかたちで吸収し、あわせて船役（入津した商船に課した税）徴収権をてこに本州商船への統制をつよめ、また館主層の交易権を制限しながら、松前への権力集中を図っていくことにひとまず成功したといえるだろう。

第二章　アイヌ民族と幕藩制国家

1　幕藩制国家の成立と蝦夷地

統一権力と蠣崎氏

織田信長が天正一〇（一五八二）年六月本能寺の変で倒れた後、後継者争いのなかで勝残りを目前にした羽柴秀吉は、はやくも「東に於いては津軽、合浦《がっぽ》、外浜迄《まで》も、我等鑓先に相堪《あいたう》べき様これ無きに依《よ》り」（天正一一年四月一二日付小早川隆景宛書状、『萩藩閥閲録』）と、日本の東の果てを意識した言明をしていた。また、秀吉の天正一四年六月一六日付宗義調《そうよししげ》宛書状は、「筑紫見物」すなわち九州征服の次には「高麗国」（朝鮮）へ進攻の予定であることを述べたものであるが、このなかにも「就中《なかんずく》、日本地に於いては、東は日下《ひのもと》まで、悉《ことごと》く治掌、天下静謐の事条」（『宗家文書』）と、東の果て日下（日の本）が出てくる。さらに、「東夷征伐」（『氏郷記』）とも受け止められていた天正一八（一五九〇）年の小田原北条氏攻撃の最中、「出羽・奥州日ノ本の果迄《はてまで》モ相攻められ御仕置」（四月一一日付真田安房守・同源三郎宛朱印状、『武家事紀』）、「小たわらの事は、くわんとうひのもとまて〔関東日の本まで〕のおきめにて候《そうろう》まま、ほしころし〔干し殺

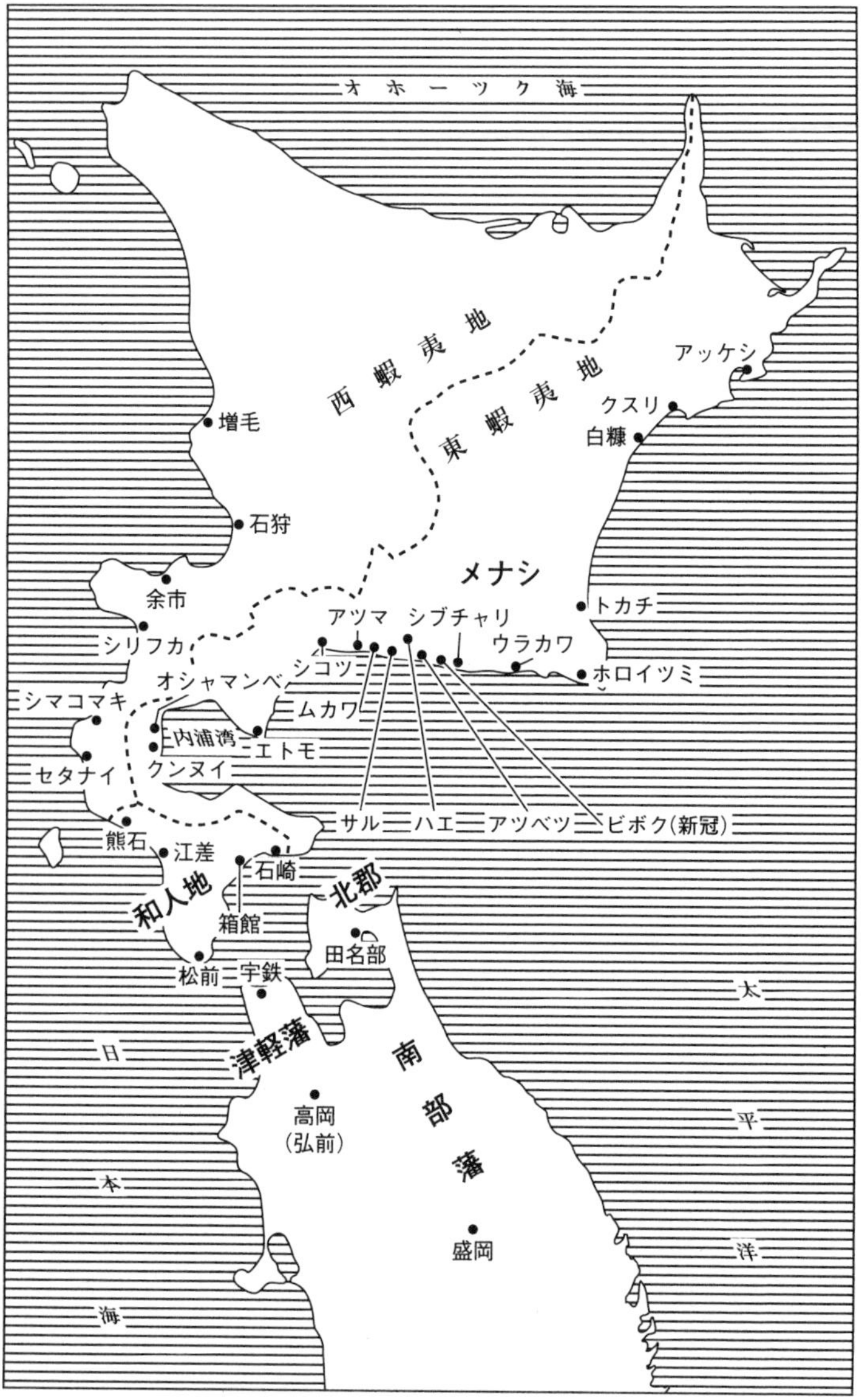

オホーツク海
西蝦夷地
東蝦夷地
アッケシ
クスリ
白糠
増毛
石狩
メナシ
余市
トカチ
シリフカ
アツマ
シブチャリ
ウラカワ
シコツ
ホロイツミ
オシャマンベ
シマコマキ
ムカワ
内浦湾
エトモ
クンヌイ
セタナイ
サル
ハエ
アツベツ
ビボク(新冠)
熊石
江差
石崎
和人地
北郡
箱館
田名部
松前
宇鉄
津軽藩
南部藩
高岡
(弘前)
盛岡
日本海
太平洋

し」に申つくべく候間《あいだ》」（五月一日付大政所宛消息、『妙法院文書』）などと豊臣秀吉発給文書にみえ、小田原攻めが「ひのもと」までをしかと射程に入れていたものであったことが知られる。

　これらに加え、朝鮮侵略に乗り出した太閤秀吉は、天正二〇年三月一三日付浅野幸長《よしなが》宛朱印状で、「関東出羽奥州日の本迄、諸卒悉《ことごと》く罷《まか》り立ち候に付いて」（『浅野家文書』）と、大名の軍役動員が日の本まで及ぶという認識を示していた。以上、書き下し文に改めてやや詳しく引例してみたが、全国統一をめざした秀吉にとって、それぞれの覇権の節目で日本国の尽き果てる東境、「日の本」がたえず念頭におかれていたことは明らかであろう。日の本は、室町期の安東氏と密接に関わりをもった地名意識であることは前章で述べた通りだが、秀吉段階では蠣崎《かきざき》氏の支配する渡島《おしま》半島南端の松前地域を現実的にはさし、さらには蠣崎氏を通して蝦夷島全体も「日の本」のなかに観念的には含み込まれていたと考えられる。古代国家以来、日本国家の存立に関わるものとして東境・東夷が常に強く意識されてきた伝統が秀吉の脳裏にもあったことを示している。秀吉は、西は琉球国を島津氏の与力としながら、東は「日の本」の蠣崎氏までを動員し、まさに挙国一致体制を強引につくりだしながら唐入りに突き進んでいったことになる。

　いわゆる惣無事令《そうぶじ》による領主間の私戦禁止を梃子に、秀吉は全国統一を進めたが、北奥羽から渡島半島にかけての政治情勢もまた秀吉への求心性を軸にしながら展開していった。糠部《ぬかのぶ》三戸《さんのへ》の南部信直がいちはやく前田利家の仲介を経て豊臣大名化への道を歩んだのをはじめ、南部氏からの独立をめざす津軽為信（南部右京亮）もまた積極工作を通して小田原参陣を果たす。北羽の安東氏の場合、檜山《ひやま》（能代）安東実季《さねすえ》と湊《みなと》（秋田）安東道季《みちすえ》との間の抗争が惣無事令に抵触し全領没収の危険性があったが、実季は石田三成を通じて局面打開を図り、その結果太閤蔵入地化（秀吉の直轄支配地になること）は一部にとどまり、檜山郡（のちの山本郡）に秋田郡の一部を加えた所領を安堵された。この天正一九年一月一七日付で秀吉が下した安東実季宛領知朱印状には蝦夷島が含まれていないことから、安東氏はこの時点で蠣崎氏以下に対する蝦夷島への宗主権を完全に喪失したことを意味している。

小田原討伐後の秀吉の奥羽仕置《しおき》（処分ないし支配の意）によって、大名化の道を絶たれた領主を一方に生み出しながら、奥羽大名の所領はひとまず確定されたが、日の本＝蝦夷島の蠣崎氏はどのような道を歩んだのだろうか。蠣崎慶広が秀吉への謁見を果たしたのは、天正一八（一五九〇）年一二月二九日京都聚楽第《てい》でのことであった。これに至る経緯は、『新羅之記録』などによれば、主君安東実季の上洛が心許なく、九月一五日開帆して津軽に渡り、津軽で前田利家に対面、その後秋田で木村秀綱、仙北で大谷吉継と相次いで検地・仕置中の秀吉派遣軍の武将に会い、そのうえで実季と同心して一〇月二一日湯河湊を発ち上洛したことになっている。安東氏を主君と仰ぎ軍役を奉仕してきた蠣崎氏が、なぜ安東実季と対等に謁見できたのか曖昧な記述である。この点については、長谷川成一によって、同年七月末、秀吉による蝦夷島蠣崎氏に対する出仕の要請があり、蠣崎慶広の上洛はこれに応えたものであったことが指摘されている。秀吉は奥羽仕置のプロセスのなかで、蝦夷島（松前地）の実質的な支配者は安東氏ではなく蠣崎氏であることを認知し、日の本の果てまでという全国統一を完結させるために出仕を促したのであった。

「狄の島主」（『新羅之記録』）として秀吉に位置づけられた蠣崎氏は、安東氏から独立することとなったが、同時に秀吉の軍役動員下に組み込まれたことを意味した。天正一九年の九戸《くのへ》政実《まさざね》の乱に、たとえば

「蝦夷三百人ニ毒矢ヲ持タセ催シ来ル」（『奥羽永慶軍記』）などといわれているように、アイヌを動員して狄の島主ぶりを披露した。また、秀吉の朝鮮侵略のさい肥前名護屋に参陣し、文禄二（一五九三）年一月二日秀吉に謁見した。秀吉は朝鮮北方の北高麗＝オランカイ（韃靼）における女真《じょしん》族の動きに神経を尖らせており、オランカイと蝦夷島とが続いているのではという地理認識をもっていた。そこで秀吉は「狄の千島の屋形」の到着を朝鮮入手の予兆と喜び、蠣崎慶広の求めによって同月五日朱印状を発給し、八日には急ぎ帰国して「鎮狄」に当れと命じたという。

アイヌ交易と鷹

太閤秀吉が与えた朱印状の内容は、日本の各地から松前に渡海してくる船頭商人などが、地下人《じげ》（松前の和人）と同様、アイヌに対して「非分の儀（不正行為）」を申し懸けるのを禁止するとともに、従来通りの蠣崎氏による船役徴収権を保障したものである。同様の権限を定めた朱印状は文禄二年二月二一日関白豊臣秀次からも出されている。ただし、秀次のものは「船役」文言が「諸役」に変わって権限が限定的でなくなっているのが注目される。三月二八日帰国した蠣崎慶広は朱印の制札を立て、さらにその夏「東西の夷狄」を呼び集め、「夷《えぞ》」が蠣崎氏の下知に背き、また諸国往来のシャモ（日本人）に猛悪なことをしたならば、関白秀吉が数十万の軍勢で追伐するとアイヌ語で読み聞かせたという。統一権力を背景としたアイヌ民族への威圧であることはいうまでもあるまい。再度の朝鮮侵略にあたって上京したと思われる蠣崎盛広宛の慶長元（一五九六）年極月二日付秀吉朱印状（年代比定は春日敏宏による）では、日本の商船が「夷え直に相付くべからず」と蝦夷地へ直接渡航することを禁じて、「松前」で商売を遂げるよう規定し、蠣崎氏による交易管理権の強化が認められている。

こうした秀吉の蠣崎氏処遇は徳川家康にも基本的に継承された。秀吉の死後、慶広は関ケ原の戦いの前年、慶長四年一一月七日大坂城で家康に謁見し、そこで北高麗の様子を尋ねられ、系図および蝦夷地図を呈上している。これを契機に苗字を蠣崎から松前に正式に改称したといわれている（ただし、これ以前にも秀吉朱印状からみると松前氏を名乗ることがあったか）。家康もまた秀吉と同様、奥蝦夷と北高麗の接続に関心をもち、慶長一五年のことになるが、慶広が家康に謁見したさい対馬藩の家老柳川調信《しげのぶ》と引き合わされ、以後両者は会合して話し合うように命じられている。松前藩によって後に「国政の御黒印」と呼ばれるようになる黒印状を、徳川家康が江戸参勤中の松前慶広に発給したのは、慶長九年一月二七日のことであった。これは三か条からなり、

①諸国から松前に出入りする者が松前氏に断りなく「夷仁（夷人）」と商売するのは曲事であること、

②松前氏に断りなく蝦夷島に渡海して売買してはいけないこと、ただし、「夷」は何方へ往行しても夷の自由であること、

③「夷仁」に対して非分を申し懸けるのはかたく停止のこと、

を定めていた。この黒印状の意義については、アイヌの自由往行との関連で後で詳しく検討したいが、ここで重要なことは松前氏以外の者が松前氏の許可なくして松前・蝦夷島でのアイヌ民族との交易ができなくなったという点である。北奥の南部氏・津軽氏といえども蝦夷島での自由な交易は許されないことになった。松前藩に与えられた対アイヌ交易独占権は、幕府の外交体制全体としてみるならば、対馬藩による

朝鮮、薩摩藩による琉球と、国境を接する場所での異国押《おさ》えの管理システムの一環をなすものであったことともに指摘されてきたところである。

こうしたアイヌ交易権をめぐる問題とともに、松前藩の他大名にみられない特権として御鷹献上のさいの「伝馬御判」がある。鷹・放鷹は古代以来国家権力によって占有されてきた伝統をもっている。近世では、天皇・公家が鷹狩りから疎外され武家権力の独占となったが、その公権的な基本性格は変わっていない。鷹狩りに適している大鷹は東北地方から北海道にかけて主に棲息していた。戦国期以来、奥羽の大名が中央権力と関係をもとうとするさい、鷹の進上・献上は有効な手段として使われており、蠣崎氏といえども例外ではなく、秀吉や秀次にたびたび鷹を献上していたことが『福山秘府』所収文書によって知られる。秀吉は文禄二（一五九三）年一月六日、蠣崎氏の巣鷹献上にさいし、津軽から大坂にいたる日本海ルートの「泊々」における宿・鷹餌の提供を関係大名に命じた朱印状を慶広に与えているが、これが「伝馬御判」特権の始まりである。同様の秀吉朱印状は津軽藩にも出されていた。また先にふれた慶長元（一五九六）年一二月二日蠣崎盛広宛朱印状では、松前口の巣鷹を「自余（豊臣氏以外の大名）」へ出すことは一切停止と、豊臣氏による松前鷹の独占が図られている。

家康の場合、松前鷹の独占までは至らなかったが、慶長九年八月一六日、秀吉朱印状とほぼ同内容の松前氏の鷹献上に対する泊々での馳走を保証した朱印状を交付している。さらに、慶長一六年四月一〇日（長谷川成一による考証、従来同九年とされていた）には、その後の将軍代替わりのさいに慣例として国政の御印章とともに発給されることになる、いわゆる「伝馬御判」が松前氏に与えられている。これは松前から江戸に上る献上鷹に対して、経路にあたる大名・給人など関係者は人馬・鷹餌を松前氏の要請次第に提供しなければならないとするもので、松前藩のみの特権とされた。近世前期においては将軍家ばかりでなく、紀州藩や肥前平戸藩などといった遠方の大名までも鷹を買うために鷹匠を松前に派遣していたように、松前藩は本州諸大名の鷹需要にも応える最大の鷹の供給地になっていた。この松前氏の将軍への鷹献上の義務・特権は、蝦夷地における鷹打場設定の根拠ともなり、慶長九年松前慶広が「狄の島中金山」を任されたという砂金採取特権と合わせ、対アイヌ交易権とは違ったかたちでの、領主公権を蝦夷地の「山野河海」空間に及ぼしていく契機になったものと思われる。松前藩のその後の蝦夷地支配の進行にとって見逃すことのできない問題といえよう。

境界権力のゆくえ

ところで、蠣崎氏は秀吉・家康の統一権力に寄り添うことによって近世大名化を遂げていったが、これは前章で述べてきた境界権力という系譜のなかでどのように位置づけられるのだろうか。元和四（一六一八）年、松前に入った宣教師アンジェリスに対して藩主公広は、「パードレの松前へ見えることはダイジモナイ、何故なら天下がパードレを日本から追放したけれども、松前は日本ではない」（『北方探検記』）と語ったという。日の本将軍ないし安日の後裔を自任し、自立的権力への可能性を秘めていた安東氏の実質的な後継者であったればこそ、蠣崎・松前氏が松前地を日本ではないと断言しえたのだといえよう。松前氏は近世を通して蔑みの感覚で「エゾ大王」視されることがあったが、近世初頭においては自ら「狄の島主」であることを誇りとし、秀吉や家康に対してもその点をアピールし、またその扱いを受けてもいた。

もしも蠣崎氏が統一権力への服属を迫られなかったならば、かなり別な方向、蝦夷国家への道を歩んでいたことも想像できないわけではない。

しかし、幕藩制国家の一員に組み込まれたことは、松前氏の対アイヌ交易独占権が他の北奥領主を排除して強力な後ろ盾によって保障されたことを意味するが、同時に自立的権力たらんことの自己否定でもあった。そして狄の島主という気概にもかかわらず、比喩が許されるならば、琉球国のような一国の位置づけには至らず、一大名の扱い（万石格）、時によってはそれ以下の交代寄合並の待遇にとどまった。秀吉朱印状・家康黒印状によって権限が認められたのは、交易上の特権であって、蝦夷島全域が領地として与えられたのでは決してなかったという点に注目しなければならない。わずかに「松前」と呼ばれた地名の範囲が蠣崎・松前氏の所領として認められているかに読めるにすぎず、松前という改姓もこれに照応している。近世初頭、蝦夷島全島の支配という実体が欠如していたのは明らかであったから、狄の島主としての扱いを受けることは、松前氏が主観的にそう思っていたにせよ、きわめてむずかしい現実であったといえよう。

狄の島主としての地位が体制的に否定されることになった分岐点は、寛氷期における鎖国制とも密接に連動した、幕府の関与による「松前地」（人間地・シャモ地ともいう）と「蝦夷地」の区分であった。松前地のことを現在では一般に「和人地」と呼び慣わしているが、近世を通じて和人地の用例は少ない。寛永一〇（一六三三）年、松前藩は東西の里程の点検を実施し、また同一二年には島廻りによる絵図を作製したといわれる。将軍徳川家光は同九年の大御所徳川秀忠没後、御代始めの新政策を次々打ち出していくが、諸国への巡見使（上使）の派遣もその一つであった。巡見使の表向きの任務は道筋・境目を検分し、諸国の絵図を徴収することであったから、松前藩の調査は幕府の指示に基づいたものであることは間違いない。松前藩に入った巡見使一行は、西は乙部《おとべ》・瀬茂内、東は汐留・石崎まで行き、それより先へは「馬足」叶わず（『松前年々記』）引き返した。境目の検分という目的からすればそれを果たせなかったことになろうか。後の記録によると、松前地の範囲は、西境は熊石《くまいし》、東境は汐首岬《しおくび》であることが知られており、不確かな点は残るものの、この東西境は寛永一〇年の巡見使派遣で認知されたものとみてよいだろう。どの程度の調査であったかはともかく、島廻りもまた、幕府の日本総絵図作製の必要性から行なわれたと考えられる。ただし、『寛永日本図』には蝦夷島は描かれなかった（『正保絵図』から蝦夷地も書き込まれる）。

後の例では幕府の巡見使一行は、西の乙部と東の黒岩とでアイヌのウイマム（＝御目見得《おめみえ》）を受けるのが慣わしであった。その模様は天明八（一七八八）年当時のものであるが、古川古松軒《ふるかわこしょうけん》の『東遊雑記』に詳しい。カムイノミ（神への祈り）や、鶴の舞・弓矢的射などの「夷芸」が供覧され、幕府へのアイヌの服属儀礼としての意味をもたされていた。その最初はおそらく寛永期（一六二四―四四）の巡見使派遣のさいとみてよいだろう。また、設立時期ははっきりしないが、西の熊石には寛文期（一六六一―七三）頃までに、東の亀田には寛永期頃にそれぞれ番所が設けられており、これも和人地と蝦夷地の区分に伴う境界の管理のためのものであった。

このように、国制のうえでは、寛永期に松前藩は狄の島主、ないし境界権力としての性格を失うことになり、かわって異域として切り離され編成された蝦夷地の押《おさ》えという幕府の外交体制のなかに位置づけられてしまった。松前氏の意識はともかく、いわば境内の最北の大名として異国の押えと交易にかかわるというたてまえである。これは、序章でも述べたように、幕府が鎖国の道を選び、幕藩制国家を小中華として周辺の国家・民族がその武威に恐れて服属しているという、一般に日本型華夷秩序といわれている国際秩序を創出しようとしたことと密接に関連している。朝鮮が通信使を、琉球が慶賀使・謝恩使をそれぞれ幕府に派遣してくる通信の国として捉えられたと同様に、蝦夷もまた国家を形成しないが、蝦夷国に擬制され、巡見使に対するウイマムが演出されたと考えることができよう。朝鮮・琉球・蝦夷は日本国の威儀の及ぶ特別の異国として編成されたことになり、対馬藩・薩摩藩・松前藩は幕府の外交権を分有ないし代行してそれぞれの外交口を管理した。むろん、朝鮮は日本に服属しているという負い目が全くなく、通信使派遣も朝鮮国王からみて「巡撫」「清道（道を清める）」という意識が働いていたし、琉球やアイヌ民族にしても、幕府の思惑通りに事が運ぶわけではなかった。しかし、琉球や蝦夷地については薩摩藩や松前藩の支配を実際に受けていて、体制内の異国・異域であったとする評価もありうるように、日本の国家意識においては特殊な意味づけが与えられていたことも確かであった。

アイヌの自由往行

松前藩のアイヌ交易独占権を認めた家康黒印状の第二条に、「夷《えぞ》の儀は、何方へ往行《おうこう》候《そうろう》とも、夷次第たるべき事」と付記されていたことは前述した通りであるが、この部分は字義通りに解釈すれば、アイヌ民族はどこへ行き来しようと自由勝手であるという意味になる。松前に渡海する日本人についてはアイヌないし蝦夷地との直接の関係を遮断するなど厳しい管理・統制が行なわれていくいっぽう、アイヌについてはきわめてルーズな規定となっているのはなぜだろうか。

幕府の判断としては、アイヌは幕藩法の強制と保護の対象である百姓とは違って、体制外の存在すなわち異国人とみなしたということがあろう。和人地と蝦夷地を体制的に区分し、蝦夷地を異域・異国化していったのはその具体的な表われであった。しかし、それだけでもない現実的な裏付けがあったからである。というのは、近世初期においても、アイヌ民族は北海道のみならず津軽海峡をまたいで津軽・下北にかけて居住しており、北奥以北の地はアイヌにとっては一体的民族空間であった。南部・津軽・松前という大名領が北奥から渡島半島南端の地域に成立したとはいえ、人口比はともかくも、日本人とアイヌの雑居地であることには間違いなかった。幕藩領域内に居住したアイヌがどういう道を歩んだかはそれ自体大きなテーマとなろう。

その点はしばらくおくとして、実際、津軽海峡を往来したアイヌの存在は近世史料に姿をとどめている。南部藩（盛岡藩）の家老席日誌『雑書』のなかに、田名部（現むつ市）代官の言上の記事がみえ、寛永二一（正保元＝一六四四）年五月二三日条に「内浦《うちうら》」より「狄《えぞ》船」五艘が田名部にやってきて、鯡《にしん》（鰊）・干《から》鮭《ざけ》をもたらしたこと、また同年七月二一日条に「目無」（メナシ）より「狄」四人が田名部浦に渡海してきて活鶴一つを藩主に献上し、来年も渡海したい旨申し出たことが記されている。さらに同年八月一日・二一日条によると、「妻無」（メナシ）のアイヌから田名部代官が獺虎《らっこ》皮二枚を購入し盛岡に差し出しているのが知られる。この内浦・メナシがどこに比定できるのか断定はできないが、内浦は内浦湾地域、メナシは東方の意味で日高南部以東の地（日高・十勝・釧路方面）にあたる。獺虎皮がもたらされていることは後述するように興味深い。

石狩アイヌもまた津軽海峡を渡海していた。寛文期の証言になるが、その首長ハウカセが我々の先祖は高岡へ行き商いをしていたと語っていた（『津軽一統志』）。高岡は津軽藩の城下町として慶長一六（一六一一）年から利用され、寛永五（一六二八）年弘前と改称されているので、津軽交易はこの時期にほぼ該当するとみてよいだろう。こうしてみると、少なくとも寛永期ぐらいまでは蝦夷島のアイヌたちは行動範囲がひろく、南部領下北や津軽藩に渡海し交易していたことが確認される。家康黒印状の付けたりはまさに生きた現実の姿の反映であった。もう少し時代が遡ると、ルイス・フロイスが「ゲワ（出羽）の国の大なる町アキタ（秋田）と称する日本の地に来り、交易をなす者多し」（『耶蘇会士日本通信』）と述べていたように、前章でみた渡党蝦夷の津軽海峡を渡海した活躍ということになる。

城下交易から商場交易へ

しかし、寛永の時代を過ぎると、蝦夷島アイヌのこうした渡海交易は途絶えてしまった。付則の自由往行原則とは裏腹にどういう事態が進行したのか、アイヌの側から松前藩宛朱印状・黒印状の規定がもった意味と関わらせて考えてみよう。

豊臣秀吉の文禄二（一五九三）年朱印状は、蠣崎氏に対して松前渡海の船頭商人から船役を徴収する権利を認めたにすぎないものであった。このかぎりでは船頭商人は、船役さえ払えば蝦夷地のどこへでも行き、直接アイヌと交易することが可能なように読める。しかし、前述した蠣崎氏とアイヌとの間の天文の講和によって、東西よりくるアイヌの商船は、東夷・西夷の「尹《いん》」の所在する知内《しりうち》・天河《あまのがわ》の沖でそれぞれ帆を下げて休み、一礼して往還するのが慣例になったといわれる。このことは東西蝦夷地のアイヌが松前に出掛けて交易していることをうかがわせ、蠣崎氏が松前での船役徴収の窓口一本化をねらったことと合わせて考えれば、城下での交易が中心になったとみることができる。このプロセスは、旧来の館主層の館所在地における交易の否定でもあって、家臣の城下集住を促していったものと思われる。したがって、本州商船は蠣崎氏の規制によって事実上蝦夷地に入り込むことができなくなり、アイヌもまた松前を蝦夷島における和人との唯一の交易場とみなしていたといえよう。むろん、蠣崎氏の統制の及ばない蝦夷島アイヌの北奥交易は何ら制限はされていない。日本商船の松前のみでの交易を規定した秀吉の慶長元年朱印状は、こうした蝦夷島におけるアイヌ・和人間交易の松前一元体制を追認したものにほかならない。

二つの秀吉朱印状で保障された城下交易の様子は、元和四（一六一八）年～同八年の間に松前に渡海した外国人宣教師（アンジェリス・カルワーリュ）の報告でおおよそ知ることができる。それによれば、東部はミナシ（メナシ）方面から松前へ一〇〇艘の船が毎年、乾燥させた鮭（干鮭）と鰊、および多量の猟虎《らっこ》（獺虎）皮を積載してやってくる。猟虎は蝦夷島では獲れず、猟虎島（千島のウルップ島）から買ってきたものという。矢羽に使う鷲羽《わしのは》（真羽《まば》）も重要な到来品であった。いっぽう西部の方は天塩からもアイヌの船が来て、だいたい同じ商品を持ってくるが、猟虎皮がない代わりに、中国製の絹布類がもたらされる。いわゆる山丹交易品である。アイヌは家族ぐるみで交易に訪れ、海浜に小屋を造って仮住まいをする。日本（本州）からは毎年三〇〇艘ほどの船が交易のために米・酒を積んできて、とくに酒造用の米・麹を欲するアイヌと物々交換する。ただし、馬の鞍などに用途のある猟虎皮、坊主の衣・十徳《じっとく》用になる上質の絹布、および鷹・鶴といった鳥類は、アイヌがウイマム（御目見得）を通して松前殿に献上する朝貢貿易の形態をとり、松前殿の独占交易品であった。松前殿の家臣は、松前近くの河川での漁業権をもらっており、そこで獲れる鮭が彼らの主な収入源であったとされる。いずれも日本側史料では得られない近世初頭の貴重な情報であった。

徳川家康の慶長九（一六〇四）年黒印状は、むろん右のような城下交易を所与の前提とし、それを保障したものであったことはいうまでもない。しかし同時に、本州商人とアイヌの城下交易自体を否定しうるような内容を合わせもっていた。すなわち第一条の、松前出入りの本州商人が松前藩の許可なくしてアイヌとの売買をしてはならないという規定である。藩の許しさえあれば本州商人とアイヌの間の直取引が可能で、藩の交易管理権（許認可権）にすぎないようにも読めないことはない。しかし、松前藩がそれを許可しない方向をめざすこともでき、そうなると本州商人は蝦夷地での取引のみならず、城下交易においてもアイヌとの直売買からも排除され、もっぱら、松前藩（藩主・家臣）からのみ蝦夷地産物を買わなければならなくなる。その意味で、この規定を松前藩によるアイヌ交易権の独占を保障したものととらえて何ら差し支えないと思われる。じっさい、交易独占を実現するために、松前藩はアイヌの藩主に対する定例的・儀礼的なウイマムによる交易を除き、アイヌの城下交易を否定し、かわって藩主および家臣の交易船がアイヌコタン（村落）＝商場《あきないば》に出向いて交易する形態に漸次転換していく。このような進行のプロセスで、寛文四（一六六四）年の家綱朱印状からは「藩の許可なくして」という部分が消え、本州商人とアイヌの直売買がいかなる場でも否定されることを追認している。

蝦夷地に設定された商場は、藩主の直交易地がもっとも多いが、藩主から家臣に対しても商場が知行《ちぎょう》として与えられ、家臣も藩主同様交易船を派遣してアイヌと物々交換した。近世の知行というと、ふつうは田畑の年貢を収取できる領地支配権のことをさすが、松前藩の場合は農業を再生産の基盤としていなかったので、アイヌとの交易権を知行として家臣に与えていた。これを「商場知行制」と呼んでいる。元和期（一六一五—二四）では今みたように城下交易がまださかんで、松前地内の鮭漁権が家臣に認められている程度にすぎず、だいたい寛永期（一六二四—四四）ぐらいが商場知行制の成立の画期と考えられている。商場知行といっても商場を自由に支配してよいのではなく、あくまでもアイヌとの交易権にとどまり、また獺虎皮・オットセイなどといった軽物《かるもの》や、鷹・砂金などの重要産物は家臣の交易権の対象外とされ、きわめて制限された内容のものであった。藩主一族などは鷹を捕獲する鳥屋場《とやば》を商場とは別に知行する者があった。何万石の大名というような領知高をもたない無高大名松前藩が、大名権力として家臣団を御恩（＝知行）と奉公（＝軍役）の近世的な主従関係につくりかえ、藩政機構を整えていく、そのてことなったのが商場知行制であった。

こうした寛永期における蝦夷地商場の設定は、アイヌ民族の交易にとってはきわめて不利な状態を引き起こすものであった。アイヌが自主的に交易船を仕立てて松前に行くことが不可能になり、和人地と蝦夷地の政治的区分とも関わって、事実上の蝦夷地内封じ込めが果たされる。寛永期を最後に、北奥への自由往行が姿を消すのもこうした動きの現われであった。そればかりではない。アイヌ交易が松前藩の独占となったため、交易値段が松前藩に掌握され、いわば市場原理の働かない不等価交換が幅をきかしていくことになった。寛文期（一六六一―七三）のシャクシャイン蜂起を必然化させていく新たな矛盾が醸成されていく。

日本国内のアイヌ

渡島半島南端の松前地は、松前藩の本領として和人地化したといっても、日本人の専有の地となったわけではなく、近世前期にはアイヌと日本人とが雑居ないし住み分けしていたとみる方が実態を正確にとらえているといえよう。松前地のみならず、津軽や下北にもアイヌが居住していたことは前にも触れた通りである。こうした日本国内に取り込まれてしまったアイヌのゆくえに関心を寄せてみよう。

まず、松前地の場合であるが、松前藩は松前城下より西の地域を西在、東の地域を東在と呼んでおり、弘前藩の探索によれば、寛文九（一六六九）年頃、アイヌは西在の上の国、田沢、おとへ（乙部）、小も内（小茂内）、あいぬま内（相沼内）、けんねち（見日）、熊石、関内の八か所、東在のしりうち（知内）、ちこない（木古内）、もへつ（茂辺地）、さすかり（札苅）、一本木、へきれち（戸切地）、塩泊、やちまきの八か所に居住していた。この居住地域は松前城下周辺地域を含まず、上の国より西、知内より東の、寛永期の和人地・蝦夷地の区分のさいに和人地のなかに新たに組み込まれた地域で、和人と混住していたことになる。これらのアイヌコタンは鮭の遡上する河川の河口部に位置しており、その生業は秋味《あきあじ》（鮭）漁を中心とし、松前藩によって鮭漁権を保障されていた。コタンには田沢のミロクや茂辺地のアイニシなど、乙名《おとな》と呼ばれた首長層がおり、乙名たちは松前藩に御目見得（ウイマム）ないし年始礼に出る慣例であった。

後述するシャクシャイン蜂起のさい、相沼内乙名トヒシシが「上の国」（西蝦夷地）のアイヌを鎮静化するために藩の使者として派遣されている。幕府巡見使へのウイマムを行なった人たちもこれらのアイヌであったのであろう。

しかし、アイヌ居住地域も和人がたくさん移住してくるに伴い、鮭漁などの既得権が侵されコタンの破壊が進み、アイヌの人口が急減している。榎森進によると、享保元（一七一六）年には西在八〇人、東在七二人の計一五二人となり、さらに天明七（一七八七）年ともなると、西在七人、東在五人の計一二人と消滅寸前になっている。人口急減の理由として、『蝦夷談筆記』（宝永七＝一七一〇年）は、アイヌがシャモの中に入り交じって住居するのを好まず蝦夷地へ移住していったこと、また残った人々も疱瘡に罹って死亡し、大方絶えてしまったことをあげている。

ただし、最上徳内《もがみとくない》が『蝦夷草紙』（天明六＝一七八六年）のなかで、見市（見日）村に代々岩之助という百姓がおり、ふだんは「日本の野郎鬢《びん》（髪型の一種）」だが、冬になると月代《さかやき》を剃らずに蝦夷の礼にかえて、正月七日領主のところへ吉例として出ると記していたのはどう理解したらよいだろうか。岩之助は「古は蝦夷」でイワンノシケという名の乙名であったが、当時すでに百姓と認識され、風俗も日本人の身なりをしていた。これから類推すると、百姓＝日本人化していったアイヌの存在もまた否定できないように思われる。鰊漁が盛んになると、アイヌもまた鰊漁に従事し、しかも百姓と「寄合」で行なうケースもあったようだが、次第に日本人と変わらない風俗になっていき、強制的編入ではないアイヌの百姓化の道の可能性は十分考えられる。

津軽地方についてみると、正保二（一六四五）年の『陸奥国津軽郡之絵図』（『正保国絵図』）には、津軽半島の北端部および陸奥湾に張り出した夏泊半島に「狄村」の記載がみられる。このうち、夏泊半島のほうは早くに姿を消し、寛文期頃には津軽半島北端のうた（宇田）村、ほこ崎村、五所塚村、つなしう（綱不知）村、おこたらへ（奥平部）村、砂ケ森村、ほろつき（母衣月）村、小泊村、山派村、松ケ崎村、びくちよま村、藤崎村、かまの沢村、宇鉄村、たつひ（竜飛）村の一五か村四二軒が「狄」として把握されていた（『津軽一統志』）。これらのアイヌは津軽藩『御国日記』にしばしば登場する。藩との間に御目見得儀礼を有し、貝の玉（真珠）・串貝（串鮑）・昆布といった海産物類や膃肭《おっとせい》獣・熊皮・善知鳥《うとう》などを献上し、代米ないし代銭が支給されるのを慣わしとしていた。また、シャクシャイン蜂起のさいには、津軽藩によって飛脚船・通詞として動員されてもいる。浪川健治の分析によると、津軽アイヌの生業は、鮫漁によって鮫油を採取して藩に上納する漁撈活動を主とし、ほかに狄船を用いた小廻船や山畑と呼ばれた焼畑農業を営んでいた。ただし、一八世紀に入ると日本人漁師が入り込み、特権的な漁業権が脅かされて制限を受け、また鮫の不漁などがかさなって、自分稼ぎ的な漁撈活動が難しくなり、水主《かこ》（船乗り）や山子といった賃労働者化が進んだといわれている。

ところで、津軽藩では宝暦六（一七五六）年、藩政改革を進める乳井貢《にゅういみつぎ》が津軽アイヌのシャモ化・百姓化を図り、月代を剃らせるなど風俗改を強行している。しかし、松崎、六条ノ間、藤島、釜ノ沢、上鳥鉄《うてつ》（宇鉄）、下鳥鉄の五〇人余がこれを拒み山中に逃亡して抵抗した。アイヌがアイヌであることに、また自分たちの風俗・文化に誇りをもっていたからであった。その後、文化三（一八〇六）年、再度の同化政策が実施され、アイヌは「平民」（＝百姓）扱いとなった。これにより、生活文化のなかの民族性やアイデンティティの問題はともかく、政治的には津軽藩から蝦夷が姿を消すことになった。

日本民族成立史という観点から東北の蝦夷に関心を持った喜田貞吉は、津軽藩によるこの同化強制を、アイヌの「解放」とみた。喜田の理解は、アイヌを蝦夷と呼んだり、名前の下に「犬」の字を付けるような差別的待遇はいわば被差別部落に対する身分差別と同様であるととらえ、したがって「人間」に取り立て「民籍」に編入したのは差別からの解放だとするものであった。アイヌが同化を嫌って山に逃げた事実を紹介しながら、しかしその理由への問いかけがなく、その後、悔いて同化を希望したとする面のみに関心を寄せている。差別を糾弾する志は人後におちないとしても、固有の民族性についての認識の欠如のしからしむるところであった。ただ、喜田は、橘南谿《たちばななんけい》が『東遊記』のなかで、「南部、津軽辺の村民も大かたは蝦夷種」で、はやくに「王化」に服し「言語風俗」の改まった所が「先祖より日本人の如」く言っているのだという箇所を卓見とし、宇鉄《うてつ》近辺のアイヌばかりでなく、寛文以前に新田開発によって農民となり「同化融合」したアイヌの存在の可能性を示唆している。かつての蝦夷村の末裔が津軽半島北端や夏泊半島の限られた数村というのは考えにくいから、留意すべき見解かと思われる。

下北アイヌについては、津軽アイヌほどに詳しくわからないが、寛文五（一六六五）年当時、盛岡の藩主に対する愛沼院ら三人、およびハツヒラタイヌら三人の御目見得が行なわれ、熊皮を献上し、蔵米や夷《えぞ》太刀《たち》・茜木綿を下されていたことが知られる（盛岡藩『雑書』）。津軽海峡側の易国間《いこくま》にアシタカ、陸奥湾側の脇野沢にハッピラというアイヌの首長がいて、同族のアイヌを統率し、藩は両人に対して「蝦夷稗」を支給していたといわれる。愛沼院はアシタカであろう。津軽藩でも寛文期に百姓の諸役のなかに「狄米」の負担があり、この蝦夷稗と共通する性格があると思われるがよくわからない。明和八（一七七一）年蝦夷稗が廃止されたといわれるから、このときが南部藩における蝦夷の政治的消滅ということになるかもしれない。一八世紀後期には周囲の日本人と風俗的にあまり違いがなくなり、百姓身分化していったものと考えられる。いずれにせよ、寛文期ころ、松前地・津軽・下北で蝦夷と把握されたアイヌは、近世中後期には同化強制を伴いながら、日本人のなかに埋没させられていくことになったといえよう。

2　寛文蝦夷蜂起

シャクシャインの戦いと商場知行制

前章末で述べた天文の講和以来、松前藩とアイヌの間は比較的安定した関係が続いていたが、寛永二〇（一六四三）年、西蝦夷地瀬田内《せたない》方面のアイヌがヘナウケを首領として蜂起した。ヘナウケは瀬田内の首長とみられてきたが、嶋小牧《しまこまき》の首長とする記録も知られる。この戦いについては松前藩が蠣崎利広らを派遣して沈静化させたという以上には不明だが、発生の時期を考えると、商場知行制がちょうど蝦夷地内に成立しはじめた段階に一致する。瀬田内は中世末からアイヌの有力拠点のひとつであったから、松前藩の商場交易に対する反発があったとして不思議ではない。当時、嶋小牧には砂金取りが入り込んでいたことや、寛永一七年駒ケ岳の大噴火による影響も蜂起の原因として推測されている。

ヘナウケの蜂起のあと、寛文九（一六六九）年六月、近世期最大のアイヌ民族の蜂起が起こった。いわゆるシャクシャインの戦いである。この戦いの経過をかいつまんで整理しておくと、蜂起の前段として東蝦夷地におけるアイヌ集団間の対立、すなわちメナシクル（東の者、クルとは人の意）に属するシブチャリ（シベチャリ、静内）の首長カモクタイン・副首長シャクシャインと、ハエクル（シュムクル＝西の者のうち）と呼ばれるハエ（波恵）の首長オニビシとの間の対立があった。慶安元（一六四八）年、シャクシャインがオニビシ配下のアイヌを殺害して合戦となり、また承応二（一六五三）年にはオニビシ方によってカモクタインが殺された。カモクタインの跡目はシャクシャインが継いだ。対立の原因は後でみるように、相接する狩猟場や漁撈場をめぐる両集団間の相互侵犯にあった。明暦元（一六五五）年、松前藩が仲介にたち、松前福山館で両者が停戦合意を誓ったものの、その後も紛争は絶えなかった。寛文七（一六六七）年シャクシャイン方がオニビシ方のアイヌを殺害したことから対立が激化、翌八年四月にはオニビシ兄弟がシャクシャイン方に襲われ死亡した。オニビシ方は「松前殿御ひいきの狄」といわれていたように親松前藩的立場であったことから、再度にわたって松前藩に武器援助を依頼したが、「仲間出入《でいり》」に介入しないのが原則だとして断られた。しかも、寛文九年四月、支援を求めて二度目に松前に赴いたオニビシの姉婿ウタフが、その帰り道不幸にも疱瘡に罹り死んでしまった。

ところが、ウタフの死は松前藩による「毒飼」であり、藩はこれからも食物に毒を入れてアイヌを殺そうとしているとの噂がアイヌの間にひろまった。こうしたアイヌの不安と動揺を直接の契機として、シャクシャインは二集団間の紛争をアイヌ民族の松前藩に対する戦いに矛盾を昇華させ、東西蝦夷地のアイヌに日本人襲撃を呼び掛けた。

寛文九年六月二〇日前後、各地のアイヌは一斉に蜂起し、西は増毛《ましけ》から東は白糠《しらぬか》までの広範な地域で、交易商船の船頭・水主・鷹匠・鷹待《たかまち》あるいは金掘が殺害され、死亡者は二七三名（東蝦夷地一五三名・西蝦夷地一二〇名）とも三五五名（東二一二名・西一四三名）とも記録されている。出羽象潟《きさかた》の蚶満寺過去帳によると、この蜂起で殺された同地出身者一八名の名前が判明する（『象潟郷土誌資料』二）。「松前殿は松前の殿、我等は石狩の大将」と語ったという石狩の首長ハウカセの場合のように、蜂起には参加せず、かといって松前藩にも与せず独自の態度を示したアイヌも存在したが、この石狩アイヌを除けば松前藩の派遣交易船と直接の交易関係をもっていたアイヌはほぼ全民族的規模で戦いに立ち上がったといえるだろう。

ウタフの死から二か月もたたないうちに、このような大規模な蜂起に至った原因はどこにあるのだろうか。シャクシャインは決起を促すにあたって、近年松前殿の役人の仕置は「非道ニシテ貪リ多ク、狄共年ヲ重テ困窮」になり、このまま日本人をこの島におくと大変なことになるので、松前殿を始め皆殺しにして先祖の無念をはらしたいと訴えたといわれる。松前藩の滅亡までを射程に入れた戦術的・政治的見通しをどこまでもっていたかさだかではないとしても、アイヌを困窮にいたらしめる松前藩の非道が民族共通の怨嗟になっていたことだけは確かである。津軽藩は翌一〇年、松前藩の許可なく西蝦夷地に密偵として藩士牧只右衛門を派遣したが、余市《よいち》やシリフカ（岩内）のアイヌが語ったところによれば、商場知行制がもたらしたアイヌ側不利益の状況が具体的に証言されていた。

商場知行制は前述したように、交易権をもつ藩主・家臣が商船をアイヌコタンに直接派遣して物々交換を行なうもので、アイヌ側はこれ以外に日本人との交易機会をもつことを閉ざされていた。窓口一本化とでもいうべき交換形態は松前藩側の言い値で売買が行なわれやすくなり、藩主松前公広（寛永一八＝一六四一年没）の代には、干鮭五束（一束二〇本）＝米二斗入俵一俵であったものが、当時干鮭五束＝米七～八升入俵一俵となり、アイヌ側に著しく不利な不等価交換がまかり通っていた。松前藩はできるだけ安く買い叩き、その分本州との交易で大きな利益をあげようというのであった。交換比率だけにとどまらず、たとえば串貝が一束でも不足しているなら翌年は二〇束の弁償を迫られ、出せないとなると子供を質にまでとられたといわれる。しかも、シリフカの首長カンニシコルが語るには、松前藩側は交易権の範囲を超えて、アイヌの秋味漁撈権のある川に大網をおろし、好き放題に「秋味」（鮭のことをいう）を獲ることまで行なっており、アイヌ側が抗議をすると、「松前の知行所」（松前藩の支配地）であるからと打ち叩かれたという。蝦夷地内での漁撈活動に踏み出していることは、後述する「場所請負制」の展開の萌芽をみせている点で注目される。家康が松前藩に与えたアイヌ交易独占権が、わずか半世紀ぐらいでアイヌを一斉蜂起させるまでに追い込んでいたのである。

また、商船に加えて鷹待《たかまち》や金掘が襲われていることも無視できない。藩主権強化の財源とされた鷹の捕獲や砂金採取が、アイヌのイオル（八八ページ参照）に無断で入り込み、山や川の生態系を荒らして反発を買っていたと想像される。ただし、鷹待ないし金掘のなかには松前藩の統制に従わない者もおり、シャクシャイン方に味方して処刑された他国者のいたことが知られている。

幕藩制国家の「蝦夷征伐」

シャクシャインの蜂起は松前藩はもちろん、幕府にも少なからぬ衝撃を与えた。この事件を一揆とするものもあるが、おおむね「蝦夷蜂起」「狄蜂起」と幕藩領主層に受け止められた。「蜂起」と認識されたのは島原の乱以来のことであった。蜂起という言葉には、領主―農民関係を前提として領主の非法を訴える百姓一揆とは質的に違って、幕藩制国家それ自体に対する反逆、戦いという意味合いが込められている。また松前藩とアイヌの「出入《でいり》」だとする認識もあり、この場合には両者は上下の支配関係というよりは、横の対立関係としてとらえられていることになろう。また、蝦夷と韃靼《だったん》が隣接しているという当時の地理観念から、実際の脅威はなかったものの、背後の韃靼人（女真）の動きが懸念されたことも見逃しえない。

七月一三日松前藩からアイヌ蜂起の報告を受けた幕府は、松前藩主一族で幕府旗本となっていた松前泰広を将軍徳川家綱の「蝦夷征伐」の「上意」を奉じた者として派遣するとともに、津軽（弘前）藩・南部（盛岡）藩など奥羽諸藩への軍役を発動し、また松前藩に対して米三〇〇〇俵の援助を決めた。幕府は必要があれば、「征夷大将軍」としていつでも全面的に乗り出していく覚悟と用意をもっていたといえよう。

松前藩は蜂起勢の万一の松前地攻撃に備えて厳戒態勢をしくいっぽう、七月二六日、家老蠣崎蔵人が二〇〇人余の軍勢を率いて松前を発足し、国縫《くんぬい》へ向かった。エトモに集結していたメナシクル勢が長万部《おしやまんべ》およびそのすぐ南のモンベツに押し掛けてきたので、八月四日長万部に出陣したが、すでに立ち去った後で戦闘には至らなかった。国縫で模様ながめの状態が続き、八月二一日、同地に到着した松前泰広と合流した。以来、泰広が軍事指揮権を握り、九月四日シブチャリ（静内）に向かって出陣した。総勢六二八人であった。鎮圧隊は松前泰広の公儀的性格を最大限利用し、泰広が幕府から派遣されたのはアイヌの蜂起により藩主が苦労しているからで、敵味方にかかわらずアイヌを思いのまま打ち殺し、打ち殺したあとには日本から百姓を移住させるつもりだと脅したといわれる。松前藩一藩のみならず幕藩制国家への敵対行為だということを、アイヌ側も承知しないわけにはいかなかった。オニビシ方のシュムクルアイヌがまず投降し、藩はこれを人質に取って防ぎとした。アイヌの滅亡を避けたいなら和睦に応ぜよという説得工作により、ついにシャクシャインも子息のカンリリカの勧めにより和睦を受け入れた。しかし、この和睦というのは鎮圧軍の謀略で、一〇月二三日夜、ビボクにおける和睦の酒宴の場でシャクシャインをはじめ、チメンハ、フミアシ、マカノスケら主だった人々が殺されてしまった。アツマ、サルでも同様の謀殺があり、幕府への注進では、全部で五五人のアイヌが殺害または捕縛されたといわれている。このようにもろくも崩れ去ったのは、松前藩の策謀に対する警戒心に隙があったばかりでなく、日本人一斉襲撃の後の戦略まではアイヌ側の統一行動が整っておらず、個別分散的な対応を余儀なくされ、松前藩の心理陽動作戦にうまく対抗できなかったためといえよう。

この寛文蝦夷蜂起事件は、奥羽大名が蝦夷地に向けての幕府の軍役発動を受けた最初のケースでもあった。津軽藩は幕府の命令によって杉山八兵衛を惣大将とする七〇〇人余（幕府公式届は五〇〇人）の軍隊を松前に渡海させた。津軽藩は国縫までの出陣を望んだが松前藩に断られ、箱館近くの大野まで検見したにとどまった。津軽アイヌがこの出兵に動員されていたことは前述した。津軽藩はおそらくは幕府の許可を得てであろう、密偵船を西蝦夷地に派遣し、アイヌ社会の動静を詳しく把握することに成功している。通詞としての津軽アイヌの協力があったればこそだが、これが後に松前藩の知るところとなり、松前を「責め取」るつもりかと非難された。松前藩にとっては、転封ないし廃絶の危険性もあったわけであるから、内情の暴露はもっとも恐れるところであった。

津軽藩のほかでは、南部藩と秋田藩が松前藩の出兵要請があり次第渡海するよう指示を受け、派遣隊の人数割を整え待機するとともに、松前に「物聞」を遣わして情報収集にあたった。仙台藩や八戸藩なども幕府の命はなかったが出兵に備えていた。奥羽諸藩は鉄炮や米の貸与という点でも松前藩を援助していた。奥羽大名は、松前藩が幕藩制国家の一員として負っている蝦夷地の押えという固有の役割を、後方から支えるという役を担わされたといえる。いわば北に向けての軍役動員体系というべきもので、近世後期、蝦夷地へ出兵を余儀なくされていく奥羽諸藩の最初の経験となった。

さて、シブチャリの拠点を壊滅させた後、松前藩は東西蝦夷地のアイヌにツクナイを要求し降伏を迫った。ツクナイ（償い）というのは、後述するように非を認めた方が謝罪・賠償の意味で、宝物の刀剣類を相手方に渡すアイヌ社会の慣行である。ツクナイに応じないアイヌも存在したが、おおむね戦争状態は終息に向かうこととなった。そして、寛文一一年四月、松前藩は東西蝦夷地のアイヌに、「牛玉《ごおう》」（神社の発行した護符、牛王とも書く）を飲ませて神に誓わせる日本流の起請文《きしょうもん》形式をとって、松前藩への絶対服従を強いていった。起請文は全体で七か条からなり、その要点は、

①殿様にどんなことを命じられても逆心しない
②意見をきかない逆心者は藩に注進し、また仲間出入の仲裁は藩が取り扱う
③殿様御用のシャモの蝦夷地通行を如在《じょさい》（疎略）にせず、またシャモ自分用の場合も馳走する
④鷹待・金掘を如在にしない

⑤商船に我儘をせず、「余所《よそ》の国」から荷物を買ったり、「我国」で調えた荷物を「脇の国」で売ることはしない
⑥米一俵につき皮五枚または干魚五束とする
⑦殿様御用の状使・鷹送り・伝馬・宿送りを昼夜に限らず如在にしない、また鷹飼犬（鷹の餌となる犬）を提供する

といったものである。

まず、⑤の「余所の国」などをどう解釈するかであるが、これまで「余所の国」「脇の国」＝他藩、「我国」＝蝦夷地ととらえ、アイヌ交易の松前藩独占をアイヌ側に再確認させたものという理解が筆者も含めなされてきた。しかし、紙屋敦之が指摘するように、「国」をアイヌコタン（村落）とみ、アイヌが自らのコタンすなわち商場でもある範囲を超えて勝手に売買することを許さず、商場交易権をもつ特定の相手（藩主または家臣）とだけの交易に限定する、という解釈の方が実態に合っていようか。

⑥の交易価格の公定は、恣意的な価格の押しつけを阻むという点ではアイヌ側の完全敗北ではないという評価も成り立つが、一俵の中味が明示されていない点が問題であろう。その後の事例をみると、一俵＝八升が基準となっており、シャクシャイン蜂起時点での一俵＝七〜八升がほぼ現状のまま固定化されたと考えてよいか。

②の仲間出入すなわち共同体紛争の調停者としての松前藩の役割がうたわれたことも法制的には重要である。いずれにせよ、この起請文がそれ以降の松前藩・アイヌ関係を規定づける祖法的な意味をもったこ

とは間違いない。蝦夷地・アイヌ民族は幕藩制的編成原理としては、依然として異国（異域）・異国人と位置づけられていたが、アイヌ交易の独占に基づく商場知行制の展開を通して、またシャクシャイン蜂起の鎮圧を経て、松前藩は異民族支配を強め、蝦夷地の実質的な松前藩領化を推し進めていくことになったといえるだろう。しかし、まだ蝦夷地のすべての地域・アイヌが松前藩の支配下に入ったとはいいがたく、道東などは一八世紀半ば頃まで自立的な動きを示していた。

義経の末裔＝シャクシャイン

源義経が衣河館（高館《たかだち》）から脱出して蝦夷地に逃げ落ち、さらに金国・韃靼にまで渡り、あげくにジンギスカンになったという話にまで発展を遂げた、いわゆる義経の不死伝説・入夷伝説というのがある。最近では「義経北行伝説」というフレーズで、繰り返しテレビや雑誌に取り上げられることが多く、東北・北海道の観光地はこの北行伝説を売り物にさえしている。なかには、近代日本の大陸侵略と関わってジンギスカン説が喧伝されたなど、その政治性を指摘するものもないではないが、多くの場合、英雄ロマン的な想像をかきたてることに関心があるためか、伝説と史実の境界がぼかされ、伝説がひとり歩きしているのが現実である。歴史学としてはこれを看過せず、伝説の成立事情なりイデオロギー性なりをきちんと問うておく必要があろう。

義経蝦夷渡りが最初に文献に書き留められたのは、寛文一〇（一六七〇）年成立の『続本朝通鑑《つがん》』巻七九あたりかと思われ、そこには義経が衣河の役で死なず、蝦夷島に逃れその遺種が存すというのみの「俗伝」が紹介されていた。本格的に義経入夷説が語られるようになるのは、水戸藩の快風丸が蝦夷地を探検し、それを蝦夷情報のひとつとして紹介した元禄元（一六八八）年以降のことである。しかも入夷説を近松門左衛門が『源《みなもと》義経《よしつね》将《しょう》碁《ぎ》経《きょう》』に取り上げ、また新井白石が『蝦夷志』に書くなど、時代の先端にいる知識層が関心を示したから、享保期にかけての一八世紀初期またたくまに流布していった。この入夷伝説のベースには、前述した御伽草子『御曹《おんぞう》子《し》島渡《しまわたり》』があったことは確かで、蝦夷渡り伝説形成期の『快風船《かいふうせん》渉海紀事《しょうかいきじ》』が、蝦夷島の「さる」という所に義経が渡って、そこの大将蝦夷の婿になり、「さる」の近く「はへ」に館を構えて住み、その後大将の宝を盗んで「陸地」（＝日本）に帰った、と記していることなどはそのことをよく物語っている。

　しかし、サルとかハヘ（ハエ）という地名が具体的に記されていることは新しい要素であり、この地名は明らかにシャクシャイン蜂起の情報と関わっている。ハヘはシャクシャインの対抗者オニビシ側の拠点であった。そればかりではない。シャクシャイン自身を義経の後裔とみるものが元禄〜享保期にあったことは注目される。遠藤元閑《げんかん》『本朝武家評林』（元禄一三＝一七〇〇年）は、近き頃、蝦夷島で日本に背くことがあり、その大将「シャムシャイン」という者が日本に随っていたときには、自分は日本人で従五位下兼伊予守源義経の「末葉」（子孫）だと語っていた、ということを記している。『義経知緒記《よしつねちしょき》』も松前の者の語りとして、「蝦夷ノ庄司シャムシャイン」は太夫判官義経の後胤だと述べる。

　こうしてみると、義経蝦夷渡り伝説は、寛文一〇年が初見だということも含め、寛文蝦夷蜂起事件を背景に、あるいはそれ自体を題材として、『御曹子島渡』から離陸し独自の物語として展開しはじめたとみることができよう。そしてシャクシャインを義経の末裔に見立てるもののあったことは、シャクシャインを敵ながら一目おく評価の態度があったことを示している。それは蜂起当時の、「狄」の軍法にすぐれ、よく才覚に富み、筋目よき者だというシャクシャイン観を反映していた。

ただ、このシャクシャイン＝義経の末裔伝説は後に発展していかなかった。むしろ、蝦夷島に渡海した義経の武威に、島中の者が怖れて帰伏し、義経をオキクルミだと尊崇するようになった、という方向にもっぱら展開していった。オキクルミとはアイヌにさまざまな生活の知恵を教えてくれた文化神であるが、義経＝オキクルミ説が、アイヌの精神生活を義経伝説でからめとる機能をもったことは否定できまい。近松の先の作品もまた、義経をして「我こそ日本神の子孫」と語らしめ、「夷ども」が「島の大明神、生神」として義経に涙を流して「契約」したことを記し、「源氏の繁昌」は大日本の外までも治まり靡《なび》くと、いわば徳川の世を謳歌したものであった。義経入夷伝説の蝦夷征伐・蝦夷帰伏譚《たん》という本質を見失ってはいけなく、そうであったからこそ近藤重蔵らが蝦夷地直轄にあたって、現在義経神社がある日高地方平取《びらとり》の地に義経を御神体として安置し、その政治性を積極的に利用したのであった。

3　近世アイヌの社会と文化

イオルとイオマンテ

シャクシャインとオニビシの対立を題材にしながら、当時のアイヌ社会の内部の様相をみてみよう。カモクタイン・シャクシャインの集団はシブチャリを拠点に静内川・捫別《もんべつ》川の漁撈権をもち、オニビシのハエクル集団はハエからビボク（新冠）にかけての河川、波恵《はえ》川・慶能舞《けのまい》川・厚別《あつべつ》川および新冠《にいかつぷ》川の漁撈権をもっていた。オニビシの居所はハエと伝えられるが、シブチャリの川上に砦を築き住んでいたともいう。また、両集団とも川筋の周りの山野を狩猟場としていたものと思われる。こうした川筋に沿って展開している漁撈場・狩猟場のナワバリないしテリトリーのことをアイヌ語ではイオル（イウォル）といい、当時の日本側の史料では「持分」と表現されている。

両集団間の紛争の原因についてみると、カモクタインの父センタイインは威勢が強く、カモクタインがオニビシ領の川に無断で入り込み渡世していたこと、シャクシャインが熊の子二匹を捕獲して川を下ってきたところ、オニビシに我らは熊の子を獲れなかったので一匹くれと乞われたのを無視したこと、シャクシャイン方のツノウシら一〇人程がオニビシの在所を越えて山に鹿取りに行こうとしたとき、川で魚を取るのは自由だが、これより奥の山では鹿を取らせないと拒絶され帰ったこと、オニビシを先頭にハエクルは挑発的にシブチャリ川に入り魚を取ったが、これにシャクシャインが取り合わなかったこと、オニビシ一類のツカコボシ甥がウラカワ（浦河）で活鶴を求めたのは不届きとして、シャクシャイン方がこれを呼び出し口論となり殺したこと、といったようなイオルの相互侵犯が火種になっていたことがわかる。

このようなイオルをめぐる川筋共同体間の紛争を生じさせたのは、商場知行制の展開にみるような松前藩の商人的活動によって、アイヌ社会が交易のなかにそれまで以上にふかく巻き込まれたためと考えることができよう。商品流通の実態については後で詳しく述べてみたいが、『津軽一統志』によれば、シャクシャインの時代、「上口《かみくち》」（上蝦夷地＝西蝦夷地）から出される商物として、から鮭、にしん、数の子、串貝、真羽、ねつふ、こつひ、あさらし、熊皮、鹿皮、塩引、石焼くちら、鶴、魚油、ゑふりこ（樺太より）を、また「下口《しもくち》」（下蝦夷地＝東蝦夷地）の商物として、から鮭、干鱈、熊、鹿の皮、真羽、らっこ皮、鶴、鯨、塩引、鮭、赤昆布、魚油、鱒をあげている。松前藩の蔵分の所務は御手船八〜九艘の利益一〇〇〇〜二〇〇〇両、鷹代金一〇〇〇〜二〇〇〇両、沖の口（港に出入する商船・物資・旅人に課した諸税）と百姓諸役とを合わせて六〇〇両余といわれるから、いかに蝦夷地・アイヌ交易に寄生・依存していたか知られよう。シャクシャイン・オニビシの争いの元になった、川漁の鮭、熊の子、鹿猟、活鶴はいずれも東蝦夷地の重要産物ばかりであった。シャクシャインが関係したといわれるシブチャリのチャシや入船チャシの遺跡からは、鉄鍋・鉄斧・刀子といった鉄製品、漆器、陶器、煙管、永楽通宝（中国銭）など本州方面からの移入品が出土していることも、交易の進展を裏付けている。

シャクシャインが捕獲してきた熊の子は、一匹くれたなら祝いのとき互いに振る舞い酒盛りしようと、オニビシが述べていることから、イオマンテ（霊祭り）のための飼熊用であろう。イオマンテには、フクロウ送り、ワシ送りなどがあって、さまざまな動物が神送りされたが、なかでも熊送り（熊祭）が最も重視されていた。前述したように、アイヌ文化をクマ祭文化複合体としてとらえる見解があるように、熊送りはアイヌ文化の中核をなす要素であった。熊送りは北方ユーラシアから北アメリカに広く分布していたが、一般には山中で仕留めた熊を使うケースが多く、アイヌのように仔グマを育てて行なうのは、ニヴフ・オロチなど沿海州、樺太、北海道の民族に限られている。クマはキムン・カムイ（山の神）、イオル・コル・カムイ（山奥を支配する神）と呼ばれ、神聖な川筋の奥に棲むものであった。シャクシャインは熊の子をそうした静内川の上流の山から得てきたものであろう。自然界（＝カムイ）とのかかわりを大事にするアイヌの考え方では、クマのカムイは土産となる毛皮・胆・肉などをたくさん身にまとってコタンに降りてきて恵みをもたらすとされ、その感謝として饗宴を催し、贈り物をもたせ、霊＝カムイを鄭重に川上・天上に送り返すというのがイオマンテであった。アイヌのクマ猟はアマッポと呼ぶ仕掛け弓とトリカブト毒をつかったスルク（矢毒）に特徴があり、アイヌ民族のクマ猟・イオマンテは北方狩猟民のなかでは最高度に発展を遂げたものと考えられているが、こうした特異な発展の背後には、松前藩を媒介とした日本側の熊胆・熊皮需要があったことを見落としてはなるまい。周知のように日本社会では、胆のう（胆汁）を乾燥させた熊胆は消化剤としてなどさまざまに薬効があるとされ、とくに重用されていた。

チャシとツクナイ

シャクシャインやオニビシは共同体間の争いを背景にチャシ（砦）を築いていた。去々年とあるから寛文七（一六六七）年であろうか、一一月頃オニビシ方はシャクシャイン方によるツカコボシ甥殺害一件で、三〇〇品のツクナイを要求したが、これに応じないシャクシャインの居所へ九〇人余りで押し寄せた。このときは金掘として当地に入り込んでいた文四郎らが仲裁に入り、シャクシャインが一一色のツクナイを出してひとまず収まった。シャクシャインはこれを機に用心のため「新ちやうし」（チャシ）を建てている。同八年四月には、オニビシが文四郎小屋に入ったところを、シャクシャインは「ちやうし」から見届け、五〇人余りで襲いオニビシを殺害している。このチャシは見張り用にも適した立地であったことがわかる。オニビシが殺されたあと、六月中旬オニビシ方は、シャクシャインらが酒・米など松前交易品を手に入れ祝酒しているところをねらい、「新ちやうし」を襲撃し火をかけている。静内川を眼下に見下ろすシベチャリのチャシが本チャシ、地続きの入船チャシが新チャシといわれている。

いっぽう、オニビシの「ちやうし」は、シブチャリの川上という記述が正しいとして、静内川上流の炭山沢チャシが比定されている。オニビシの居所はハエともいわれているので、シャクシャインとの対抗上築かれた要害といえようか。オニビシを失ったハエクルは「あつへし」に「ちやうし」を構え反撃に出たが敗れ、シャクシャイン方によってこのチャシを焼き払われた。厚別川中流域にあるアツベツのチャシがこれに比定されている。

道内のチャシは「北海道におけるチャシ跡遺跡一覧表」（『北海道チャシ学会研究報告』5）によれば、一九九〇年九月現在五二六遺跡が数えられている。地域的には根室・釧路・十勝の各地方とともに日高地方に多く分布しており、日高の場合、松前藩に対する蜂起ということもあるが、シャクシャイン・オニビシの長期の抗争にみられる共同体間の対立・緊張が背景にあることは間違いない。チャシは前章でも述べたように、防御のための壕・柵列をもった砦という性格を強くしていくが、本来は山の頂きの神聖な場をさしていた。琉球のグスク（城）と比較されるゆえんである。シャクシャイン・オニビシのそれは砦、見張りといった軍事的色彩が濃厚だが、交易成就の酒宴の場としても使われている点は着目しておいてよいだろう。

シャクシャインとオニビシの対立は双方の首長が相手方に殺され、歯止めのない集団抗争に展開してしまったが、長い争いのなかでいくたびか和解のチャンスがあった。先に述べたように松前藩が調停者となり一時的に和解が成り立ったし、また金掘の文四郎がシャクシャインにツクナイを出させて事態を沈静化させたこともあった。松前藩が和解の誓約をさせるさい、「神水」を飲ませる、すなわち起請文の作法を用いていたが、アイヌ社会には紛争解決の平和的方法として、非を認めた方が宝物を差し出して決着するツクナイと呼ばれる独自の慣行があった。ツクナイは日本語の「償い」からきており、アイヌ語ではアシンペといった。オニビシの最期は、金掘文四郎が松前藩の意向だとしてシャクシャインにツクナイを出させるため、オニビシと打ち合わせていたところ、シャクシャイン方の襲撃を受け、文四郎がツクナイを出すから堪忍せよという詫びを聞き入れてもらえず、オニビシが「ちゃあらけ」（チャランケ＝談判）を二へん言って殺されたと伝えられている。ツクナイ慣行がここでは完全に破綻し、対立の激しさをみせつけている。河川共同体間の対立を止揚し、上位の政治的結集に向かう避けがたいハードルだとみるべきかもしれない。国家形成の道はきれいごとではない。オニビシ方を打ち負かしたあとに、松前藩が次の相手として浮かび上がる、そういった政治的成長のプロセスといえようか。

ツクナイの品は、松前藩に対する蜂起鎮圧後のツクナイがそうであったように、刀剣類が主であった。タンネップ（長刀）・エモシポ（短刀）などと呼ばれたが、武器であるよりはイコロ（宝物）としての性格が強く、漆器とともにイコロの代表品で、宝物をたくさん所有している者ほど社会的威信をもつと考えられていた。そして、紛争解決の方法として、あるいは約束の印として刀剣類がやりとりされたのであった。こうした刀剣類や漆器もまた、日本社会からの移入品であった。松前藩が忠誠の証として刀剣類を差し出させたのも、アイヌ社会の慣行を踏まえたからであった。

共同体間の対立はチャランケと呼ばれる交渉・談判の作法を発達させたことも見逃すことができない。日本中世における武将の合戦でも、藤木久志によれば、戦闘のまえの言葉戦いが重要な意味をもったといわれている。言葉戦いの民族を超えたひろがりを感じさせるが、近世アイヌ社会においては相手を打ち負かす弁舌能力がリーダーたる者の必須の条件であった。とくにイオルの侵犯については、その権利の主張において歴史的経過をとくとくと語り、相手を説き伏せねばならなかったのである。シャクシャインなどは前にみた人格形容からそうした資質を十分に兼ね備えていたものと思われる。

メナシクルとシュムクル

前述したように、シブチャリのシャクシャインの集団はメナシクルに属し、オニビシのハエクルはシュムクルに属した人々であった。宣教師モレーラの書いた『蝦夷人の島』によれば、アイヌ民族は一六世紀末、日本人が蝦夷島と呼んでいた北海道を「アイノモショリ」と称していたことが知られている。交易の民でもあったアイヌは、自分たちの同族が住む独自の空間領域として北海道を認識していたことになる。しかし、国家を形成しなかったので一つの政治支配領域として構成されることはなかったが、アイヌ民族の内部は複数の大きな地域的まとまりからなっていた。そのまとまりがメナシクルとかシュムクルと呼ばれる地域集団である。

近世アイヌ社会はどのような構造をなしていたかモデル的に示すのは簡単ではないが、大きな河川の河口・川筋、および近隣の小河川の河口に、サケ・マス漁を基盤として定住性の強い二〜三軒程度のコタン（村落）から二〇軒を超えるような大コタンまで数か所点在し、これがひとつのまとまりをなしていた。

当時乙名とか大将とかいわれた首長の「持分」の範囲にあたり、一ないし数本の川をナワバリとする川筋集団である。シブチャリ・モンベツを「持分」とするシャクシャインのシブチャリ集団、ハエ・ケノマイ・アツベツ・ビボクを「持分」とするオニビシのハエクル集団がそれにあたろう。同時期の史料に、アツベツ乙名ラムイ、ビボク乙名八郎右衛門の名が出てくるが、それが信用のおけるものだとすれば、ハエクルは複数の川筋集団に分化していたとも考えられる。渡辺仁によれば、クマ祭を執行する単位集団はシネ・イトクパという、同一の祖印（イナウ＝木幣に刻んだ紋）をもつ父系の血縁集団である。シブチャリ集団やハエクルはこのシネ・イトクパ集団と重なるのだろうか。

シャクシャイン方にはウラカワ（浦河）のアイヌがハエクルのアツベシチャシ攻撃で行動を共にすることがあった。エヒテキないしツノウシという「大将」の参加がそれである。最終局面での戦いであるが、シブチャリとウラカワの同一メナシクル内の共同行動がみられたわけである。いっぽう、ハエクル方は、総崩れの後、オニビシ姉の婿でサル（沙流）に住むウタフが松前に支援要請に行き、帰り路に死亡したことは前に述べたが、サルのアイヌがハエクル方のために行動していたことになる。また、シャクシャインの蜂起にあたって、シャクシャインはメナシクルの「惣領」だと松前方に認識され、シャクシャインに呼応し松前商船を襲撃したメナシクルとして、モンヘツ・ホロイツミ・トカチ・シラヌカ・クスリ・アツケシのアイヌをあげている。蜂起の鎮圧過程で、松前藩はシャクシャイン謀殺の前にオニビシ方のアイヌを投降させ証人（人質）を取ったが、オニビシ方として証人を出したのはサル・ムカワ・シコツ・イシヤツレ・アチウシ・ユウバリ・オタススツ・オサツ・ビボクのアイヌたちであった。ここにはメナシクルに対応する呼称が出ていないが、のちの史料にシュムクルと出てくる集団に該当しよう。

こうしたメナシクル・シュムクルに相当する集団は、海保嶺夫によると、寛文蝦夷蜂起当時、その他に石狩アイヌ（惣大将ハウカセ）、余市アイヌ（同八郎右衛門）、内浦アイヌ（同アイコウイン）があって、合わせて五つが認められ、「惣大将」による地域的統一がなされていたといわれる。この地域集団の性格を一つの政治体制とまでいえるのか、否定的な意見もあるが、ハエクルとサルの間のように婚姻関係がみられ、シャクシャイン蜂起のように対外的な大きな決断を迫られたときには、少なくとも政治的・軍事的に共同歩調をとりうる集団であったことまでは認めてよいだろう。また、この五集団は河野広道の墓標の型式によるアイヌ系統分類とも符合するといわれるから、同一の文化集団としての性格も合わせもっていたことになる。一九世紀初めになるが、蝦夷通詞上原熊次郎は『蝦夷地名考并里程記』で、西蝦夷地を除き、メナシウンクル（東の者、静内以南の日高）、シュムンクル（西の者、白老〜新冠）、ウショロンクル（湾の者、有珠〜幌別）、ウシケシュンクル（湾の末の者、噴火湾沿い長万部〜森）、ホレバシウンクル（沖の者、鹿部〜亀田半島）、シメナシュンクル（奥東の者、広尾〜根室）、チウプカンクル（日の方の者、エトロフ以東）、レブンモシリウンクル（離島の者、樺太）の八集団をあげている。ただ、この段階ではアイヌ社会は場所請負制の展開によって分断支配されているから、政治的集団としての発展可能性はおしとどめられていた。

シャクシャインの蜂起呼び掛けで、確かに増毛から白糠にかけての東西蝦夷地の広い範囲で日本人襲撃が実行されたが、すでに述べたように、石狩アイヌがこれに参加しなかったり、松前藩側の味方となる集団もあった。また、脅迫・説得・切崩し工作に動揺して共同歩調を持続できない弱さがあった。商場知行制の展開は城下交易の段階とは格段に違う影響をアイヌ社会にもたらした。直接コタンのなかに藩主・家臣の商船が入ってくることによって、松前藩との個別的・人格的関係がいきおい強まり、また酒・米・鉄製品など日本産物への依存度がふかまった。この結果、民族の横の連帯が弱くなり、民族的力量を最大限結集させるのが困難になりつつある、そういう時にシャクシャイン蜂起が起きたことになる。不等価交換の是正は確かに全民族的共通の課題であったが、すでに商場知行制の分断のくさびが打ち込まれていたことは蜂起側にとって不利な条件であったといえるだろう。

第三章　蝦夷地の開発とアイヌ社会

1　場所請負制の展開

場所請負制の成立

享保二（一七一七）年の幕府巡見使記録『松前蝦夷記』によれば、蝦夷地へ派遣された松前藩主の手船は以前八艘あったが、近年、蝦夷地での「出物」が少なくなり、六艘に減じたという。また、藩主ばかりでなく、蝦夷地内六一か所に「給分代《きゅうぶんだい》」すなわち知行地（領地）の代わりとして商場を与えられていた「家中」（家臣）の場合も同様で、船数を減らしても「損毛」となり、家臣が寄り合って船を出すありさまであった。藩主や家臣が、アイヌが必要とする品を仕入れて積んだ商船を蝦夷地に派遣し、アイヌ側の取り揃えた蝦夷産品と交換し、それを本州商人に売って利金を得る、いわゆる商場知行制が商場の不漁・出物不足で行き詰まっていたことを示している。

こうした「家中困窮」といわれる事態のもとで、藩主・家臣自らが商船を仕立ておこなう直交易に代わって登場してきたのが、運上金《うんじょうきん》を納める「商人船」に交易「場所」を渡してしまう新たな形態であった。

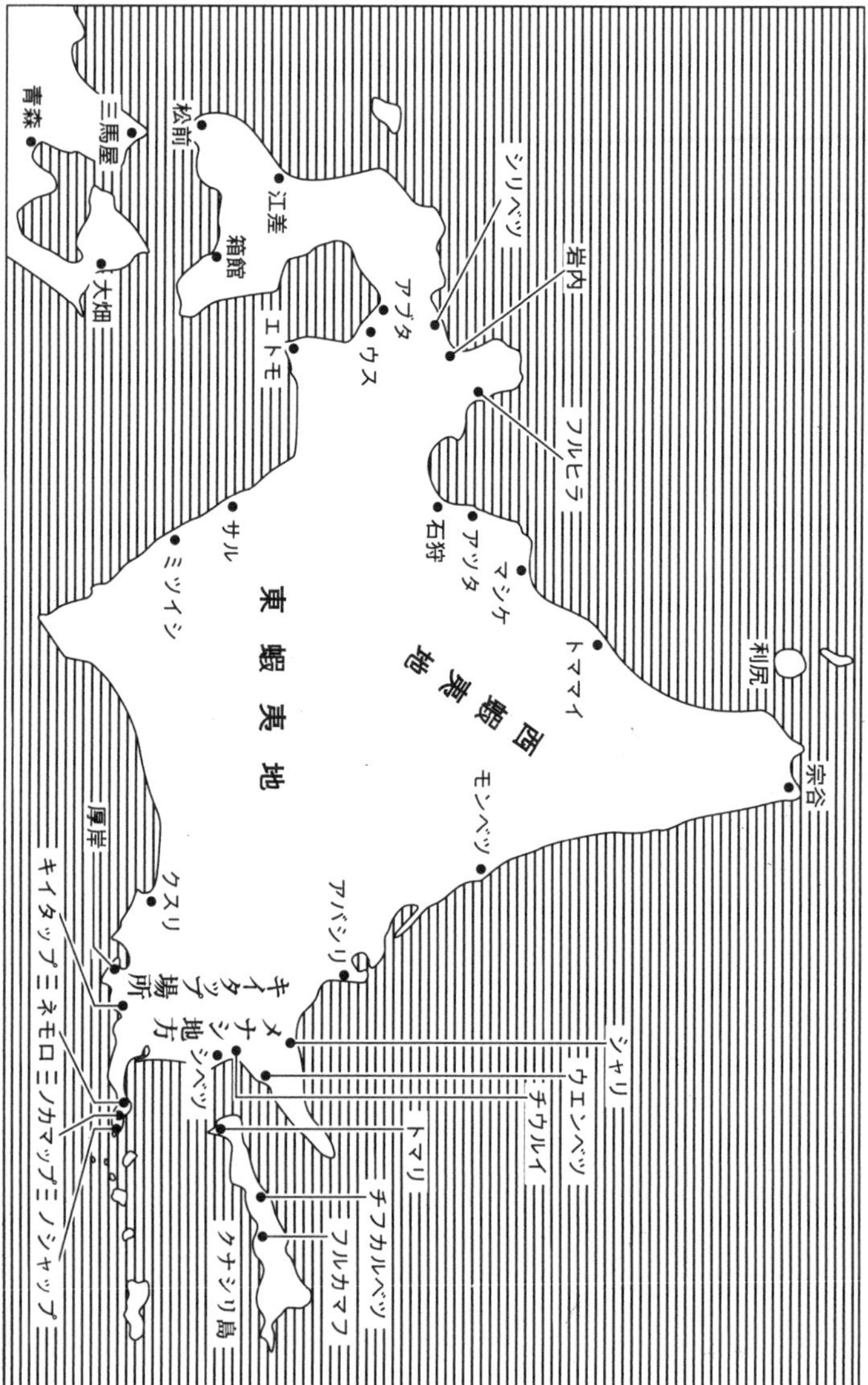

青森
三馬屋
松前
江差
箱館
大畑
シリベツ
岩内
アブタ
ウス
エトモ
フルヒラ
アッタ
石狩
サル
ミツイシ
マシケ
東蝦夷地
西蝦夷地
トママイ
利尻
宗谷
モンベツ
アバシリ
厚岸
クスリ
キイタップ場所
メナシ地方
シャリ
ウエンベツ
チウルイ
シベツ
トマリ
チフカルベツ
フルカマフ
クナシリ島
キイタップ
ネモロ
ノカマップ
ノシャップ

商人はそれまでも交易を代行するケースを含め、さまざまにアイヌ交易に関与していたと思われるが、この場合には、商人が一定年限（当初は三年間が多い）、入札によってあらかじめ設定された上納額（これを運上金という）を藩主・家臣に納めるという契約を結び、商場（＝場所）内でのアイヌ交易権および漁業権を手に入れ、場所経営のいっさいを任されるかたちとなる。産物売払代金から運上金と実際にかかった経費を差引いた額が請負人のもうけである。これを「場所請負制」と呼んでいる。場所請負制への移行期には、家臣が借金の引き当てとして、一定期間商場の権利を商人にいっさい譲り渡す例のあったことも指摘されている。場所請負制の成立は、商人自ら資本を投下して鮭や鰊の大量漁獲を行ない、蝦夷地産物の企業化に道を開く契機となっていくものであるが、享保～元文期（一七一六―四一）に商場知行制から場所請負制へ体制的に移行したと考えられている。これに伴い、「商場」という言い方も「場所」に変わっていく。

ところで、商場知行制がもっぱらアイヌ交易を内容としていたのと比べると、場所請負制は交易権と漁業権の二つを含み、むしろ後者の漁業経営が中心となって展開していく。とすれば、場所請負制における漁業権はどこから生じてくるのかという疑問がわいてこよう。商場知行制から場所請負制への移行はそう単純ではないが、この問題を解く鍵は、これまでも着目されてきたように、交易とは別の論理で出てくる「秋味《あきあじ》（鮭）」漁場所の設定、すなわち「秋味運上」にあると考えられる。

『松前主水《もんど》広時日記』元禄五（一六九二）年七月九日条に、宮之越（宮之越屋）五郎右衛門が石狩運上金の残金を納めたこと、また、同一〇月一日条にも、同人舟頭が翌六年分の石狩秋網地（秋味）運上の証文を出したという記事がみられ、商人が藩に運上を納め、石狩の秋味漁業権を請負っていたことがわかる。シャクシャイン蜂起のところで述べたことであるが、すでに寛文年中（一六六一―七三）、西蝦夷地のシリフカでは、「松前の知行所」と称して、毎年大網を投下して鮭を取り、アイヌ側に迷惑をかけていた。これが商人請負であるかは不明であるが、藩による蝦夷地での鮭漁場の設定が寛文期にまで遡ることを示している。したがって、寛文から元禄にかけての時期、商人請負の秋味（鮭）運上場が藩によって少なからず設けられたとみてよいであろう。

元文四（一七三九）年頃の『蝦夷商賈《しょうこ》聞書』によれば、藩主の手船場所はソウヤ・クスリ・アッケシ・キイタップの四か所のみ、「地頭」（家臣）の手船場所も利尻・サル・三ツ石の三か所に限られており、その他は運上金が定められ、場所請負制がひろく展開していた様子をうかがうことができる。そうした請負場所のなかに、一場所が藩主への運上分と家臣への運上分の二つから成り立っている例がいくつかみられるのが興味を引く。

ユハナイ（岩内）場所についてみると、ここは家老蠣崎庄左衛門の知行する商場で、出物として鰊・数の子・串貝がたくさんとれ、他に鮫油・干鱈・煎海鼠《いりこ》が少々であった。これらの干物類の運上金は一年につき金一〇〇両で庄左衛門への揚がりであった。しかし、干物類以外の夏生鱒《なつなまます》・秋生鮭《あきなまさけ》および山方（材木伐出し）の運上金は、すべて志摩守（藩主）の取分とされていた。また、フルヒラ（古平）の場合は、鰊油物・数の子・串貝・鮫油・干鱈・ホッケ・カスベが産物で、この運上金三か年三〇〇両は新井田与左衛門の取分であったが、秋生鮭塩引《しおびき》の三か年運上金二〇〇両は藩主に納められた。

もう一つ石狩川についてみておくと、ここは「十三場所」といわれたように蝦夷地随一の大場所であるが、六月に行き七月に帰る「夏場所」には藩主および知行主一二名が船一六艘を派遣し、そのうち四艘分の運上金が藩主分であった。夏場所はおもに干物を扱い、運上金は年によって変更されたという。夏場所に対して鮭漁を目的としたのが、「秋の商買」といわれるもので、秋生鮭運上金三か年一四〇〇両、および「跡買《あとがい》」三か年九〇〇両が藩主に上納された。跡買というのは二回目に派遣された商船だからであろう。以上のように秋生鮭は藩主のもの、その他の干物類の夏荷物は家臣のものという例は、アツタ、マシケ、トママイ（戸間前）の各場所にみられる。

いってみれば、一つの場所に二人の領主がいるような現象であるが、ここで注意すべきことは秋味運上はすべて藩主分とされていることである。本来、商場知行制のもとで家臣に与えられた権限は、商場におけるアイヌ交易権のみであって、アイヌ側の用意した干物類などと物々交換するだけであった。ただし、その場合でも『蝦夷商賈聞書』が指摘するカヤベ（茅部）場所など内浦湾地域のオットセイのように、希少価値のある産物は、規格はずれのものを除きすべて「松前公儀」（＝藩主）に買上げられるものであった。アイヌ交易権以外のあらゆる蝦夷地の権限は、鷹打場が一部家臣に与えられたのを除けば、原則としてすべて藩主に帰属しており、砂金運上や、岩内場所にみられる山方運上はそのようなものであった。秋味運上も藩主公儀権に属し、河川・沿岸（海上）における漁業権を希望する商人に請負わせたものと考えられ、そうした秋味運上の漁場として開設されたのが右の各場所であったのであろう。ただし、この運上漁場は商場を知行する家臣の申請を阻むものではなく、じっさい家臣が藩に運上金を出して鮭・鱒を獲っている例もあった。

商人が関与した秋味運上の漁業経営は『松前主水広時日記』にみられるように、商場知行権とは別個の論理、すなわち藩公儀権を拠り所にまずは成立したとみられ、家臣も巻き込み、元禄期にはすでに展開していた。これは、上方から塩を移入して生鮭を塩引に加工し、大量に生産・販売を行なう企業化の試みと密接に関わっていたことはいうまでもない。鮭鱒漁の有望な漁場が見込まれ、相次いで運上場が開設され、従来のアイヌ交易を「夏商」(夏場所)と呼んでこの「秋商」(秋場所)と区別するようになった。とくに家臣の商場に設定された例が先にあげた石狩場所などである。こうした商人資本による漁場経営の成功をバネに、従来からの停滞がちの商場交易＝夏商もまた商人の請負いに委ねようという動きが生まれ、急速に広まった。夏商も単にアイヌ交易の範囲というのみならず、鰊漁の企業化のメリットがあったので、借金の引き当てにせよ、請負人側の望むところでもあった。こうして、従来の交易権を継承している夏商もアイヌ交易よりは漁業経営に関心が移り、同じ海産物であるだけに交易権と漁業権の区別が曖昧になっていった。その結果、藩主・家臣の商場とも交易・漁業経営の区別なく、また夏商・秋商にかかわらず、運上金を納める請負人にすべてまるごと委任されるようになった。秋味運上が家臣の知行権とは別に設定されているところでも、同一の請負人が請負えば実質は同じである。

こうしてみると、場所請負制というのは、繰り返しになるが、商場交易権が必ずしも自己展開してそうなったのではなく、まったく別な、砂金運上・檜山《ひのきやま》運上などと同様の経営請負権から発生したものということができる。おそらくは秋味運上がいわば橋渡しとなって、商場交易権が漁業権を含むものへ拡大・変質し、むしろ漁業経営が主となって場所請負制に転化していったのである。しかし、場所請負制になったからといって、アイヌ交易がただちに消滅したわけではなく、藩はこれをアイヌの「介抱」、すなわち支配と服従の重要な手段と位置づけていたので、請負人はアイヌとの交易を担いつづけなければならなかった。

企業的商人の登場

一八世紀前期、商場知行制を場所請負制に転換せしめた起動力はどこにあったのだろうか。産物でいえば、鮭と鰊の二つがきわめて重要な意味をもっていた。鮭はアイヌ交易では干鮭《からざけ》として取引されており、はやくは中世の『庭訓往来《ていきんおうらい》』に宇賀昆布とならんで夷鮭《えぞさけ》と出てくるのはこの干鮭のことであろう。干鮭は川を遡ってきた鮭を用い、内臓を取り、天日乾燥させてから屋内に取り込み、「火の上へ釣干上」げ燻製状態にして作った（『松前産物大概鑑』）。本来はアイヌの自給用の保存食品で、その余分を売ったものであったから、流通量には限りがあった。これに対して「秋味運上」の鮭は塩引鮭であった。この方は、大網を使い河口や沖で大量に鮭を獲り、本州からの移入塩を使って塩引に加工したもので、本州の消費者に歓迎され需要が大幅に伸びた。塩さえ大量にあれば、あとは労働力を注ぎ込み、鮭を乱獲すればよいだけのことであった。

いっぽう、鰊の方は、まずは松前地西海岸で活況を呈し、一七世紀末から本格的な操業が開始された。背の部分を裂いて乾した身欠鰊として食料になったばかりでなく、笹目《ささめ》（えらの部分）、胴鰊《どうにしん》（身欠を取った後の頭・骨・腹が連結したもの、端鰊《はにしん》ともいう）、白子などを田畑の肥料に用いた。鰊を丸ごと煮て油を絞り鰊〆粕《しめかす》にした肥料も、近世後期には干鰯を凌駕し、商業的農業の発展の下支えの役割を果たしていく。鮭と鰊は国内市場の展開、消費生活の欲求に促されながら、蝦夷地の企業化・産業化をもたらしたという点で、それまでのどちらかというと希少価値を売り物にしてきた、異国珍品的な蝦夷地交易とは大きく意味合いが違っていた。これに、長崎貿易の主要輸出品として位置づけられた俵物・昆布の海産物と、主に江戸向けに搬出された木材を加え、一八世紀の蝦夷地は鎖国制下で唯一許された産業開発のフロンティアという性格をがぜん帯びることになったのである。これら蝦夷地産品の流通の実態については、章を改めて詳しく述べることにしよう。

このような蝦夷地の商品生産地化は、場所請負制への転換だけではなく、それまでの流通のしくみや商人資本の性格をも大きく変えたことはいうまでもない。松前藩の存立基盤は当初からアイヌ交易に依存し、蝦夷地産物を主に上方に移出することで成り立っていた。松前氏の祖蠣崎（武田）信広が若狭の出で、商船に乗って松前に渡ったと伝えられているように、中世以来、日本海商圏の中心的担い手として活躍したのは若狭・小浜《おばま》の船持ち海商たちであった。先に述べた城下交易段階までは、松前で藩主・家臣から、あるいは城下交易に訪れたアイヌから直接蝦夷産物を買い入れて舟積みし、上方に運び売却したものであったろうと思われる。また、藩主・有力家臣は自ら手船を所有しており、本州諸港に出かけて売買することもあった。

商場知行制の段階になると、本州商人がアイヌ交易から切り離され、松前藩（藩主・家臣）が蝦夷地産物の唯一の商品販売者となった。こうした公商とでもいうべき松前藩と結びつき、特権的な地位を築いたのが、近江国（滋賀県）の薩摩・柳川・八幡に本店をおく、いわゆる近江商人たちであった。田付《たづけ》、建部《たけべ》、岡田、西川といった商人たちが早くは慶長以来、とりわけ寛永期以降数多く松前に出店を構え、近江国の本店で仕入れた品物を松前へ、松前で購入した蝦夷産物を上方へと送った。そのさい、近江商人は同郷出身者で「両浜組」と称する仲間組織をつくり、その扱い荷物を「荷所船《にどころぶね》」と呼ぶ共同雇用船で輸送した。自ら持ち船を新調して所有するより、加賀・越前の船主に運賃を払って運んだ方が有利だったからである。敦賀に荷所を扱う問屋があり、そこから陸路大坂へ運搬された。松前藩では藩自体が商人のようなものであったので、地元の商人が育たず、松前の商人は、近江商人を中心に加賀・能登の北陸出身者らも含め、ほとんどが「旅人《りよにん》」であったとみてよいだろう。

蝦夷地での塩引・鰊が脚光を浴びてくると、これらの近江商人も松前藩から特権的に蝦夷産物を入手するだけでなく、西川伝右衛門家（住吉屋）などのように、享保期（一七一六―三六）以降になると、にわかに活発化した松前地での和人鰊漁への仕込み（前貸）を行ない、また蝦夷地の「秋味運上」や場所請負に乗り出し、加えて自ら船舶を所有する企業的な者が出てくる。しかし、一八世紀半ば以降になると、近江商人の独占的な流通掌握に転機がやってくる。場所請負人化しえた一部の近江商人は生き延びられたものの、多くは時代の波に乗れずに衰退を余儀なくされ、代わって村山（阿部屋《あぶや》）伝兵衛・飛騨屋久兵衛・栖《す》原屋《はらや》角兵衛・伊達林右衛門などといった、非近江系商人が場所請負人として登場してくる。いずれも近世後末期の代表的な場所請負人たちばかりである。また、荷所船の賃積み形態も後退し、場所請負人が船を所有して直接運送したり、北陸の船主・船頭が松前・江差・箱館で自ら商取引を行なう買積み船が登場してくる。後述する北前船と呼ばれているのがこれである。近江商人は蝦夷地産物の商品化に道を開いたが、商場知行制段階の流通システムに拘束され、場所運上金が引き上げられるなかで、より冒険的・企業的な次代の担い手によって交替を迫られたのであった。

松前三湊の繁栄

天明八（一七八八）年、幕府巡見使に随行して松前藩を訪れた古川古松軒《ふるかわこしようけん》は、松前三湊（松前・江差・箱館）の賑わいに驚嘆し、江戸を出立し北行してきたなかで、家居・人物・言語とも揃ってよい所はこの地において他にはないと述べている（『東遊雑記』）。松前の地は昆布で屋根を葺いているなどと、辺鄙で甚だ悪しき土地柄だと噂に聞いてきたが、諸国からの廻船がたくさん入港し、浜辺には土蔵が立ち並び、また、町には呉服店・酒屋・小間物屋などがあって物に不自由せず、瓦葺き屋根に玄関付きの家といったように、すべてが上方めく風俗で、完全に予想が裏切られたというのである。このような感慨は、古松軒より少し前に松前地方を訪れた平秩東作《へずつとうさく》も『東遊記』のなかで、町人・百姓の暮らし方が豊かだとし、「江戸より行く人の目にも奢の様に思はるゝ事あり」と、その華美・贅沢ぶりを指摘していた。

このような繁栄は、むろん鰊や鮭などによってもたらされたものだが、江差と箱館は商場知行制から場所請負制への転換のプロセスのなかで成長した港町であった。江差や箱館は中世末の館主《たてぬし》が交易主体であったときにはそれなりに交易の場として栄えていたと思われるが、近世松前藩の時代になると、松前城下窓口一本化政策によって、衰退を余儀なくされ漁村化していた。シャクシャインの蜂起があった頃は、江差・箱館とも「から家」（空屋）ありと記されるだけであった。これが、一八世紀に入ると、享保二（一七一七）年頃、松前入船数三〇〇艘（昆布・鰊・材木積船）、江差同七〇〇艘（材木・鰊積船）、亀田箱館二〇〇艘（昆布積）を数えるに至っている（『松前蝦夷記』）。わけても江差の入船数が抜群であるが、『北海随筆』にも元文四（一七三九）年頃、江差が諸国廻船で「松前第一の繁昌の所」といわれているから傾向としては信用してよいだろう。

箱館は大坂・長崎向け昆布の積出し、また江差はアッサブ（厚沢部）の檜山《ひのきやま》伐採や、松前地西海岸から西蝦夷地へ展開していく鰊漁を背景に、ともに元禄期ぐらいから急速に産物集荷地として商業都市化してきたと思われるが、当初は沖の口改め（港に出入する船・人・物を検査し、口銭や関税を徴収する諸業務）という他国船の海関業務は松前に集中しており、松前を経由しなければ出入国できないシステムであった。藩は三港の機能拡充・分化を図って、箱館・江差でも沖の口改めができるようにし、また三港の沖の口業務を代行する問屋の株仲間化を進めた。箱館では、享保一五（一七三〇）年亀田番所での沖の口改めが実施され、また、享保七年の松前での問屋株一五軒の免許に次ぎ、延享五（一七四八）年に問屋株六軒が公認されている。江差の場合はよくわかっていないが、檜山《ひやま》番所が沖の口業務にあたり、箱館とほぼ同時期ぐらいに問屋株が設定されたものであろう。したがって、ほぼ一八世紀半ばには三湊のしくみができあったことになる。天明年間（一七八一―八九）には、松前一五一九軒六三八五人、江差九三〇軒三一〇〇人、箱館四〇三軒二二七八人の戸口を数えていた。

ただし三湊といっても、場所請負人は初めは松前に集中し、後に東蝦夷地場所の請負人が箱館に拠点をおくようになっていくものの、松前の卓越した地位は変わらず、江差には請負人が存在しなかった。問屋は松前藩の家臣が商人名義で営んだり、家臣の系譜を引く者が少なくないといわれ、船宿・倉庫業や沖の口業務などに関わるばかりでなく、その地在住の場所請負人に対して「断宿《ことわりやど》」として権限をふるった。「断宿」(「場所請負宿」などともいった)というのは、請負人が運上金を上納できなかったさいに弁済義務を担うかわりに、場所産物に対する指図権を有し、その売買にあたっては一定の口銭を徴収できたといわれる。このように、箱館・江差に比べて松前問屋の有利さが指摘されている。松前は船舶出入りの湊としてはあまり適さず、箱館・江差両湊に劣っていたが、城下町としての権力の力に支えられていたのである。

2 寛政蝦夷騒動

クナシリ・メナシのアイヌの戦い

寛政元(一七八九)年五月上旬から中旬にかけて、飛驒屋久兵衛請負のクナシリ場所およびその対岸のキイタップ(霧多布)場所メナシ(目梨)地方で、日本人出稼ぎ者の横暴に苦しむアイヌが決起した。当時、「蝦夷騒動」と呼ばれた事件である。クナシリ島ではトマリ(運上屋の所在地、運上屋とは場所経営の中心施設をいう)やチフカルベツ・フルカマフなどで二二人、メナシ地方ではシベツ・チウルイ・ウエンベツなどで四九人の計七一人の日本人が殺された。飛驒屋によって現地の運上屋や番屋に派遣された支配人・通詞・番人といった出稼ぎ雇人と、飛驒屋手船大通丸の船頭・水主《かこ》(船乗り)たちがその犠牲となり、他に上乗役《うわのりやく》といって、毛皮類など藩買上げの軽物御用や請負人の荷物改を任務とする松前藩の足軽一人もその中に含まれていた。

松前藩はこの事件を六月一日に知り、早速番頭新井田《にいだ》孫三郎以下二六〇人余の鎮圧隊を編成して現地に向かわせ、七月八日、当時キイタップ場所の運上屋があった根室のノカマップ（ノッカマップ）に陣をしいた。藩が直接探索して「徒党」アイヌを襲撃ないし捕縛するのではなく、松前藩の求めに「味方手印《ていん》」（前述ツクナイ品に同じ）を差し出し忠誠を誓ったクナシリのツキノエ、ノカマップのションコ、アッケシのイコトイの三人の有力アイヌ首長を通して説得、投降させる方式をとった。この結果、蜂起に関係したアイヌが戦いを止めてノカマップに出頭した。クナシリ四一人、メナシ八九人の計一三〇人が現地の仮牢に繋がれた。彼らは鎮圧隊に「手印」を差し出し恭順の意を示したが、意に反してクナシリではマメキリら一四人、メナシではシトノエら二三人のアイヌが蜂起の頭取、ないし直接の加害者だとして死罪の判決が下された。なお、ツキノエは蜂起当時、エトロフからウルップ島方面に「漁業」（獺虎猟か）に出ており、その不在中に起こった蜂起であった。

刑の執行中牢内で処刑対象者が「ベウタンゲ（ベウタンケ）」（危急の絶叫）をあげて騒ぎ出し、藩はこれに鉄炮を打ち込むなどして三七人全員を殺害した。藩は蜂起に至った原因を情状酌量して軽罪にとどめるのではなく、厳科に処したのであった。処刑者のなかにはツキノエの子セツハヤフも含まれており、肉親や同族を松前藩の前に差し出さねばならなかった「味方」アイヌの苦渋の選択は想像を絶するものがある。

騒動鎮定後、「味方」アイヌとしてアッケシ脇乙名シモチらが藩主御目見得《おめみえ》（御目見）のため、鎮圧隊の帰還に同行して、処刑者の首級とともに松前に連れてこられた。城下入りにあたっては、アイヌは蝦夷錦を着用させて行列に参加させるなど、凱旋軍の視覚的効果をアピールしていた。翌年には、ツキノエら三首長も御目見得のため松前にやってきている。

蠣崎波響《かきざきはきよう》の「夷酋列像《いしゆうれつぞう》」は代表的なアイヌ人物像として有名であるが、この蝦夷騒動の鎮定と御目見得を契機として描かれたものであった。この絵が人物の容貌を三白眼《さんぱくがん》に描いたり、山丹渡りの衣服を着せて描いているのをみると、その偉容さはともかく、夷風性を強調していることは明らかである。この絵に限らず「蝦夷」を描いた絵画（ふつうアイヌ絵と呼んでいる）は、文献同様、おしなべて描く側のイデオロギー性なり文化意識を強烈に発散させているとみておかなければならない。

およそ、以上のような経過であったが、ではなぜ、日本人襲撃という非常手段にまで訴えて蜂起したのだろうか。松前藩が蜂起アイヌらから事情聴取した「口書《くちがき》」には、領主側の作成とはいえ、場所請負制下で働く日本人民衆の横暴があますところなく示されていた。それをかいつまんで整理してみると、まず、雪降る時節まで鱒・鮭〆粕《しめかす》生産に酷使されながら、ただ働き同然の雇代にアイヌの不満が鬱積したことがあげられる。従来の慣行では、アイヌ側が自らの交易荷物を用意しておき、場所にやってきた請負人側と物々交換して米・煙草・間切（マキリ、小刀のこと）など非自給物資を手に入れたものであった。しかし、飛驒屋にとってはアイヌ交易はじっさいどうでもよく、高まる魚肥需要を背景に、「大《おお》しも」（東蝦夷地の奥地）の豊富な鮭・鱒資源を活用した〆粕生産に最大のねらいがあった。鮭・鱒と出てくるが、塩引用として価値が高いシロザケよりはサクラマスを〆粕に使ったものであろう。したがって、請負人側は安上がりの労働力をいかに確保するかに関心があり、そのために当初は〆粕生産の一部を割合支給し交易荷物に充当させるなどの条件で、アイヌを呼び寄せ働かせたものであったと思われる。しかし、約束が果たされないまま、たとえばメナシのシベツでは乙名《おとな》でも米一俵（八升）・煙草一把とわずかの米・煙草で働かされ、そのために毛皮類などの交易荷物が用意できないだけでなく、自分たちの冬越しの鮭貯いもできず、食料不足に陥っている状況だった。

労働現場でも、働きのよくない者がいる場合には、アイヌを皆〆粕にして殺すと脅したり、子供をおんぶしたメノコ（婦人）を大釜のなかに引き込み煮殺すかにみえたので、アイヌの人たちが駆け付けて救ったとか、この類の悪ふざけや脅迫が日常茶飯事であった。「江戸殿様」（将軍）は、精を出して働かないならば重立ちのアイヌを毒殺し、江戸からシャモ（日本人）を連れてきて住まわせるつもりだとか、幕府や松前藩の権力をかさにきた言動も常套手段であった。こうして何をされるかわからない恐怖の心理状態に追い込まれていたと思われるが、そんなときに、クナシリ惣乙名（コタンの首長である乙名層を地域的にまとめる有力首長）のサンキチが病気のところ酒を貰って死亡、また、マメキリ女房が運上屋で飯を食べたあと急死するという不測の事態が起きた。このほかにも怪しげな酒への疑念がいくらもあり、毒殺の噂は蔓延していた。妻を失ったマメキリは蜂起にあたって中心的な存在となった。

番人たちの横暴ぶりはこれにとどまらなかった。アイヌ社会内部の慣習の破壊者でもあった。アイヌ社会では前述したように、被害を受けたり、もめごとがあった場合、チャランケ（談判）を経て非のある方がツクナイを出すことで解決が図られたが、出稼ぎ民衆はアイヌ女性に対する「密夫」を指摘されても居直ったり、アイヌの宝物を借りたまま返さず、ツクナイを要求されても逆に取る有様で、ツクナイのルールが無視されていた。なかでもアイヌの人々を最も苦しめたのは、「密夫」の問題であったろう。日本人出稼ぎ者は男だけの単身赴任であった。彼らは、夫のいるアイヌ女性であっても無理強いし、現地妻に抱えこもうとした。近世社会では船乗りや旅商人たちが寄港地・旅先によく「洗濯女」をもったということがいわれているが、そのような感覚が働いていたものか。対象が遊女とは違って、性の強奪としてアイヌ社会に襲いかかったことになる。

このような飛驒屋配下の出稼ぎ日本人の横暴がアイヌ蜂起の直接の契機・原因であったことは疑いの余地がないだろう。どのような横暴がなされたのか、細密にみていくことも歴史認識のうえでは必要なことだと思われる。これに加えて、蜂起を起こしえた側の主体についていえば、「大しも」と呼ばれた奥東蝦夷地の場合、シャクシャイン蜂起のさいにはまだその外縁部に位置していたし、また松前とは距離が遠いこともあって、比較的自立性の強いアイヌ社会を保持していたことをあげねばなるまい。

クナシリ・エトロフのアイヌが松前藩主に初めて謁見したのが享保一六（一七三一）年といわれ（『福山秘府』）、クナシリへ藩交易船が初めて派遣されたのは宝暦四（一七五四）年のことであった（『休明光記』付録一件物）。『北海随筆』によれば、東蝦夷は剛強で「松前の令」をないがしろにし、とくにキイタップ・アッケシ・クスリ（釧路）は取り扱いが難しく、元文三（一七三八）年にはキイタップへの交易船派遣ができなかったという。宝暦八（一七五八）年には、キイタップ場所ノシャプの乙名シクフが集団を率いて宗谷アイヌを襲う事件も発生している。クナシリのツキノエの場合には、安永三（一七七四）年飛驒屋によるクナシリ請負が始まっても、飛驒屋の交易船から品物を奪取するなどして交易が成立せず、天明二（一七八二）年になってようやく正常な交易がはじまるという状態であった（『松前町史』通説編一上）。このような対立関係を反映して、道奥ではこの時期までチャシ（砦）が活発に築造されたことも知られている。

松前藩や請負人の押しつける不利な交易には従えない、というアイヌ側の反発をこれらの動きから読みとることができるが、これを可能にした条件として千島交易の存在が大きいだろう。千島交易については次章で詳しく述べたいが、いずれにしても、まだ交易主体としての自立意識が旺盛であったことこそ、蜂起を敢行させた深部の力ということになる。松前藩はクナシリ・メナシの蜂起を、アイヌ有力首長層を掌握しつつ、容赦のない処刑で切り抜け、一八世紀末ようやく支配力を名実ともに蝦夷島全域に行使できるようになったといえよう。

飛驒屋の経営

右にみた日本人の横暴は多かれ少なかれどこの場所でも存在したのだといいうるかもしれない。じっさい、後述するように、近世後末期の蝦夷地では雇アイヌの惨劇はさらにひどくなっていったことも確かである。しかし、こうした日本人民衆による露骨な横暴がクナシリ・メナシにおいて端緒的かつ先鋭的に現象していたことは、横暴を超歴史的なものにしないためにはっきりさせておかねばならない。そして、それは、飛驒屋が近江系の商人ではなく、近江商人に代わって登場してきた、新興の企業家タイプの商人資本であったこととも無関係ではなかっただろう。

飛驒屋が蝦夷地に乗り出してきた経緯はおよそ次のようなものであった。初代久兵衛倍行《ますゆき》（姓は武川）

は屋号に飛騨屋を用いたように、飛騨国益田郡下呂《げろ》郷湯之島の出身である。元禄九（一六九六）年江戸に出て、材木商栖原屋《すはらや》角兵衛（紀伊国有田郡栖原浦出身）と知り合い、同一三年南部下北の大畑で材木商を興した。同一五年にははやくも松前に渡り、「東蝦夷志利別《しりべつ》」（尻別）の「唐檜山《とうひやま》」を開いたといわれ、これが蝦夷地の材木伐出しの濫觴となった。その後、享保四（一七一九）年「臼《うす》（有珠）御山《おやま》」の「夷檜葉《えぞひば》」を八年間、運上金年額八二五両で請け負い、また元文二（一七三七）年からは「御領内蝦夷檜葉惣御山一円」すなわち蝦夷地内の蝦夷檜葉伐採権を独占して五か年年額一二〇〇両で請け負うなど、藩中枢に結びつき、つぎつぎと蝦夷地自生の良質のエゾマツ（唐檜・蝦夷檜・蝦夷檜葉）を伐出していった。飛騨屋の材木業は、丸太材としてそのまま送り出すのではなく、廻船で運送しやすいように、「寸甫《すんぽ》材」といって、現地でいっていの長さや厚さにした規格物に製材して江戸へ回漕したといわれ、市場経済の展開に敏感な合理的な経営感覚を身につけていた。

ところが、大きな利権のあるところ、いつの世でも暗躍がつきまとう。三代目久兵衛の代、飛騨屋の手代で大畑店を任されていた嘉右衛門（南部屋）が松前藩の役人湊源左衛門らと結託し、明和六（一七六九）年、飛騨屋から山請負の権利をすべて奪ってしまった。その後、南部屋から新宮屋に山の権利が移り、新宮屋が幕府に訴え出るなど松前藩を巻き込んだトラブルが続き、飛騨屋ものち嘉右衛門らを公訴している。結局、飛騨屋に八一八三両もの借財を抱えていた松前藩は、この借金の引き当てとして、安永二（一七七三）年エトモ・アッケシ・キイタップ・クナシリの四場所を飛騨屋に請け負わせることになった。さらに、同四年にはソウヤ場所も飛騨屋の請負となっている。

このようなかたちでの場所請負であったから、飛騨屋が貸金分を取り戻そうと躍起になったのはむしろ当然のことであった。材木需要に着目したと同じように国内市場の動向に鋭敏に反応し、今度は奥蝦夷地の無尽蔵にもみえた鮭・鱒資源に目をつけ、その〆粕生産を企業し、利潤を最大限追求しようとしたのであった。これが結果的にアイヌの騒動として跳ね返ってきたことはすでに見た通りである。飛騨屋はアイヌ騒動を引き起こした責任から、松前藩に場所請負権をすべて取り上げられてしまった。これを不服として飛騨屋は幕府に訴えたが、場所請負を復活させることができず、松前藩から負債の一部を支払ってもらうかたちで決着し、以後蝦夷地からは撤退していく。

飛騨屋没落のあと、クナシリ・キイタップなど奥蝦夷地は藩の直営とされたが、阿部屋《あぶや》伝兵衛が実質的に請け負った。阿部屋（村山氏）は能登国羽咋郡安部屋《あぶや》村出身の非近江系の商人で、「大網」を投入し大規模な漁業活動を行ない、最盛期には十数か所もの場所を手に入れていた。飛騨屋と木材業でタイアップしていた栖原屋角兵衛も、天明五（一七八五）年松前に出店を開き、翌六年天塩《てしお》場所を請け負ったのをはじめとして、その後請負を拡大し、代表的な場所請負人に成長していく。同じく近世後期の有力請負人のひとりであった伊達林右衛門（奥州伊達郡出身）の場合は、阿部屋の衰退に乗じてマシケ場所を獲得したといわれ、幕府と結びついて発展していった。松前（蝦夷地）産鰊〆粕が大坂市場などで大きな比重を占めるようになるのは一九世紀はじめ以後のことであるから、これらの新興商人資本の蝦夷地漁場開発が背景にあったことは明らかである。このような意味で、材木であれ漁場であれ、蝦夷地をすさまじい資源収奪の場にかえ、莫大な経済的利権を創り出していった飛騨屋の企てはまだその端緒にすぎず、アイヌ民族に襲いかかった場所請負制による本格的なアイヌコタンの破壊は一九世紀に入ってからのことであった。

奥羽民衆の松前稼ぎ

クナシリ・メナシのアイヌ蜂起の直接の原因をつくった現地の飛驒屋配下の番人たちはどういう人々であったのだろうか。本州から喰い詰めてやってきた無頼の徒、アウトローという見方も根強いものがあるが、そのような認識ではかえって事態の重要性を見逃してしまう。寛政元（一七八九）年当時の飛驒屋は、四代目久兵衛がまだ若年で在所におり、後見人の伯父所左衛門および南部大畑で雇った支配人助右衛門・儀兵衛の三人が松前店を運営していた。また、現地の支配人としてキイタップ場所（元小屋ノカマップ）には大畑の和兵衛が、クナシリ場所（トマリ）には大畑湊の重兵衛がそれぞれ派遣されており、飛驒屋松前店経営陣は南部大畑出身者に大きく依存していたといえよう。アイヌ蜂起で襲われ死亡した者の出身地についてみても、下北地方四〇人（内大畑・大畑湊二七人）、松前地二二人（内松前二〇人）、津軽領三人、秋田領二人などとなっており、下北からの出稼ぎ者が圧倒的に多かった。

これは、飛驒屋初代久兵衛が大畑に材木商を営んだのが松前進出の手掛かりとなったからである。大畑の地で妻を娶ったことも人的つながりの点で大きかったろう。『蝦夷国私記』によれば、「蝦夷檜」（エゾマツ）の伐採にあたっては、アイヌは道具もなく山方稼ぎに慣れていなかったので、もっぱら南部大畑およびその近在から杣人《そまびと》を雇ったものという。出身地飛驒の進んだ製材技術を大畑の人々に習得させ、まずは杣人集団として蝦夷地に入っていったのが、下北民衆と蝦夷地との関わりの最初であったと思われる。下北地方は自然条件の厳しさから稲作中心の農業経営は成り立たず、漁業や杣稼ぎ、あるいは雑穀生産で食べていけたとしても生活にゆとりがなかったから、蝦夷地での新たな労働力需要は文字通り渡りに船であった。そして、飛驒屋が場所経営に転ずるとともに、元来が漁業の村でもあったので、たくさんの農漁民が漁場へ出稼ぎに行くようになり、アイヌ民族と日常的に接触することになったのである。

アイヌの襲撃を受けた場所で生存しえた者はごく少数であったが、大通丸の水主庄蔵は負傷しながらも運よくアイヌに救われた一人であった。その庄蔵は大畑者であることが知られると殺されると思い、松前箱館者と偽って窮地を逃れたという。それだけ、南部大畑者が反感を買っていたことになる。殺害されたクナシリ支配人重兵衛は、この寛政元年に初めて東蝦夷地に派遣された人物であった。いってみれば、経験のある松前者とは違って、アイヌ社会のルールに無頓着な新参者が招いた悲劇であったといえるかもしれない。奥羽民衆は蝦夷地出稼ぎの出発点から異民族支配・民族差別の真っ只中に放り込まれてしまったといってよいであろう。

この悲劇的事件にもかかわらず、下北地方の人々はそれ以降、松前稼ぎで身を立てるという道を歩み、場所請負人を現地で支えるいわば場所運営・アイヌ動員のエキスパートになっていった。たとえば、エトロフ場所は寛政一一（一七九九）年幕府によって国策として開かれたが、南部下北の出身者が漁場見立て・開発に当初から関わっていたことでも、それは明らかだろう。北蝦夷地（樺太）の漁場にも下北民衆が少なからず入り込んでおり、北進の尖兵たる役割を担っていたともいえる。

蝦夷地漁場出稼ぎのことを「松前稼ぎ」というのは、旅人改めのため松前三湊を経由してからでないと蝦夷地に入れなかったからである。下北地方ばかりでなく、津軽地方しかり、秋田八森、三陸宮古など松前稼ぎで成り立つ地域がつくりだされた。小商人や水主などまで含めると、北陸地方へも松前稼ぎがひろがりをみせていた。奥羽地方の松前稼ぎは、残された史料によるかぎりでは次・三男層が主体であったようである。余剰労働力を吸収しうる地域産業が育たなかった所では、蝦夷地がそのはけ口として出現したことになる。

荒井保恵『東行漫筆』（文化六＝一八〇九年）によると、たとえばクスリ（釧路）場所の場合、出稼ぎ者の年間給金は支配人が二九両三分（他に越年金二両）、番人・雇方が八両から一〇両（他に越年金二両）であったから、金銭的には魅力ある出稼ぎであったといえよう。奥地に入るとさらに高く、クナシリ場所では支配人で四〇両二分二朱、新参番人でも一四両一分一朱にもなった。これに対してアイヌの場合には、クスリで会所番屋雇方の者一か月一貫三四四文（＝米一俵八升入三俵の代銭）で、一日あたりにして四四文、年間にすれば働きづめでせいぜい二両余というところであろう。雇代だけで比較するならば、アイヌは番人の四分の一ないし五分の一にすぎず、いかにアイヌが冷遇されていたか推して知るべしである。このように、一八世紀後期以降、蝦夷地における企業化・産業化がいっぽうで少なからぬ労働力需要をつくりだしており、奥羽地方は幕府の軍役動員による諸大名の蝦夷地出兵のみならず、民衆レベルにおいてもその経済生活に蝦夷地が深く影を落としていたことを知らねばならない。

北国郡代構想

寛政蝦夷騒動は、あるいは松前藩以上に大きな衝撃を幕府に与えることになった。幕府は南部（盛岡）藩、津軽（弘前）藩、八戸藩の三藩に対し、実際に渡海するには至らなかったが、蝦夷地出兵の準備・待機を命じている。また、事件の調査のため普請役見習青島俊蔵を俵物御用の名目で、小人目付《こびとめつけ》笠原五太夫を商人体に姿を変えさせて松前藩に派遣し、事件の原因や背後を探らせた。なお、青島は間者でありながら事件につき松前藩役人と内談したことが後に発覚して遠島に処せられ、島送り前に牢内で病死している。さらに、幕府は右にとどまらず、家老松前左膳・番頭新井田孫三郎ら松前藩関係者や、久兵衛以下現地の生還者を含めた飛驒屋関係者を江戸に召喚し、事件の詳細な取り調べを実施していた。明らかに松前藩の領内問題という認識ではない。

時の幕閣は老中松平定信を中心とするいわゆる寛政の改革のメンバーであったが、何故これほどまでに幕府がこのアイヌ蜂起に執着したかといえば、この蜂起の背後に「赤人《あかひと》」（＝ロシア人）が関与してはいまいかという危惧があったからだった。すでに、明和八（一七七一）年ハンガリー人ベニョフスキー（ハンベンゴロー）がロシア南下の情報をもたらしており、また、仙台藩医工藤平助が『赤蝦夷《あかえぞ》風説考』を著して老中田沼意次に上呈し、田沼も江戸の穢多・非人を派遣しての蝦夷地一〇〇万町歩開発という大風呂敷な計画をもっていた。その一環として派遣された蝦夷地調査隊の従者最上徳内《もがみとくない》が、幕吏として初めてエトロフ・ウルップ島に上陸し、ロシア人イジュヨらと出会ったのが天明六（一七八六）年のことであった。幕府が関知しないところでも、次章で述べるように、ウルップ島（ラッコ島）では獺虎《らっこ》猟のテリトリーをめぐってアイヌとロシア人とが衝突し、明和七（一七七〇）年から翌年にかけて殺傷事件が発生していた。ロシア人シャバリン一行が安永七（一七七八）年にノカマップへ、翌年アッケシへ来航し、松前藩に交易を求め拒絶されてもいた。寛政四（一七九二）年のラックスマン根室来航を待つまでもなく、幕府は北からの外国勢力の接近に圧迫を感ずるようになっていた。

こうした時勢のなかでのクナシリ・メナシという「異国境」における蝦夷騒動であった。幕府にとっては幸いにもロシア関与の事実はなく杞憂に終わったが、幕閣内部では蝦夷地をめぐって何か対策が必要であろうとの論議が巻き起こった。老中格の本多忠籌《ただかず》らはすでにこの段階で松前藩所替と蝦夷地直轄による開発を主張しており、後の寛政一一年の東蝦夷地の幕領化につながる論陣を張っていた。しかし、老中首座の松平定信は、蝦夷地は異域であるという幕府の伝統的な国境観をひきずり、蝦夷地を不毛のままにしておくほうがロシアとの緩衝地帯になってかえってよかろうと考え、騒動後の事件処理にあたっては、松前藩に対して東西蝦夷地場末の場所は商人に請け負わせず、藩が直接「介抱」交易してアイヌの「帰伏」を第一とする、また番所を設けて勤番士を派遣し対外防備に厚くする、といった内容で落着させている。

寛政三年には幕府自ら手本を見せるべく、普請役最上徳内らを蝦夷地に派遣して「御救《おすくい》交易」を実施している。ただ、松前藩の直商《じきあきない》は名目ばかりで、実質は阿部屋伝兵衛に委ねられていたことは前述した通りである。松平定信政権による林子平弾圧事件も寛政四年のことであった。その著『海国兵談』『三国通覧図説』が「奇怪異説」を著述したとして罰せられたのであるが、外交問題は公儀たる幕府の専管事項であることを知らしめようとした措置であった。

松前藩に蝦夷地を従来通り「委任」しておくといっても、定信自身何らかの北の押《おさ》えが必要であると認識していた。琉球の薩摩藩、朝鮮の対馬藩に対して蝦夷地の松前藩はいかにも「小身」に過ぎるからというのが理由であった。寛政四年七月、三奉行・儒官に対し蝦夷地防備について諮問したが、その三か月後の一〇月、ラックスマンの根室来航が幕府に伝えられた。ラックスマンに対しては翌年、松前で長崎入港の信牌を与えてひとまず引き取らせたが、蝦夷地対策では年内中に、北国郡代ないし奉行を北奥に設置するという案を柱とした『蝦夷御取締建議』がまとめられた。南部・津軽領のうち三〇〇〇〜四〇〇〇石を村替して幕領とし、青森ないし三馬屋《みんまや》（三厩）に郡代をおき、南部・津軽両藩には長崎警固における黒田・鍋島両藩に相当する軍役を担わせるというものであった。将来的には蝦夷地を奥羽大名に分割して預けることまで想定していた点は、幕末期ほぼその通りの運びになったことで注目に値しよう。

この計画は、実際にラックスマン応対の役人に帰府途中現地調査を行なわせ、南部藩・津軽藩からも家格上昇を条件に、両藩の競争をあおりながら了承を取り付けるところまで進んでいた。南部・津軽の反目意識はその後も幕府にうまく利用され、両藩は後述する幕府蝦夷地直轄のもとで蝦夷地の防備に動員されていくことになる。文政四（一八二一）年南部藩浪人相馬大作による津軽藩主襲撃未遂事件（檜山騒動）はそうしたプロセスのなかで起こった。それはともかく、この北国郡代構想は定信の失脚により挫折してしまった。定信の案が引き継がれなかったのは、幕府関係者に蝦夷地直轄が最善という考えが強かったからであろう。

寛政八（一七九六）年、ブロートン指揮のイギリス船が東蝦夷地の虻田《あぶた》に上陸し、翌年もまたエトモに来航するという事件があり、幕府は同一一年蝦夷地の直轄に乗り出していく。いずれにせよ、寛政元年の蝦夷騒動は幕府をして過剰反応ともいえるほどに北方に目を向けさせる契機となり、蝦夷地対策の大きな転換点となったばかりか、幕末外交史の起点になったといっても言い過ぎではあるまい。

3 アイヌコタンの破壊

幕府の直捌制

幕府は寛政一一（一七九九）年、東蝦夷地を七年間の「当分御用地」として松前藩から「上知《じょうち》」（上地とも書き、私領を収公し幕領にすること。あげち）し、直轄統治に踏み切った。その後、享和二（一八〇二）年には東蝦夷地の永久上知を決め、さらに文化四（一八〇七）年には松前藩を陸奥梁川（九〇〇〇石）に転封し、松前・蝦夷地一円を幕領化していく。こうした蝦夷地幕領化の政治史的意義については、近代を展望しながら第六章で考えることにし、ここでは一九世紀初頭から幕末維新期にかけての、場所請負制によるアイヌ社会の破壊の様子を追跡してみよう。

さて、幕府は東蝦夷地の直轄に伴い、場所請負制を廃止し、官営による場所経営すなわち直捌《じきさばき》制をいちはやく実施している。寛政蝦夷騒動への対応がすでにそうであったように、幕府は商人資本の飽くなき利潤追求によるアイヌ民族の不公正な扱いがロシアなど外国勢力の蝦夷地蚕食を招きかねないと認識していた。直捌制がじっさいにアイヌの救済に役立ったかはともかく、幕府の主観的意図としては、姦商たる場所請負人を排除し、幕府自らが役人を派遣し、率先してアイヌ「介抱」にあたらねばならないと考えていたことは間違いあるまい。それはまた、蝦夷地直轄の不可避性なり正当性をアピールする根拠の一つともなり、幕府の力の入れどころとなった。

直捌制になって場所請負人がいなくなり、幕府役人（調役クラス）が詰合として現地に赴任してきた。しかし、現地の運上屋組織は会所と名称を変えたもののそのまま温存され、運上屋で働いていた支配人・通詞（通辞）・番人たちは継続して雇われた。蝦夷地に手がかりのない幕府は商人資本を排除するといいながら、商人施設であった運上屋に依拠してしかアイヌを統治できなかったことを意味しており、会所は従来以上の権限をむしろもたされることになった。幕府はアイヌコタンに対して内地の村がもっているような、村の責任において諸役を担う村請制的な法人格を与えなかった。まさに異民族支配であったからだが、アイヌコタンの上に覆いかぶさるように会所が存在しており、会所の支配人以下の雇人が御用状継《つぎ》立《たて》・人馬継立・宿泊など村請制的な機能を果たすことになった。その点では、支配人らはアイヌ交易や漁場経営をじっさいに担うだけでなく、行政的に詰合（調役）の命を受け、アイヌコタンに指図する公的な存在となったといえよう。アイヌの首長層は、乙名（惣乙名・脇乙名・並乙名）、小使（惣小使・並小使）、土産取《みやげとり》などの「役蝦夷」として待遇を受け、またエトロフ場所では「村方」「村役」という言い方もみられたが、会所を媒介せずに幕府役人と直接の接触をもつことはできなかった。

このように幕領化によって会所の行政施設的機能は格段に強化されたが、直捌制が文化九（一八一二）年中止が決定され、翌一〇年から場所請負制が復活したあとでも（ただし、エトロフ場所の場合は文化七年請負制に移行）、また、文政四（一八二一）年の松前藩復領以後でも、そうした単なる商人施設ではない会所の公的性格は幕府倒壊まで続いた。西蝦夷地の場合には、文化四（一八〇七）年に幕領となったが直捌制が採用されなかったので、運上屋の名称がそのまま使用され続けた。ただし、西蝦夷地でも松前藩転封により、商場知行制以来の家臣のアイヌ交易権が解消された点は着目しておかなければならない。松前藩復領後は家臣はすべて俸禄制に移行し、再び商場（場所）知行制に戻ることはなかった。

東蝦夷地の直捌制は、当初年額五万両の経費を充てる予定でスタートした。御用取扱町人（御用聞町人）を江戸、箱館、大坂、京都、兵庫、南部大畑、南部鍬ケ崎、青森、酒田、敦賀、奥州岩城、常州平潟、銚子、浦賀、下田、下関の全国主要港に設定し、蝦夷地入用品の仕入および蝦夷産物の販売を担当させた。また、政徳丸以下三〇艘余りの御用船を所有し、兵庫の高田屋嘉兵衛を定雇船頭として抱えた。従来の日本海海運ルートのみならず、太平洋側江戸回漕ルートが重視されていたことが大きな特徴であった。それと関わり、江戸の御用取扱町人に栖原屋角兵衛、箱館のそれに栖原屋庄兵衛、阿部屋伝兵衛、伊達屋林右衛門など、前述した一八世紀後期に飛躍してきた新興非近江系商人が参画していることは注目してよいだろう。奸商たる場所請負人として槍玉にあげられて然るべき商人資本であるが、幕府は現地の会所における支配人以下の統制がきいていればよいと考え、むしろ彼らの全国市場を背景とした経営手腕を積極的に活用していた。幕府権力を後ろ盾に、蝦夷地産物市場が整備され、西蝦夷地の鰊〆粕なども供給量が増加した。

直捌制廃止後、これら幕府とつながった商人たちが場所請負人として君臨していくことになる。アイヌ交易を奸商の手から守るというタテマエであったが、直捌制そのものが遠隔地的全国市場のなかにまるごと組み込まれており、藩政期以上に蝦夷地の産業開発が急速に進行したことを見逃してはならない。

直捌制における幕府の収支状況は、田端宏の分析によれば（『松前町史』通説編第一巻下）、寛政一一（一七九九）年から文化二（一八〇五）年にかけての七年間の総計で、蝦夷地産物払立および箱館収納に係る収入が四〇万七三六両余、蝦夷地御用入用払の支出が二四万七八九九両余と計上され、年平均二万両余の黒字が出ていた。ただし、この支出には蝦夷地入用、および在勤者の合力米・旅扶持方手当などの諸雑用、さらに松前藩への手当分が含まれておらず、これらの計上外支出は三四万一七四三両余と米七万九六二八石余を数えていた。蝦夷地入用は蝦夷地直轄による臨時支出で、前述の毎年五万両がこれにあたるが、寛政一一年～文化五年で三三万三〇〇〇両余が幕府金蔵から出費された。こうした臨時支出などまで回収しようとすると、米八万石弱を除いても一八万八九〇六両の赤字で、毎年二万七〇〇〇両ほどの損が出ていたことになる。このような収支状況から、箱館奉行の直捌路線に対して、幕府勘定方は毎年の収納高の不安定、収入不足を指摘し、町人請負制への転換を主張し、文化九年の直捌制廃止の決定に至る。

同年の請負入札によれば、すでに高田屋による請負が始まっていたエトロフ場所を除き、一九場所一万七〇〇〇両ほどの運上金高で落札されている。直捌の収支をどう計算するかも問題があるが、仕入物代・運賃・支配人以下の給金を支出、蝦夷産物売却を収入とみる場所経営の収支にかぎってみると、毎年九〇〇〇両内外の収益であったといわれているから、この収益額の二倍もの運上金が請負人に課せられたことになる。こうした過重な運上金によってたちまち未納問題が生じ減額措置が採られていくが、このつけはただちにアイヌ「介抱」の不行届と認識される事態を引き起こしていったことはいうまでもない。

アイヌの「介抱」をたてまえとした直捌制は東蝦夷地のわずか一四年間の経験にすぎないものであったが、アイヌ社会にどういう効果を及ぼしたのであろうか。アイヌ人口を直捌制が実施された東蝦夷地と請負制のままの西蝦夷地に分けて比較してみると、文化四（一八〇七）年東蝦夷地一万三一九二人・西蝦夷地一万三〇六四人、文政五（一八二二）年東蝦夷地一万二〇五四人・西蝦夷地八九三八人で、東蝦夷地が約一割減少、西蝦夷地が約三割の減少となっている。文化四年の西蝦夷地人口に北蝦夷地分約二一〇〇人が含まれているとみても、二割の人口減となる（榎森進『アイヌの歴史』）。人口データの信憑性という問題があるが、傾向としては西蝦夷地の方が直捌制が施行されなかった分、場所請負制によるダメージを受けているといえるだろうか。

だからといって幕府のアイヌ「介抱」がうまくいったと評価できるかは別問題である。エトロフ場所は寛政一一（一七九九）年幕府によって「開国」された、いわば国策による直捌制のモデルケースといってもいい場所になるが、寛政一二年二四コタン一一一八人を数えていたものが、文政五（一八二二）年には一三コタン八四九人に減少している。しかも一三コタンのうち三コタンは他に移転、もしくは漁中ばかりの居住であったから、実質一〇コタンであり、この一〇コタンはいずれも会所・番屋の所在地であった。エトロフ場所は享和三（一八〇三）年見込みによると、鱒〆粕を中心に約一万両の収益が見込まれる好漁場であり、魚肥生産に都合のよいようにコタンの解体・再編がなされたことを示している。一万両の収益がアイヌに還元されたのではむろんなかった。直捌制といえども商業的活動であった以上収益を度外視できなかったのである。

場所年中行事

それでは幕府のいうアイヌ「介抱」とは具体的にはどのように現象していたのであろうか。「介抱」は

「介抱交易」とも出てきて、幕府はアイヌに不利益を生じさせないような適正な交易という意味で使用していたが、次第にさまざまな機会にアイヌに与えられる「下され物」に特化されるようになった。各場所の「……年中行事」と称する類の文書はかなり多いが、これは「下され物」の行事表という性格をつよくもって作成されたものである。場所年中行事から幕府（松前藩）詰合役人とアイヌ民族が会所・運上屋を媒介にしてどのような儀礼の体系をつくりあげていたのかエトロフ場所を例にみてみよう。

文政四（一八二一）年松前藩復領以前の幕領期についてみると、アイヌが下され物を支給された機会としては、年始、五節句、土用、七月一六日百万遍、七月畳干、八朔、寒中見舞、歳暮、朔望・二八日、朔日・一七日、詰所元月番交替、オムシャ、詰合場所着、詰合場所引払、詰合場所見回り、村役中付、縁組、出生、改俗手当、村方風俗改め、病死、松前表御礼、御用状持送り、鎮守観音堂・八幡の祭礼が恒例化していた。惣乙名以下の村役の役柄、あるいはふつうの村方であるかなどの別により、下され物の多寡があった。下され品としては、雑煮餅・赤飯・切餅・熨斗《のし》餅といった行事祝いの食べ物を除けば、清酒、濁酒、煙草、米、白米、麴、紺木綿、白木綿、木綿、古手、厚子（アッシ）、羽織、手拭、帯、剃刀、鬢付油、間切（マキリ）、行器（ホカイ）、台杯（杯・杯台《さかずきだい》がセットになった酒盃）、銭が支給され、とくに酒・煙草の占めるウエイトが大きかった。

これらの行事のなかでとくに重要とされていたのがオムシャであった。オムシャは恩謝などと漢字で書かれることがあるが、もともとは相互に頭を撫で合う意のアイヌ語のウ・ムシャであるといわれ、客人を迎える挨拶礼であった。交易に訪れた日本人をアイヌ側がもてなす儀礼であったが、ここでは立場が逆転し、幕府役人側が主催するものに変わっている。

オムシャの式次第をみておくと、当日は詰合御用所を鉄炮や具足で飾り、同心が警固に立ち、門内に幕を張りめぐらすなど威儀を整え、権威的空間が演出された。まず、庭に着座したアイヌを前にして詰合(調役)配下の在住が法度箇条書を読み聞かせ、通詞がこれをアイヌ語に訳し、アイヌ側の誓言を得る。法度の内容は、公儀を重んじ前々からの法度を必ず守る、御用状継立人足は遅滞なく務めるなどといったものであるが、オムシャは毎年の帰伏の誓約更新の場であったという点が儀式の核心であった。このあと、役柄に応じた下され物、および乙名役銭が支給され、盃事に入る。詰合の名代として同心が出役し、番人が取り次ぎ、惣乙名以下に台盃(台杯)で飲ませるという形態であった。最後に台所で饗応して終わりとなる。

オムシャのこうした服属儀礼的性格は、松前藩がシャクシャイン蜂起鎮圧後に毎年の交易船派遣のさいに実施してきた法度申渡しを引き継いでいると思われるが、幕領以前の慣行を一部取り入れながら、前期幕領期に年中行事の定例化・体系化が図られたとみてよいだろう。そして、その後の松前藩復領期および幕末の後期幕領期においてもほぼ同様のかたちで踏襲されていく。幕府のアイヌ「介抱」政策がいわば年中行事という形態での下され物支給に象徴化・矮小化されていったとすれば、アイヌ「救済」というのは恩恵的救恤以外の何物でもない。それと裏腹にアイヌの漁撈権・狩猟権が踏みにじられ、コタンの破壊、雇化が進行していったことをみれば、幕府もまたそれに歯止めをかけようとしなかった点で責任を免れるものではない。

松浦武四郎の見たもの

文政四（一八二一）年の松前藩復領、また安政二（一八五五）年の全蝦夷地の収公と、変転していく幕末期の蝦夷地は、それ以前に増して場所請負制がアイヌ社会に猛威をふるった時代であった。アイヌ人口が、文政五（一八二二）年二万三五六三人、安政元（一八五四）年一万七八一〇人（前掲『アイヌの歴史』）、あるいは文政五年二万三七二〇人余、安政元年一万八八〇五人（海保嶺夫『近世の北海道』）と、二〇～二五％もの人口がわずかの期間に減っていることでも、それは明らかだろう。

こうした幕末期のアイヌ社会の破壊的状況は松浦武四郎の精魂傾けた蝦夷地踏査記録に克明に記されている。武四郎は何度となく蝦夷地を歩き回りアイヌの生活にじかに接し、場所請負制のひどい実態を暴き出したが、なかでも石狩場所はアイヌ一人ひとりの消息を徹底して調べあげた所である。いうまでもなく、石狩場所は石狩川本支流域に展開した広大かつ資源豊富な場所で、かつては一三もの場所が存在していたが、文政期以来阿部屋伝次郎（村山伝兵衛）の一手請負となっていた。石狩場所のアイヌ人口は、武四郎によると、文化七（一八一〇）年三八〇〇人余、文政四（一八二一）年一一五八人、安政三（一八五六）年六七〇人を数えている。ただし、田草川伝次郎『西蝦夷地日記』には文化四年二二八五人とあり、文化七年のデータと食い違うが、一九世紀前期のうちに少なくとも三分の一以下に人口が激減し、数ある場所のなかでも最も破壊の進んだ場所ということができよう。武四郎はしかも安政三年のデータが実態を反映していない作為的な数値であることを見抜き、これを「不人別帳」と批判していた。

その数字には、死亡・逃亡した者など実在しない約一四〇人余もの人々が含まれていたうえ、一三場所に配当された人口数は、すでに居住者がいないにもかかわらず住んでいるかのように糊塗するための操作としかいえないものであった。しかも元来のコタンに現住する者は、最上流の上川筋を除けば、老人・子供・病人・身障者といった弱者がほとんどであり、生活力あふれた元来のコタンはほとんど壊滅状態であった。働ける者たちは、「浜下げ」といって運上屋に根こそぎ駆りだされ、「雇蝦夷小屋」に収容されるか、運上屋の周辺に居住した。武四郎は約二六〇人余について「浜下げ」の事実を確認しているが、運上屋に集められた人々が苛酷な労働や疱瘡の流行によって次々死亡し、急激な人口減を招いた。疱瘡は雇小屋に集住させられていただけにいっそう猛威を振るった。そして、働けなくなった者は容赦なく放り出され、山野の恵みで自活する他なかったのである。

番人たちによるアイヌ女性に対する強姦や妻妾化も凄まじいものがあった。武四郎が石狩場所で挙げているだけでも、番人妻妾が三二例にも達していた。夫婦である者を無理やり引き裂き妾にするなど、前述したクナシリ・メナシの蜂起の原因となった番人たちの横暴は、その後抑えられたどころか常態化していった様を知ることができる。

浜下げによるコタンの破壊、人口減少は石狩場所に限られたことではなかった。栖原屋が請け負った最北の北蝦夷地（樺太）でも、田島佳也が明らかにしたように、鰊漁にアイヌが漁夫として強制的に駆り集められ、番人に叱咤されながら働いていた。日々の食さえ満足に与えられず、一家は離散し、アイヌコタンは廃村と化した。鰊漁後は鰊だけを食わせるとか、アイヌを三、四人くらい殺してもかまわないといった番人の恣意・暴言が罷り通っていた。藤野喜兵衛（柏屋）の請負場所では、モンベツ場所のアイヌをソウヤへ、アバシリ・シャリ場所のアイヌをクナシリへと強制的に他場所へ移して働かせることもしていた。いずれにせよ、場所請負人たちはこうしたアイヌ民族の犠牲のうえに巨万の富を築いていたことになる。

武四郎はこうしたアイヌの窮状打開を、箱館開港に伴い蝦夷地を直轄した幕府の開明的な政策に期待するところが大であった。じっさい、幕府は安政五（一八五八）年石狩場所の改革に取り組み、「土人撫育」を怠ったとして阿部屋の私利私欲ぶりを糾弾し、その請負を止めさせ、幕府の直捌場所としている。しかし、幕府のアイヌ政策は風俗改めなど同化政策に走り、従来の「下され物」支給以上に、肝心の生活基盤の安定を図る方策が何らとられることはなく、武四郎の期待をことごとく裏切ることになっていく。明治維新によって、武四郎は開拓判官として官に仕え、北海道の命名者ともなったが、これまた失意のうちに野に下る。寛政一一年の蝦夷地直轄以来、幕藩制国家、さらに明治新政府はアイヌの「介抱」や「撫育」をスローガンに蝦夷地に介入してきたが、それがいかにアイヌ民族の期待や願いから乖離したものであったかを知らねばならない。

第四章　東アジア物流のなかの蝦夷地

1　アイヌの山丹・千島交易

北の交易ルート

西蝦夷地から樺太・山丹《さんたん》・満州へとつながる、また東蝦夷地から千島・カムチャツカへとつながる、二筋の交易の道の存在を今日に伝えてくれる最初の確実な文献史料は、一七世紀初頭の宣教師アンジェリス・カルワーリュの報告であろう。前述したように、天塩《てしお》の国のイエゾ人＝アイヌが城下交易に松前を訪れ、「中国品のようなドンキ（不詳、緞子・錦類の絹製品か）の幾反をも将来」し、またミナシ（メナシ）のアイヌは獺虎《らっこ》の毛皮や鷲羽《わしのは》などをもたらしていた。蝦夷の西端である天塩の向こうが高麗ないしオランカイの地にあたってタルタリヤ（韃靼《だったん》）・中国と連続し、いっぽう蝦夷の東端メナシがノーヴァ・エスパーニャ、すなわちアメリカ大陸と連続しているというのが、アンジェリスらの北方地理認識であった。

松前藩の記録では、『新羅《しんら》之記録』（正保三＝一六四六年）が北方交易についての興味深いエピソードを書き載せている。文禄二（一五九三）年、蠣崎《かきざき》慶広が肥前名護屋で徳川家康に謁見したさい、「奥狄」が

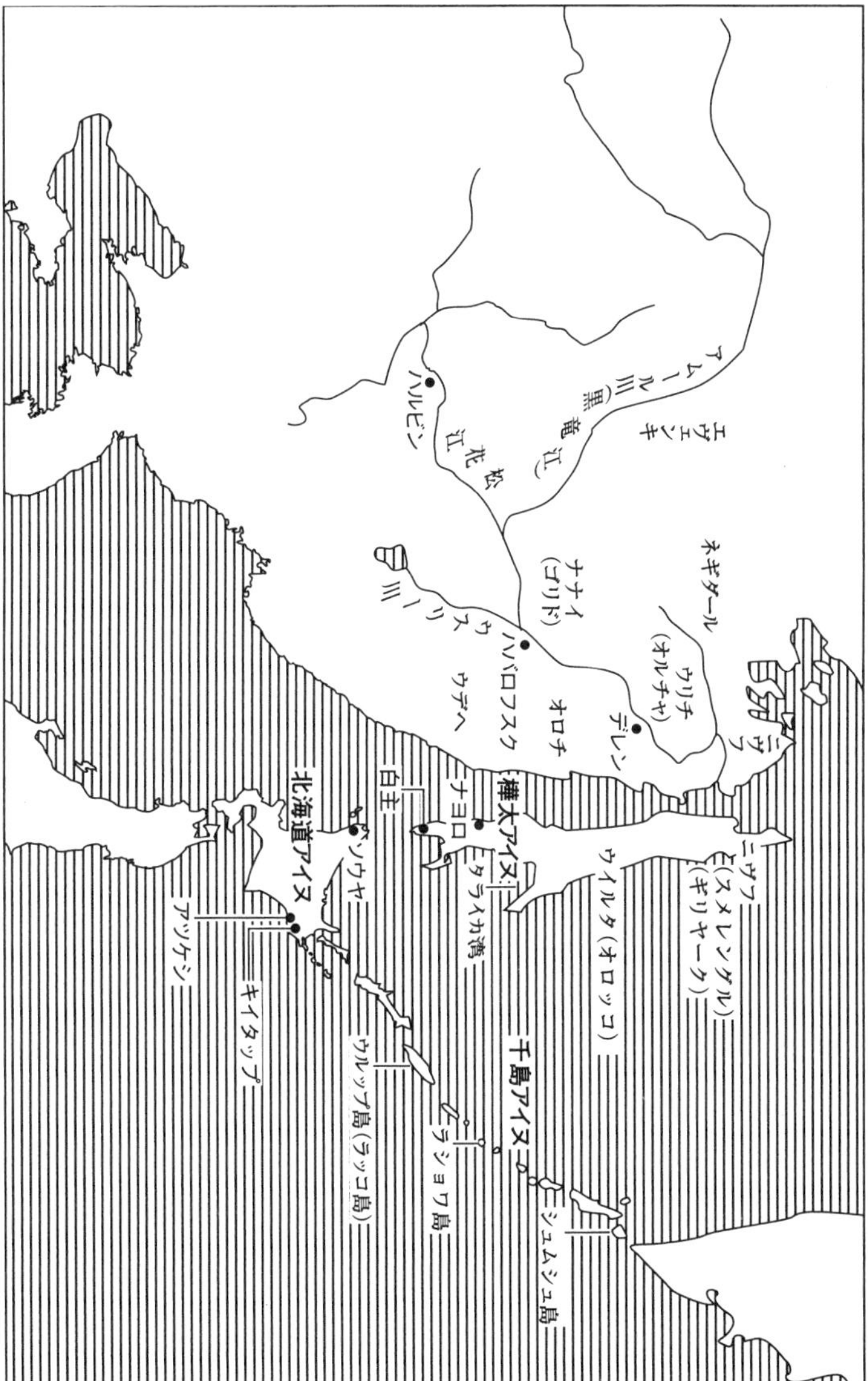
アムール川(黒竜江)
エヴェンキ
ハルビン
松花江
ネギダール
ナナイ(ゴリド)
ウスリー川
ハバロフスク
ウデヘ
ウリチ(オルチャ)
オロチ
デレン
ニヴフ
樺太アイヌ
ナヨロ
白主
北海道アイヌ
ソウヤ
アッケシ
キイタップ
ニヴフ(スメレンクル)(ギリヤーク)
ウイルタ(オロッコ)
タライカ湾
千島アイヌ
ウルップ島(ラッコ島)
ラショワ島
シュムシュ島

「唐渡《からと》の島」から持ち来たった「唐衣」を「道服」として着用していき、これを珍しがった家康の所望により直ちに脱いで進上したという、家康との懇切浅からざる由縁がそれである。また、元和元（一六一五）年六月、慶広が大坂の陣で留守中に、「東隅の夷船《めなし》」数十艘が松前に渡来し、「酋長」ニシラケアインが獺虎数十枚をもたらした。その中にアイヌの間でも前代未聞という、長さ七尺ほどの熊皮のような大きな獺虎皮が一枚あった。これを慶広迎えの者に持たせ、慶広下向のさい駿河で家康に献上し喜ばれたというものである。

奥蝦夷と北高麗ないしオランカイとが隣接するという北方認識は、秀吉や家康のものでもあったが、唐衣や獺虎などはいってみれば蝦夷地がさらにその外側の世界とつながっていることを示す象徴的な品ということになろうか。松前藩は蝦夷島主ないし北の押《おさ》えの管掌者たる地位の認知を受けるために唐衣・獺虎などを活用し、最高権力者への献上行為に及んでいたといえよう。

このように、近世初頭において北方の東西二つの交易ルートが幕藩領主の認識内にあったことは明らかだが、民族接触と交易の道そのものは、それ以前から存在していたのはいうまでもない。北海道を含む北東アジアの考古学の進展はめざましいものがあるが、たとえば知床半島植別《うえんべつ》川遺跡の続縄文期の墓から出土した銀の装飾つき鉄製刀子《とうす》は、菊池俊彦によると、元来中国北方の匈奴の文化のもので、はるばる北の交易ルートを経て流入してきたと推定されている。希少な銀製品はともかく、生活に密接な鉄製品が北奥羽から供給されただけでなく、北方からの経路もまた重要であったことになる。また、アイヌのクマ送り儀礼が前述のようにオホーツク文化の影響だと考えられているように、北海道の先住民族の文化が北方要素と深く関わっていた点は、今後ますます豊かなイメージが与えられていくであろう。

その点はともかく、唐衣と獺虎についていえば、日本社会に将来されたのは戦国期・室町期までは少なくとも遡るとみてよいだろう。唐衣は近世では蝦夷錦《えぞにしき》として知れわたるが、一説に、一二世紀半ば成立の『中外抄』に、「えぞいわぬ錦」とみえるのが蝦夷錦の初出といわれている。蝦夷錦という呼称を文献的に確認できるのはおおむね一八世紀になってからであり、一七世紀には「唐衣」とか「北高麗織」（『津軽一統志』）などといっていた。平安末から中世にかけて蝦夷錦の用例がみつかっていないことからすれば、「えぞいわぬ錦」を近世の蝦夷錦に結びつけるのは留保せざるをえない。

一二世紀半ばは難しいとしても、若狭国内浦字山中に伝わる「商踊り（山中踊り）」は、若狭から出た商船が越前・加賀・能登を経て、「夷が島」に至り、「夷が島では夷殿と商元では何々と、唐の衣や唐糸や、じんやじやこうや、たかの羽や、商踊りを一踊り、よろづの商仕廻りて、いざ戻ろよ、我国へ」と交易を済ませて帰ってくる様子を歌い込んだものである。夷が島などの表現から室町中後期頃の状況かと推定されているが、唐の衣・唐糸は山丹・樺太ルートの渡来品とみてよいだろう。

いっぽう獺虎の方はどうか。『後鑑《のちかがみ》』によれば、応永三〇（一四二三）年、安藤陸奥守と称する者が室町五代将軍足利義量《よしかず》に馬・昆布などとともに「海虎皮」三〇枚を進上していた。この「海虎」をラッコとみるかアザラシとみるかであるが、ラッコが獺虎・猟虎・海獺・獵虎、アザラシが海豹・水豹と書かれてきたことからいえば、ラッコである可能性が高いであろう。とすれば、北方産獺虎を史料的に確認できる早い例ということになる。一五世紀後期の『文明本節用集』に「獺虎ラッコ」、『運歩色葉集』（一五四八年）に「獺猢皮ラッコノカハ」と、室町中後期の古辞書類に出てくるので、その当時日本海海運を通して獺虎皮が京都などに入っていたことは間違いあるまい。近世初頭の『日葡辞書』（一六〇三年）に「蠟虎の皮のやうな人ぢや」という用例が載っており、これは獺虎の毛がやわらかいことから、どちらの側にもなびくようなタイプの人をさしたものという。このようなたとえが成立しているのをみると、戦国～近世初期には武将たちの乗馬用鞍敷きなどとして需要があり、かなり出回っていたことになろうか。

武家社会の需要が高かった鷲鷹類の羽も重要な北方交易品として見逃せないものの一つである。尾羽が最高級の矢羽となる大鷲や尾白鷲は千島からカムチャツカにかけて、および樺太から沿海州にかけてが繁殖地であり、蝦夷島にも多く冬鳥として飛来したからである。熊鷹（角鷹）の羽という「粛慎羽《しゆくしんう》」の名が、すでに一〇世紀後期から一一世紀前期にかけての、源高明『西宮記《さいきゆうき》』や藤原実資《さねすけ》『小右記《しようゆうき》』などにみえる。粛慎《しゆくしん》（みしはせ）が前述のように沿海州方面をさすとすれば、唐衣・獺虎皮以上に確実に古くからの北方交易を物語っていることになる。また、奥州平泉の藤原氏は布にかわる奥羽の年貢として鷲羽を京都に送っていた。この鷲羽も蝦夷島方面との交易品である可能性が高い。先の「商踊り」にみえる鷹の羽も北方産のものに間違いあるまい。

このように、唐衣・獺虎皮は少なくとも中世後期以来、鷹羽ないし鷲羽については平安時代後期にまで遡る可能性をもって、山丹・樺太や千島ルートの産物が蝦夷島のアイヌの手を介して日本社会にもたらされていたといえよう。安藤氏や蠣崎（松前）氏といった境界権力は沿海州や千島にひろがる北方交易を掌握して権力基盤としており、アンジェリスらの報告は、近世初期の松前藩の欲求に呼応して、希少性のある北方産物を持ち来る天塩アイヌやメナシアイヌの活発な城下交易の様子を示していたことになる。

樺太アイヌと宗谷

松前藩のアイヌ交易は、城下交易制から商場交易制への転換によって、前述のように同藩の交易船が直接東西蝦夷地に派遣される交易形態に変わった。それにともない、山丹・千島産物の入手も、松前藩の交易船の行き着く最奥の商場で行なわれるようになった。享保・元文期（一七一六—四一）頃でいえば、樺太や千島にはまだ交易船が到達しておらず、山丹ルートでは宗谷、千島ルートでは厚岸・キイタップがそうした商場であった。宗谷・厚岸とも、当初から藩主の御手船による商場として開設されており、家臣は山丹・千島交易から排除されていたとみてよいだろう。

まず、山丹（山靼）ルートについてみれば、おおむね宗谷から樺太・タライカ・山丹・マンチウ（満州）へといたる交易の道として認識されていた。樺太は「からと島」（『松前蝦夷記』）と呼ばれ、樺太島のうちでも宗谷に相接した地域をおもにさし、またタライカは樺太島の惣名ともいい（『北海随筆』）、一般に樺太島の奥地の方をさした。蝦夷錦・青玉・真羽《まば》などの「唐物」類は樺太の住民、すなわち樺太アイヌが山丹・マンチウを訪れるか、あるいは樺太に渡来した山丹人を通してかのいずれかによって入手し、宗谷に積み来ったものであった。これを松前藩主の交易船が買い上げ、独占したわけである。『北海随筆』によると、船頭山田久右衛門なる者が宗谷に行ったさいに、宗谷に渡来していた山丹の者に遭遇し、満州文字であろうか「梵字」のような巻物を手に入れ藩主に上納したという。樺太アイヌばかりでなく、山丹人もまた直接宗谷に渡海していたことになる。

宝暦期以降になると、松前藩は樺太南端の白主《しらぬし》に交易船を派遣したり、村山（阿部屋《あぶや》）伝兵衛に樺太の漁場見立てを命ずるなど、樺太進出を企てていく。それはまだ永続的なものではなかったが、クナシリ・メナシの蜂起鎮圧後の「蝦夷地改正」を契機に、寛政二（一七九〇）年、白主に運上屋を置いて場所の常設に乗り出し、翌三年より藩直支配の名目ながら差配人村山伝兵衛による漁場経営が本格的に始動している。これにともない、山丹交易は宗谷から白主に移されることになった。幕府の役人もまた、田沼政権期の天明五、六（一七八五、八六）年、および松平定信の発案による寛政四年御救交易で、樺太を巡見することがあった。このように、一八世紀半ば頃から樺太の南端部に日本人が足を踏み入れるようになるが、それによって山丹交易の実情も報告されるようになった。

とりわけ、樺太ナヨロの首長ヤエンコロアイノの動向が詳しく伝えられた。天明六年幕吏大石逸平がナヨロに至ったさいヤエンコロアイノに会ったが、ヤエンコロアイノの語るに、彼の父ヤウチウテイは山丹国と宗谷に渉海して交易に携わっており、先年山丹に行ったさいに、「三爪《そう》の龍」を織った官服を着た官人からヤウチウテイ＝楊忠貞なる名をもらったのだという（『蝦夷草紙』）。ヤウチウテイの本名はヨーチテアイノであったようだが、この情報は、安永七（一七七八）年宗谷に交易荷物を改める上乗役《うわのり》として遣わされた松前家臣工藤清左衛門が、丁度交易に来ていた楊忠貞自身から聞いた話でもあった。

山丹とは黒竜江（アムール川）中下流域をさしていることはほぼ間違いあるまい。山丹人についてはウリチ（オルチャ）あるいはニヴフ（ギリヤーク）ともいわれてきたが、ウリチの人々がニヴフからジャンタと呼ばれ、それがサンタンになったという説が有力のようである。ウリチ化したニヴフなども含まれているという見方もある。それはともかく、樺太アイヌが山丹と宗谷（のちには白主）とを結びつける役割を果たし、山丹人と交易するばかりでなく清国に朝貢する樺太アイヌのいたことを楊忠貞の例は示している。文化六（一八〇九）年間宮林蔵は山丹の地に入り黒竜江を遡り、当該地方の諸民族の進貢を受ける満州仮府デレンの交易所を訪れ、その様子を『東韃地方紀行』に書いている。樺太アイヌもまた獣皮（貂《てん》の皮）を貢献し、代償に官服を与えられ、また交易所で古着・段物などを得ていたのである。清朝側からみれば、貂皮進貢の義務を負った黒竜江中下流域・サハリンの住民は「辺民」として位置づけられていたといわれる。今日に伝存する満州文字によるヤエンコロアイノ文書（ナヨロ文書）は、清との朝貢関係のなかに樺太アイヌが包摂されていたことを如実に物語るものであった。

ところで、クナシリ・メナシの蜂起の終結にあたって、「味方」アイヌの人々が松前に上り、城下行列に臨み異国人を強調するために「蝦夷錦」を着用させられたことは前述したが、アイヌ民族の間では盛装・ハレ着として竜紋のついた官服が通用していた。寛文一〇（一六七〇）年、シャクシャイン蜂起に関連して、津軽藩が密偵船を西蝦夷地に派遣したさい、アイヌの主立った首長たちは見事な「北高麗織」の衣装を着けて津軽藩士と面会しており、一八世紀の史料も蝦夷錦を着用していたとするものが少なくない。とすれば、明清代にはアイヌ民族は東北アジアの一員として、自らを位置づけ誇るところがあったことになり、日本側のみを向いていたわけではない。しかし、一八世紀末頃になると、蝦夷錦に代わって陣羽織がはっきりとアイヌのハレ着として定着してくる。陣羽織は、いつに始まるか明らかにしえないが、松前藩が御目見得アイヌに与えたものであり、藩体制内に取り込まれていくアイヌの地位の変化を反映しているように思われる。宗谷での場所交易で蝦夷錦類が松前藩に買い上げられたこともアイヌ社会への流通を狭め、そのために日本物の陣羽織や小袖を着用せざるをえなくなった側面も無視できまい。

道東アイヌと獺虎島

つぎに千島ルートについてみよう。一八世紀前期頃の獺虎交易は、『北海随筆』などによれば、アッケシやキイタップに藩主交易船が赴き、同地のアイヌやそこに渡海してくるクナシリアイヌから獺虎皮を買い上げるかたちで行なわれていた。新井白石が『蝦夷志』のなかで、キイタップにおける「互市の例」、すなわち米・塩・酒・煙草・綿布の日本産品と千島産海獣皮とのアイヌ民族どうしにおける沈黙交易を記しているが、これは藩主手船が出現する以前の北海道アイヌと千島アイヌとの交易の様子を伝えるものであろう。

前述のように、宝暦年間にクナシリ場所が開設されてからはクナシリが獺虎や鷲羽取引の中心になっていく。厚岸アイヌやクナシリアイヌたちは獺虎島（＝ウルップ島）に出猟して獺虎を獲っていたが、それにとどまらず、一七一三年のコズィレフスキーの千島探検情報などロシア側史料によれば、南千島のアイヌたちはシュムシュ（占守）島など北千島、あるいはカムチャツカにまで訪れ、クナシリで入手した木綿・絹布・鍋・刀・漆器をもたらし、獺虎皮・狐皮・鷲羽に換えていたことが知られている。松前藩との獺虎・鷲羽交易を背景に、千島列島（クリル諸島）づたいにアイヌ民族が活発に北方へ交易進出していたことになる。

こうした千島アイヌによる独占的な獺虎猟の場所に、ロシア人が毛皮を求めて新たに侵入してくると、獺虎の奪い合いによる軋轢が当然生まれてこよう。明和年間、両者が衝突したことは前章で少し触れたが、「得撫島《うるつぷ》事件」と命名されてもいるこの事件のあらましは次のようなものであった。

明和五（一七六八）年、コサック百人長《ひやくにんちよう》の地位にあったチョールヌイの一行がウルップに至り、アイヌから毛皮税（ヤサーク）を徴収し、また越冬して獺虎猟を行ない、六〇〇頭もの獺虎や、熊・狐の毛皮を持ち帰った。また、同七年、ヤクーツク商人プロトジャーコノフ商会の船でやってきた航海士サポージニコフらがウルップ島に来て、出猟中のエトロフアイヌを獺虎猟から締め出し、食料や道具を奪い、さらにアイヌ数名を射殺した。これに怒ったエトロフアイヌは翌年、獺虎猟のロシア人を急襲し、二一名を殺害したというものである。中部千島ラショワ島のアイヌもウルップに出猟しており、エトロフアイヌと協力して襲撃したともいわれている。エトロフアイヌもまた、クナシリを窓口とする松前藩との獺虎交易圏のなかに位置していたことを示す事件であった。その後ロシア人とアイヌは和睦し、ウルップ島の獺虎猟は両者の入会となったという。

アッケシ以東の奥場所は安永三（一七七四）年から飛驒屋久兵衛の請負場所になったが、松前藩は獺虎皮、鷲羽、熊胆、膃肭獣《おつとせい》、宗谷・白主口の山丹交易品など、高価なものは「軽物《かるもの》」と呼んで請負人の自由な取引に任せず、藩がすべて買い上げるのを原則としていた。借金の引き当てといわれる飛驒屋の場所請負でも例外でない。藩はこれらを将軍への献上や大名間の贈答におもに用いていた。だが、実際には軽物の過半は請負人の手元にあって他国に売り出され（『蝦夷地一件』）、獺虎もまた請負人や家中士から抜荷《ぬけに》として城下商人の手にわたり、大坂に廻されていたといわれている（『東遊記』）。『和漢三才図会』によると、獺虎皮は「官家の褥《しとね》」として珍重されたほかに、長崎貿易品にもなり、中国人が競い合って買い求めたという。一九世紀初めの幕府長崎会所の史料にも獺虎皮がみえるから、数量の点はともかく、長崎口から輸出されていたことは間違いない。

寛政一一（一七九九）年東蝦夷地が幕府によって直轄されると、ロシアとの関係でエトロフ・ウルップをどうするかが大きな課題として認識された。それはウルップ島の獺虎猟に直接影響を及ぼすものであった。厚岸の乙名イコトイは、クナシリ・メナシの蜂起当時エトロフ島に行き獺虎猟をしていたというが、寛政七年より獺虎を捕獲するために妻妾や手下の者三〇〜四〇人を引きつれて無断でウルップ島に渡り、また翌年にはエトロフ島に入り獺虎・鷲羽といった交易品を住民から取り上げるなど、厚岸・クナシリ・エトロフ一円で「悪党」的所業に及んでおり、ウルップ島滞在の「赤人」＝ロシア人に一味して獺虎を売っているという風聞もたっていた。

風聞の虚実はともかく、ロシア人と結びつくアイヌの存在は幕府が最も危惧するところであった。幕府には幸いイコトイは服従を誓ったが、ウルップ島のロシア人は退去の様子がなかった。幕府はエトロフ島の「開国」には力を注いだものの、ウルップ島までは手が及ばず、そのまま放置しておくことに決定した。そして、南千島アイヌのウルップ出猟を禁止し、ロシア人及びウルップ島以北の北千島アイヌとの接触・交流を遮断してしまった。いわば国境の線引がエトロフとウルップとの間になされたことになり、千島アイヌの一体的民族空間を国家的意思によって人為的に引き裂く最初の政治決断となった。文化二（一八〇五）年および同七年、ラショア島のアイヌが交易を希望してエトロフに渡来したが、幕府がラショワ人をロシア付属のアイヌと判断し、交易を認めなかったのは、その具体的なあらわれであった（幕府の取調べによれば、ロシア人の指示によってエトロフの実情を探るのが渡来の目的とされる）。いっぽう、獺虎猟や千島交易から切り離されたクナシリ・エトロフアイヌたちは、既に述べたように場所請負制下の漁場での雇労働に取り込まれ、縛りつけられていくことになった。

山丹交易の官営化

いっぽう、樺太白主における山丹（山靼とも表記）交易はどのように処置されたのであろうか。東蝦夷地を直轄した段階では、樺太におけるロシア人南進の動きはまだみられなかった。山丹人と樺太アイヌの交易は小規模なもので、しかも松前藩が山丹人と直接交易しているのではないとの認識があって、従来の仕来りに任せておけばよいというのがさしあたりの幕府蝦夷地御用掛の判断であった。

しかし、文化四（一八〇七）年、樺太を含め蝦夷地一円が幕領化されるにおよんで、山丹交易の扱いが表面化してくる。幕府は翌五年、松田伝十郎・間宮林蔵を派遣して樺太奥地の実情を探らせ、また同六年には間宮が黒竜江デレンの地に到達している。この両人の調査によって、樺太と沿海州とが海峡で隔てられていること、樺太から黒竜江下流域にかけての諸民族の居住分布、諸民族の清への進貢交易の実態など、詳しい情報が幕府にもたらされた。文化六年には樺太の呼び方を北蝦夷地と改めた。こうした樺太調査のなかで、以前から最上徳内などの報告によって知られていたが、樺太アイヌおよび宗谷アイヌの山丹人に対する負債が幕吏のなかで問題視されることになった。

アイヌの負債というのは、山丹人が青玉・鷲羽・錦類を今年貸し付けて、翌年それにみあう貂皮・獺《かわうそ》皮など獣皮を取り立てる交易方式をとっていたことから、その差額が古借として積み重なったものであった。徳内などは、アイヌが松前藩からの山丹渡来品の催促・強要に応えて、無理な買物をしたためだと認識していた（『蝦夷草紙後篇』）。山丹人は、借金のかたに負債アイヌの人身を拘束して山丹に連れて行き下人として使役したり、また家に乱暴に押し入り鍋類などを奪い取るなど、「我意不法」の振舞いが目立ち、樺太・宗谷アイヌとの間に軋轢を深めていた。山丹人が渡来すると、アイヌは恐れをなして山中に隠れる有様であったという。

文化六年、松田伝十郎がこの解決に携わり、負債の調査のうえ、アイヌが自力で返済できない部分は幕府が肩代わりして皆済することにした。『北夷談』に記しているところによると、同六年船三艘二〇人、同七年七艘六〇人、同八年五艘三八人、同九年五艘四〇人の山丹人の渡来があったが、文化八年までの三年間で、樺太アイヌ借用高貂皮二九七五枚、宗谷アイヌ借用高同二五七一枚、合計五五四六枚のところ、四九九枚をアイヌが出し、残り五〇四七枚分、獺皮に直し二五二三枚半（代金一三六両一分余）を幕府が負担した。同九年分の弁済はわずかで、これをもって完済となった。

幕府による負債アイヌの救済という面が強調されてきたが、この交易改正によって、樺太アイヌ・宗谷アイヌは以後山丹交易から排除され、かつてのヤウチウテイのように山丹と宗谷を自由に行き来して、交易で身を立てる方途が体制的に否定され、場所内に閉じ込められることになった点を見落としてはならない。山丹人との交易はすべて白主会所扱いの官営となり、規模は比較にならないものの、長崎貿易のミニ版が樺太口に登場することになったといってよいだろう。千島の場合とは違って交易の窓口は存続したが、もはやアイヌ民族のものではなく、蝦夷地幕領化による千島・樺太両交易ルートへの鎖国制の貫徹をみることができる。

白主会所下の山丹交易の取引について少しみておくと、北蝦夷地産貂皮を基準にして山丹持ち渡り品の交易価格が評価された。清への進貢貿易が貂皮中心であったことからきている。たとえば、蝦夷錦のうち紺地竜形弌丈物ならば、一本につき貂皮三〇枚位より善悪見計らいとされており、もし貂皮三〇枚と決まったなら、それに見合う貂皮・狐皮・獺皮・狢皮などを、北蝦夷地産貂皮一枚＝東西蝦夷地場所産貂皮四枚、北蝦夷地産貂皮二枚＝同地産獺皮一枚、東西場所産貂皮八枚＝同地産獺皮一枚などといった換算基準で各枚数を算出し支払った（『北夷談』）。貂皮など獣皮類は東西蝦夷地各場所のアイヌから、「北蝦夷地回りの小皮類」として公定値段で買い上げられ、白主に集積された。山丹交易品の取扱量が多いか少ないかの判断はともかく、松前藩政期になるが、海保嶺夫が紹介した『山靼交易品調書』によれば、嘉永六（一八五三）年の輸入品は山丹服七着、蝦夷錦竜形文様七九二尺、同非竜形文様二一〇三尺、毛氈二枚、段通《だんつう》四枚、バンタ二八枚、小玉一九九一連、中玉五一五個、鷲羽四八四尻、煙管一〇本、火打七個、牙一本であった。この代価は貂皮四四二二枚分に相当し、獺皮一二六五枚、狐皮五八八枚、貂皮五八二枚、鍋類二六枚、鑪《やすり》（ママ）五八挺、鐇五挺の代替品で決済されている。

こうした会所方式の山丹交易も、清とロシアの間の国境をめぐる一八六〇年の北京条約締結によって、沿海州がロシア領に編入され、清への朝貢交易が否定されるにともない、終焉を迎えることになった。

2 蝦夷地と国内市場

北前船・弁財船

一八世紀後期はすでにみたように、新興の企業家タイプの商人資本により場所請負制が蝦夷地の奥地にまで展開し、海産物類を中心とする蝦夷地産物が大量に本州に移出されていく境目であった。宝暦・天明期（一七五一―八九）はよく幕藩制的市場構造の変質・転換期といわれ、維新変革の起点たる位置づけを与えられてきたが、近世後期の国内経済の不可欠の一環として蝦夷地が包摂されていたことはいうまでもない。蝦夷地の漁業資源の開発・商品化が後述するように、畿内・瀬戸内地方の商業的農業や東日本の食生活と密接に結びついていたし、そればかりでなく、蝦夷地自体が内地産物の大量の投下市場的な性格を合わせもち、この点でも蝦夷地は各地の産業経済の展開に寄与していた。そこで、国内経済のなかでの蝦夷地の位置や役割をやや詳しくみてみよう。

松前・蝦夷地と内地を結んで、近世後期、商品輸送に活躍したのは「北前船《きたまえぶね》」と呼ばれる西回りの日本海ルートの買積み船であった。買積みというのは、船主・船頭が、運賃を取って依頼荷物を運ぶ運賃積みに対して、商い荷物を自ら買い込んで自分の船で運び売り捌く形態のことである。買積みの方が相場の地域間格差をたくみに利用した冒険的な性格が強くなる。北前船というのは大坂・兵庫あるいは瀬戸内地域からみた呼称で、日本海側の北国筋から下関を経由して瀬戸内・大坂に入ってくる船をさした。北前船の船主・船頭を輩出した北陸や、上方の船を受け入れる東北や北海道では北前船とはいわず、べザイ船・べンザイ船などと呼んだ。弁財船は船の型からきた呼称で、荷物の積載のため腹部が広がっており、元来は江戸・大坂間や瀬戸内海で用いられていた。これが近世後期、北国船・羽ケ瀬《はがせ》船など北陸以北の在来型船を駆逐し、松前・蝦夷地にまでひろく普及していった。このように北前船の呼称は当時西回り航路全体で一般化していたわけではないが、松前三湊から日本海回りによって兵庫・大坂にいたる往復ルートで、寄港地での積み降ろし・売買を含め、自ら商い荷物を買い積み・売却する廻船を北前船としておきたい。

蝦夷地産物は前章で触れたように、一八世紀前期頃までは、近江商人の両浜組が共同で雇った運賃積みの荷所《にどこ》船で敦賀の問屋に送られ、そこから陸路で大坂に運ばれていた。それが一八世紀後期以降になると、荷所船を担っていた北陸地方の船主・船頭たちが、運賃積みから買積みに積極的に乗り換えていく。それは近江商人に代わって新興の場所請負人が登場し、安価な蝦夷地産物が大量に商品化されたことによって可能となったものである。松前と上方との間で二倍以上にも及ぶ蝦夷地産物の価格差に目をつけ、難破など多少のリスクを背負いながらも千載一遇のチャンスとみて商行為に踏み出していった。請負人は蝦夷地産物を自らの手船により内地に輸送する形態もみられたが、手船で運べない商荷物は松前三湊で弁財船＝北前船に売却した。北前船は請負人や漁民などから海産物類を購入し、価格の地域間落差を巧みに計算しながら、一部は途中で売りながら、下関経由で最終地は大坂まで運んだ。むろん、北前船が一様に松前・大坂間を定期的に往復したわけではなく、繰綿・塩・煙草・米・〆粕《しめかす》など遠隔地間の各地の産物を縦横、不定期に運送・売買していたところに特徴があった。

北前船主は丹後・但馬地方からも出たが、越中・加賀・越前といった北陸地方が中心であった。牧野隆信らによって北前船の実態が明らかにされているが、現在の加賀市に含まれる橋立《はしだて》、塩屋、瀬越《せごえ》の三港は、久保彦兵衛・西出《にしで》孫左衛門・大家《おおいえ》七平・広海《ひろうみ》二三郎などをはじめとして、多くの海商を生み出した地域であった。船主に雇われた船乗りたちが周辺の村々からたくさん供給されていたことはいうまでもない。船頭は船主がなる直船頭の場合と、雇船頭の場合とがあったが、雇船頭は帆待《ほま》ちという自分荷を積載量の一割ほど積み込むことが許され、水主《かこ》たちも船主荷の約一割を切り出しといってその利益の分配にあずかることができた。才覚ある者は雇船頭から船主にもなれたが、海に生きる男たちは板子一枚下は地獄といわれたように、時化《しけ》にあって遭難・漂流することも稀ではなく、命懸けの仕事であった。

買積み方式による廻船としては、北前船のほかに、尾張知多半島の内海浦《うつみ》を拠点とする内海船が着目されている。斎藤善之によると、内海船の方は兵庫から伊勢湾内、そして江戸・浦賀へと樽廻船・檜垣廻船の運賃積と対抗的に活躍していた。北前船と内海船は相似た性格をもっており、両者は兵庫でリンクしていたといわれる。鰊《にしん》〆粕などは内海船を通してさらに伊勢湾沿岸地域にもたらされ、販路を広げていたことになる。しかし、買積みを手段とした北前船は内海船と同じく、一九世紀末明治二〇年代になると、その歴史的な役割を終えていく。北前船主のなかには、弁財船から洋式帆船へ、さらに汽船を導入して、日本郵船などによる運賃積みの新たな海運業の動向に即応していく者が出てくるが、買積みが主流の時代は去っていった。

塩引と歳暮

近世後期、北前船などによって蝦夷地産物が全国各地にどれくらいの数量が移出されていたのか、全体的に知りうる史料は乏しい。ただし、安政四（一八五七）年の箱館奉行による箱館産物会所構想のなかで、全国各地における蝦夷地産物の移入量・額の見込みが立てられており、当時のおよその状況を推定することは可能である。いくつかの試算のうちで、箱館奉行の上申によれば、蝦夷地産物総石数七一万二〇〇〇石、総価額一一四万一七〇〇両となっており、その内訳は大坂・兵庫三〇万一〇〇〇石（四二・三％）、四五万一五〇〇両（三九・五％）、長州下関一〇万五〇〇〇石（一四・七％）、一五万七五〇〇両（一三・八％）、越中伏木湊～若狭三国一〇万五〇〇〇石（一四・七％）、一五万七五〇〇両（一三・八％）、江戸二万九四〇〇石（四・一％）、一三万四七〇〇両（一一・八％）、以下価額・同比率のみを示すと、南部～浦賀六万三〇〇〇両（五・五％）、津軽～庄内五万二五〇〇両（四・六％）、新潟・出雲崎（同上）、四国・九州（同上）、小浜～下関手前西海岸二万一〇〇〇両（一・八％）となっている。試算の最大なものは総石数二〇〇万石、総価額四一〇万八〇〇〇両とするものであるが、いずれも皮算用が働いているので、箱館奉行の試算よりも少なめに実勢をみておくべきであろう。数値の信憑性はともかく、大坂・兵庫・下関・北陸が主な移出先として認識されており、江戸が鮭・鱒・昆布・身欠鰊《みがき》など食料主体であるのに対して、北陸以西では〆粕など肥料が大きなウエイトを占めていたことが特徴となっている（『松前町史』通説編一下）。

ところで、各県の移出入のデータが作成され始めるのは明治一〇年代に入ってからである。その数値は幕末期に遡らせてもそれほど大きな違いがないと思われるので、これも参考にしながら近世後期の流通の様子をながめてみたい。『新撰北海道史』第三巻に掲載されている明治一四（一八八一）年の北海道主要移出品表によって、価格・数量を千円未満・千石未満切り捨てで挙げてみると、第一位鰊粕二二三万七〇〇〇円・三七万一〇〇〇石、第二位塩鮭八五万九〇〇〇円・九万六〇〇〇石、第三位胴鰊七七万四〇〇〇円・一三万三〇〇〇石、第四位昆布六四万五〇〇〇円・一一万二〇〇〇石、第五位身欠鰊五五万四〇〇〇円・二一万一〇〇〇石、以下鰯粕、鰊鯑（数の子）、雑貨、笹目鰊、鮭、鰊白子、長切昆布、囲鮭の順であった。これによれば、鰊・鮭・昆布が三大産物で、なかでも鰊製品が群を抜いていたことがわかる。蝦夷地・北海道海産物として他に鱈やカスベ・ホッケなどがあるが、重要度において右の三品には到底及ばない。

まず、鮭から取り上げてみよう。鮭製品には生鮭・塩鮭・干鮭《からざけ》・筋子などがあるが、塩鮭がなんといっても多い。同類種に鱒があるが鮭とは区別されており、鱒の方は塩鱒の他に〆粕にされた。塩引《しおびき》を目的とした秋味《あきあじ》運上が松前藩における場所請負制を展開させる起動力になったことは前述した通りである。『蝦夷草紙別録』所収の天明八（一七八八）年頃の試算によれば、蝦夷地で一〇〇〇石積にして、石狩川三〇艘、マシケ川四艘、シコツ二艘、キイタツフ二艘、セタナイ一艘、諸所取合五艘の計四四艘、石目四万四〇〇〇石、二二〇万疋（一〇〇〇石＝五万疋）、代金にして二万九三三三両余であった。この時点での石狩川の卓越した鮭漁ぶりが窺われる。その後、石狩場所に加えて根室・エトロフ両場所の漁獲量が増えていくが、明治初年には石狩が乱獲がたたって激減し、道東・南千島が中心漁場となっている。

北海道産塩鮭の府県移出は明治一一年～二一年で、六万石台から一六万石台の間を推移しているが、東京・新潟・宮城の各府県が二万～六万石ずつ、茨城・兵庫・長野・青森・山形・秋田・岐阜の各県が一四〇〇ないし一五〇〇〜六二〇〇ないし六三〇〇石ずつ、大阪・愛知・三重・岩手・富山・滋賀・奈良の各府県が一〇〇〜六〇〇石ずつであったといわれる（『北海道漁業志稿』）。なお、塩鱒の方は同期間七〇〇〇石〜四万五〇〇〇石台にあり、明治二二年六万七〇〇〇石の販路は宮城・新潟・東京・長野・山形・青森（以下省略）の順で、塩鮭と同傾向にある。近世ではたとえば、酒田港に秋味塩引が安永七（一七七八）年〜天明三（一七八三）年の間、毎年八万本から二五万本もの量が入ってきていた（『増口銭方諸色扣』）。また、安政五（一八五八）年出雲崎尼瀬港の例では、新古塩鱒四〇万〜五〇万本、同塩引鮭二〇万本ほどの移入になっていたといわれる。

江戸への塩引は、おそらく一八世紀後期における蝦夷地木材の江戸回漕、幕領化による江戸積回しルートの重視などを契機として大量に運び込まれるようになったものと考えられる。江戸に「松前最寄塩干肴問屋」が結成されたのは文化年間（一八〇四―一八）のことであった。場所請負人の栖原屋や伊達屋などが塩引の江戸回漕に大きくからんでいたことはいうまでもない。

したがって、塩引・塩鱒の需要地は江戸及び東北・信越が中心であったといえるだろう。東北や新潟は鮭の産出地であるにもかかわらず、蝦夷地・北海道から移入されていることが注目される。東日本では西日本のブリに対して、塩引が正月魚として欠かせない習わしになっていると指摘されている。塩引は近世初期でも領主階級の間では献上品・贈答品としてかなり用いられていたが、それが民衆レベルにまで一般的に広まるためには、蝦夷地からの大量移入なしには考えられまい。歳暮に塩鮭を贈答しあうという習慣が、いつごろから普及してくるのか詳しく調べてみる価値があるが、滝沢馬琴の日記によると、たとえば文政一〇（一八二七）年の場合、地主杉浦清太郎に「歳暮祝儀」として鮭塩引一尺を遣わし（これは毎年の慣例であった）、また、息子宗伯が松前藩に出仕していた関係で松前藩藤倉一郎より鮭塩引二尺を贈られている。武州新座郡引又町の星野半右衛門の場合には、嘉永五（一八五二）年、「年暮」として同町三上権兵衛、同町三上重兵衛、小梅村金田栄吉、砂村佐平次より塩引鮭各一本ずつが到来していた（『志木市史』別編）。いずれも直接の血縁関係はなさそうであるが、親しい交際関係を結んでいた人たちであったと思われる。同六年には、半右衛門の手習子二人方から塩引鮭を歳暮として貰っている例もあった。『誹風柳多留』にみえる「こつちから遣つた塩引だと笑ひ」といった川柳などもあるように、近世後期以降、歳暮・正月魚として塩引鮭が確実に定着していたことが窺われる。

明治以降の東京では、塩味のきつい塩引は「ねこまたぎ」といって惨めな食の代表みたいに落ちぶれていく。酒田や新潟といった塩鮭の大量に入った所でも、ねこまたぎの言葉が遣われていた。塩鮭に代わって塩分を少なめにした新巻鮭《あらまき》が流通してくることになる。しかし、東北の内陸・山間地域では塩引が依然として重要なタンパク源として貴重であり、塩鮭に対する感覚には地域の大きな落差があった。

鰊の流通

塩鮭以上に近世後期から明治期にかけ国内経済に大きな影響をもったのは鰊であった。鰊漁は当初松前地西海岸が中心であったが、一八世紀半ば過ぎからの凶漁により、天明期（一七八一―八九）頃を境にして西蝦夷地への松前地漁民の出漁がさかんになっていく。これを追鰊《おいにしん》と呼ぶが、出漁漁民（＝浜中漁民）は場所請負制との折り合いから請負人に漁獲高の二割を上納したので、「二八取《にはちどり》」とも呼ばれている。松前地では差網《さしあみ》（刺網）による漁法しか認めなかったが、西蝦夷地では場所請負人の大網による大量捕獲がなされ、このために松前地が不漁になっていると江差地方の漁民たちの請負人への反発がつよく、寛政二（一七九〇）年に大網禁止を求める城下強訴事件、また幕末の安政二（一八五五）年には網切騒動が起きている。このように、請負人と二八取の内部対立をはらみながら、鰊漁は北へ北へと進み、樺太南部にまで延びていった。西蝦夷地の安政元（一八五四）年の鰊産出高は二四万二〇〇〇石余で、小樽場所が四万六〇〇〇石余、古平《ふるひら》二万五〇〇〇石余（ただし鮭等混入）、古宇《ふるう》一万八〇〇〇石余、増毛一万七〇〇〇石余（古平に同じ）、余市一万七〇〇〇石余の順であった（『北海道漁業志稿』）。

鰊製品が近世後末期どこにどれだけ移出されていたか俯瞰できるデータはないが、鰊絞粕《しめかす》（鰊〆粕）は江戸、大坂、四国、下関、秋田、酒田、庄内、身欠鰊は江戸、大坂、敦賀、越後、新潟、秋田、酒田、庄内、胴鰊《どうにしん》は大坂、下関、敦賀、加賀、越中、鰊鯑《かずのこ》は江戸、大坂、下関、越後、酒田、鰊白子は大坂、下関、敦賀、笹目《ささめ》鰊は越中、佐渡、にそれぞれ販売されていたといわれている。ただし、鰊絞粕が秋田、酒田、庄内、および江戸（関東）で一般的に消費されたとは考えにくく、また鰊は幕末期、江戸では食べる者が稀でもっぱら猫の食だとする『守貞漫稿』の記述があり、にわかには信用しがたい。そこで明治一〇年代のデータからみる他ないが、開拓使の調査統計「東北諸港報告書」「二府四県采覧報文」「西南諸港報告書」や府県統計書を分析した山口和雄『明治前期経済の分析』により各府県の鰊製品の移入額（または移出入差引の純移入額）を示してみよう。

まず東北地方では、青森県が明治一〇（一八七七）年身欠鰊三万一二〇七円、秋田県土崎港が明治一〇年身欠鰊二万七三七〇円、山形県酒田港が明治一一年身欠鰊八万六五二四円、生鰊二万七七七円、数の子一万六一四三円、新潟県が明治一〇年身欠鰊六万三九七五円、ほかに四万箇、という鰊製品の移入額であった。東北・新潟の場合、鰊は肥料としてより食料としてたくさん導入されていたことがわかる。

北陸地方をみると、富山県が明治一一年胴鰊四五万一四七四円、笹目鰊八万一八〇一円、鰊〆粕二万八一六七円、身欠鰊一万五六六〇円、福井県が明治一一年胴鰊一三万三二七八円、身欠鰊七万九三六九円、鰊白子五万五三二三円、鰊〆粕六六〇〇円、笹目鰊九四八七円、数の子一万三二二二円を移入している。石川県では、明治一三年、胴鰊一四万五八三七円、身欠鰊三万九三四〇円、鰊粕《にしんかす》（鰊〆粕に同じ）三万三八九九円、笹目鰊一万五〇一一円の純移入額となっている。北陸の場合の特徴としては、食料の身欠鰊も少なくはないが、肥料としての胴鰊・笹目・白子が目立っているといえよう。

中国・近畿地方に転ずると、山口県の明治一三年のデータでは、鰊粕二六万六二六三円、胴鰊九万二四〇四円以下、笹目鰊、身欠鰊、数の子の取扱量が多いものの、数の子の一部を除きすべて再移出されており、鰊絞粕は四国方面へ、また鱈・数の子・昆布は九州方面へそれぞれ回漕され、下関（赤間関）の仲立港的な性格が濃厚に出ている。こうした傾向はすでに天保期（一八三〇—四四）頃からみられ、北前船は薩摩船の割り込みなどを背景に、それまで通過するだけであった下関港で積み荷を売買することが多くなり、しかも長州藩が天保改革で下関越荷方《こしにかた》を拡大し、北前船交易を重視したことの表われであった。広島県では、明治一一年鰊粕三一万六〇八四円、羽鰊《はにしん》（端鰊、胴鰊に同じ）一三万六三三三円の純移入額、岡山県では明治一二年玉島港の例によると、鰊粕三八万一二一円、羽鰊七万四二六六円の移入額であり、肥料のなかでは鰊粕が最大の移入品であった。兵庫県は明治一六年、鰊粕一四万五八〇七円、羽鰊五六九九円の純移入額であるが、明治一三年のデータによると、兵庫港では鰊粕八万九〇〇〇石の移入に対し六万九〇〇〇石が播磨・淡路・阿波・尾張・伊勢などへ再移出されるなど、北風荘右衛門・岩田正吉らによる同港の中継港的性格が表われている。

最後に大阪の場合であるが、明治一二年九月～翌一三年八月に大阪港に入った北海道産肥料は胴鰊・鰊〆粕・鰯〆粕・鰊白子合計二三万五〇〇〇石・二五六万三九九二円（内鰊〆粕一三万五〇〇〇石・一五二万九二八〇円）であったが、このうち二一万八五〇〇石が伊賀・近江・伊勢・尾張・阿波・大阪近在などに再移出されている。兵庫・大阪と伊勢湾地域との密接なつながりは、前述した北前船と内海船のリンクを物語っていよう。明治一〇年代、鰊〆粕は瀬戸内や畿内では関東産干鰯などを完全に凌駕して、魚肥のトップの地位にあったことはいうまでもない。

鰊と食文化

鰊の流通を日本海交易・北前船ルートでたどっていくと、鰊の果たしている役割が地域によって大きく異なることが知られる。東北・新潟では身欠鰊としてもっぱら利用されていたのに対し、北陸以西では肥料としての用途の方が断然多い。同じ肥料でも、北陸は胴鰊が中心であるのに対し、瀬戸内・近畿では鰊〆粕の割合が高い。西日本における商業的農業の展開度が東日本のそれを上回っているとみるのはたやすいが、それればかりではなく、鰊に対する文化意識の違いも反映しているように思われる。東京・関東地域については触れられなかったが、明治二一（一八八八）年のデータでは、新潟に次いで東京に身欠鰊が移出されており（『北海道漁業志稿』）、幕末とはだいぶ事情が異なって民衆の間に普及し食べられるようになったことを示している。都市人口の急激な増加とかかわっていよう。また、身欠鰊以外では、同年、鰊油が神奈川県、鰊絞粕が千葉、数の子が東京・茨城・千葉に入っているだけで、鰊肥料はほとんど用いられていなかった。

鰊を食文化の面から少し検討してみたい。大坂など関西でも身欠を昆布巻などにして食べたが、どちらかというと下賤な食物としての感覚が強かった。数の子でさえ下等のものは肥料として利用された土地柄であった。これに対して東北地方では、鰊は鮭と並んで、お金を出して購入する代表的な非自給食料であり、農民の食生活に深く入り込んでいた。たとえば山形県を例にあげてみると、北村山地方の民俗的な年中行事のなかで鰊料理が出される機会には、正月（数の子豆、干鰊を昆布で巻いた昆布巻）、三月節句（焼カドを膳皿に盛り付けた雛膳）、高い山運びらき（五月一七日、身欠鰊と干大根の煮付け）、田植え（凍み大根と鰊の煮付け）、むじなのむさがり（一〇月一〇日、鰊てんぷら）、村契約（一一月二三日、カド尾頭付き焼魚）、書判（一二月九日、鰊の塩焼き）があった（『北村山の行事食』）。

この最上川流域では生鰊をカド、身欠鰊をニシンと使い分けており、とくにカド焼きはハレのご馳走であった。さきの明治一〇年代の酒田のデータに生鰊が出ていたが、春先の生カドは脂が乗っており、雛祭りの時期とも重なって、春告魚として喜ばれたものであった。また、田植え時には身欠鰊が出回り、共同労働慣行である結《ゆい》の手伝い人の食として重要であった。身欠鰊とても毎日の食とするにはぜいたくであったが、もの日ぐらいには食べられる民衆的な購入食品であった。北海道産の鰊および塩引鮭・鱒が大量に出回ることによって、東北地方の農民たちの単調な自給食にアクセントがつけられたのであった。これは山形県ばかりではない。聞き書シリーズ『日本の食生活全集』をひもとけば、東北地方では鰊の麴漬、生味噌をつけた身欠鰊、大根の鰊漬、昆布巻、身欠鰊の三平汁、凍み大根と身欠鰊の煮付け、塩漬け鰊の酢のもの、鰊の切り込み、鰊のこぬか漬など、その土地ならではの工夫がさまざまになされていたことを知ることができる。

こうした民俗・食生活は明治末から昭和初期にかけて定着していたものであるが、近世に遡ることはいうまでもない。山形県では、はやく大町（現河北町）の正徳五（一七一五）年念仏講寄合のさい肴として鰊がみられるし（『大町念仏講帳』）、幕末期には火事見舞い、一揆のさいの炊き出し、さらには村制裁における科怠料として鰊が出てくることでも、鰊が民衆の食生活に深く関わっていたことがわかる。天明の飢饉のさい、青森県の南部地方は餓死の未曽有の体験を迫られたが、折悪しく松前藩江差地方が鰊のひどい凶漁で、身欠鰊がほとんど入ってこなかったこともわざわいしていた。身欠鰊は猫しか食わないとか、鰊を肥料と考えている地域からみれば、食生活の貧しさとしか映らなかったかもしれないが、食文化としての鰊の展開があったことを看過すべきではない。

鰊と農業生産

肥料としての鰊については、『北海随筆』（元文四＝一七三九年）が農家で干鰊を肥料に用いる国として南部・津軽・出羽・北国・近江をあげているのが早く、『東遊記』（天明四＝一七八四年）もまた、「田畑の養ひ」となる鰊肥料はかつては北国だけで使用されていたが、今では若狭・近江より五畿内・西国筋にかけて残らず使うようになったと記している。はたして鰊肥料を東北地方から使い始め、次第に日本海筋を南下していったとみるべきなのか、近世後期以降の流通からみるとにわかに信じがたい。東北で使用していたとしてもごく少量にとどまろう。

東北についてはともかく、一八世紀半ば過ぎには肥料として鰊が畿内などにひろまっていたことがわかるが、しかし鰊〆粕というかたちではっきりと史料に出てくるのは一九世紀になってからである。まず、胴鰊の利用が大きかった北陸地方からみてみると、加賀藩領では一九世紀初頭の享和・文化初年頃から「松前物」を利用するようになったといわれ、天保五（一八三四）年には鰊・笹目の使用が増え、礪波《となみ》郡では魚肥の三～四割が鰊となった。これがさらに嘉永期（一八四八—五四）には干鰯を凌駕し、鰊が主流になっていく。それにともない鰊の高騰がみられ、安価な鰊肥料を確保するために、礪波郡農民による松前からの直買がたびたび計画されていた（『富山県史』通史編Ⅳ）。

加賀藩の場合、鰊肥料が流通しはじめた頃には、鰊・笹目といった名目はなく、惣名干鰯《ほしか》と呼んでいたというが、この点は畿内・瀬戸内地方でも同じで、干鰯と区別なく扱われていたために、実質的に使用されていても、史料上に鰊肥料が出てくるのが遅れるという傾向は認めておかねばならない。『大阪府史』第六巻は元禄四（一六九一）～天保一四（一八四三）年の『村明細帳』六三例にみられる肥料名をあげているが、鰊肥料であることが明記されているのは、宝暦八（一七五八）年摂津国豊島郡新免村・轟村の数の子（畑方）、寛政二（一七九〇）年河内国河内郡川中新田の鰊・かずのこ（畑方）、文政五（一八二二）年河内国交野《かたの》郡招提《しょうだい》村の数の子（畑方）の三例のみである。宝暦八年の数の子は鰊肥料が大坂周辺農村で使われたことが知られる早い例といえようか。少なくとも天保期ぐらいまでは、鰊〆粕も摂河泉では従来の鰯の干鰯と同じく干鰯と呼ばれて流通・利用されていたことになる。

すでにみてきたように、蝦夷地産鰊肥料の最大の市場が大坂であった。本格的な松前物の積み登《のぼ》せは寛政年間に始まるといわれるが（『大阪市史』二）、大坂で松前物を扱う「松前物最寄《もより》組」（松前組）が結成されたのは文化三（一八〇六）年のことであった（『大阪編年史』一五）。靫《うつぼ》干鰯問屋古組・本組がそれまで鰊肥料を干鰯同様に扱っていたが、鰊肥料の移入量が増大してきたので、本組のうち主に松前物を扱う者たちが創設したものであった。ただしこの松前組は仲買の組織であり、問屋業務は当時問屋古組のなかにあった東組松前問屋（東組問屋・松前問屋）が掌握していた。松前問屋は、元来多くは松前地方と取引していた木綿問屋といわれ、自然に松前産物・肥料を扱うようになったもので、塩魚干魚問屋株ももっていた。松前物最寄組は当初一三名で出発したが、文政末年四六名を加え、また松前問屋は文政二（一八一九）年五名、同九年八名、天保六（一八三五）年一二名に増加し、この時期松前物産の移入が大きく伸長したことを示している。ただし、天保四年には松前物が少なからず兵庫で売買され、大坂に荷物が回漕されないという危機感が生まれており、大坂仲買の兵庫出買が問題視されていた。兵庫といい下関といい、大坂中心の流通構造を揺るがす存在に成長してきていたのが天保期であった。

安政五（一八五八）年、大坂に箱館産物会所が設置された。これは、安政二年蝦夷地を再直轄した幕府が、直営の産物会所を通じて蝦夷地産物を独占的に買い上げ、全国の主要港に回漕して販売し利益をあげようとしたものである。安政四年箱館・江戸、翌五年大坂・兵庫、文久元（一八六一）年以降堺、敦賀、京都、松前、下関、新潟に会所ないし売捌所を置き、各地域の有力商人を用達に任命して運営した。こうした産物会所による流通独占に対して反発が強かったが、東組松前問屋は一三名が箱館産物会所付仲買となり、加島屋作次郎が用達、また右仲買のうち近江屋熊蔵・伊丹屋四郎兵衛の両人が用達代となっている。この荷受態勢のもとで、松前最寄組一〇八名が同産物会所つき肥物の一手買受人となった。箱館産物会所は明治維新後箱館生産会所、ついで北海道産物改所と改称、明治五（一八七二）年廃止となっている。

このように、一九世紀初期以降、鰊肥料がたくさん大坂にもたらされ、松前物を扱う流通機構を展開させていたが、このことは大坂に限ってみても、後背地の摂河泉の商業的農業の需要によって支えられていたことはもちろんである。木綿や菜種など商品作物の金肥《きんび》として購入する農民側からみれば、干鰯・鰊〆粕の高騰、土砂混入など不良品の販売といった問題は、その階層いかんにかかわらず経営の死活につながり、たびたび大坂の問屋・仲買を相手に、肥料値下げを中心とする運動を展開した。いわゆる国訴《こくそ》といわれているもので、一九世紀に入ってからでも、文政六（一八二三）年～七年、天保六（一八三五）年、安政二（一八五五）年、慶応元（一八六五）年の四回、摂河泉ないし摂河の一〇〇〇か村を超える村々が参加した広域闘争が起きている。国訴では、大坂問屋による綿・菜種の流通独占を排そうとする、生産者としての自由売買の要求の側面が強調されてきたが、肥料もまた各村の農民たちの共同利害となっていたのである。

鰊肥料が農業技術のうえでどのように受け止められていたのか、畿内先進地帯の農書を少しみておこう。天保一三（一八四二）年に成った、河内若江郡八尾木村の木下清右衛門の手になる『家業伝』（『日本農書全集』8）がその代表的なもので、木綿栽培の施肥の記述も詳しい。綿の肥料は「ぼうし」（前作麦の成育中にやる堆肥、残肥となる）および地力のための堆肥↓穴肥（一番肥、堆肥反当四〜五斗）↓小便・糞水↓二番肥（反当九斗、鰯〆粕で綿の木をつくり、畦には上等鰊粕を施し病気にかからないようにする。鰯〆粕二斗・鰊粕三斗とも記す）↓小便・糞水↓灰↓三番肥（魚肥反当五斗、干鰯二斗・鰊粕三斗五升くらい。鰊粕四斗・鰯〆粕一斗とも記す）↓堆肥（くまし）と八回にも及んで施されたが、堆肥と金肥をうまくミックスさせ、魚肥を有効に綿に吸収させていたと評価されている。ここで「無類」とも記されている鰊粕（鰊〆粕）は黄金色で細かく香りある匂いのものがよいとか、根室産鰊粕が一番よく、厚田産は下粕であると産出地にもうるさい。鰊粕は麦や稲などにも用いてよいとするが、綿を鰊粕で作ると病気が出にくいとされ、とくに木綿に効くと受け止められていたようである。

この地域は河内木綿の特産地帯で、木下家は当時二町三反八畝の経営面積をもち、水田に米・裏作菜種、畑に綿・裏作麦という作付けを行ない、手作り富農経営の典型とでもいえる存在であった。明治期にはさらに経営面積を増やし所得ランクが村内有数となっていく。こうした富農の存在は下からのブルジョア発展とみることもできようが、その先端的農業経営が、アイヌ民族の犠牲を伴う蝦夷地の資源掠奪的な鰊〆粕に支えられていたことははっきりと認識しておくべきだろう。当時の畿内農民はそのことに気づいてはいないだろうが、我々の歴史認識としては大事で、たとえば現代日本と東南アジアの資源をめぐる関係などがただちに思い起こされてよいだろう。

蝦夷地向け商品

以上の論述から、蝦夷地産物の生産・流通が近世後期における国内経済発展の起爆力になったと断言していいだろう。それが中継交易地としての下関や兵庫の台頭、北前船や内海船といった買積み船の活躍を生んで、三都を中心とする幕藩制的な流通構造を動揺させ、また、畿内農村などにおける商業的農業や小ブルジョア的な富農経営を可能ならしめていたからである。ただし、蝦夷地産物の経済先進地帯への一方通行的な物流だけではなく、蝦夷地自体が大きな需要をもつ販売市場であったという点を見逃してはならない。

それはたとえば、塩引生産ひとつ考えてみてもよい。塩引を製するためには、次にあげたデータが示すように、たくさんの塩を腹中に入れたり、外側に振りかけるので、その生産量に見合うだけの大量の塩が蝦夷地に供給されなければならなかった。塩の供給は松前や東北地方では限りがあり、元禄期（一六八八—一七〇四）以降における瀬戸内地方の入浜式製塩の急速な展開があってはじめて塩引生産が産業として成り立ったといえよう。蝦夷地には、播磨塩、竹原塩、三田尻塩など瀬戸内塩が北前船によってもたらされたことはむろんである。

『蝦夷草紙別録』によれば、一七八〇年代、松前入荷物として、米五万六七〇〇石（松前地住民および旅商人・船乗りなどの食料）、米一万石（アイヌ交易代り物）、大豆四七二五石（味噌煮大豆）、大豆一二六〇石（豆腐など食用）、小豆四二〇石、酒二〇〇〇石（二斗入一万樽、他に地酒米一〇〇〇石造）、塩六万一一〇七俵二分（塩引鮭用、一俵＝四斗につき定法鮭三六疋漬）、塩三五四三俵余（味噌入用）、塩一〇〇〇俵（漬物食

用）、煙草（葉・刻合わせて）三六万斤が試算されている。これらの移入品は米が南部米、仙台米、津軽米、越後米、酒田米、白川米、柴田（新発田）米、大豆が越後、秋田、津軽、南部、小豆が越後、酒田、津軽、南部、酒が大坂、南部、越後、津軽、大山、塩が秋田、津軽、西国、中国、播州、煙草が諸国、加賀、秋田、酒田、南部、からそれぞれもたらされるとし、その他木綿・古着・鉄物・瀬戸物・縄・網・船具・畳表・草履など、さまざまな松前地非自給物資・アイヌ交易品が諸国から運ばれていた。

アイヌ交易でも「介抱」として重要視されていた米・酒・煙草であるが、これに加え塩が松前・蝦夷地向け商品として取扱量が抜きんでていよう。これが一九世紀に入れば、さらに増加したであろうことは想像に難くない。こうした蝦夷地需要を背景として、大坂・江戸市場ばかりでなく、蝦夷地を目当てにした流通圏が形成され、地域の地場産業的な特産物生産が生まれてくる。いくつか例をあげてみよう。まず、酒であるが、大坂酒が上等な酒として移入されたが、蝦夷地出稼ぎ民衆やアイヌ交易にもっぱら使われたのは、新潟および庄内大山で醸造された安価な酒であった。越後酒・大山酒の名称で流通していた。蝦夷地幕領化のさい、大山の杜氏《とうじ》がエトロフに出向いて酒造りをしたこともわかっている。

米は最大の商品であるが、松前向けとしては一七世紀段階では津軽など北奥羽地域でまかなわれたと思われるが、元禄の飢饉を契機として、羽州（最上川流域）幕領米が元禄九（一六九六）年から松前藩に当初三〇〇〇俵のち四五〇〇俵払下げられている。これが松前藩における蔵米支給で大きなウエイトを占めていたといわれる。それはともかく、越後および庄内地方が近世後期最大の蝦夷地への米の供給地であったと考えられるが、さらに加賀藩領でも、胴鰊・笹目といった鰊肥料の導入と引き換えに米・藁加工品が蝦夷地向けに販売されるようになり、加賀米の大坂回漕を減少させていた。

縄・莚など藁加工品についても各地に蝦夷地向け特産地帯が形成された。沓見莚《むしろ》（敦賀市）、若狭莚、酒田縄、などといった地名を冠した藁製品が知られる。越後荒浜（柏崎市）は金引苧《かなびきお》という麻漁網の生産地で松前に移出されていた。佐渡では、「むしろ買い」と呼ばれる在郷商人たちがいて、農民から藁細工を買い集めており、松前行き商人がこれを松前・江差にもたらしていた。こうしてみると、近世後期以降、蝦夷地は三都以外に生まれた、国内生産物の大きな売捌き市場として確実に登場してきていた。蝦夷地の存在なしには国内経済市場の発展が危うかったといわざるをえない。

3　中国貿易と蝦夷地

俵物・昆布

蝦夷地産の海産物は国内市場と密接に結びついていたのみならず、長崎口や薩摩・琉球口を通して中国（清国）に輸出されていた。よく知られているように、長崎における中国向け輸出品は近世初期には銀が中心であったが、銀の産出量が減ったため一七世紀中頃から銅が銀に代わって輸出された。しかし、この銅も一七世紀末には頭打ちとなり、輸出銅の不足を補う代替品として俵物《たわらもの》・諸色《しょしき》海産物がにわかに着目されるようになり、元禄一一（一六九八）年以降、銅と海産物が輸出品の主体となっていく。荒居英次『近世海産物貿易史の研究』所載の銅・海産物の毎年の輸出額のデータを利用して、天明五（一七八五）年〜

文政六（一八二三）年のうち寛政九年を除く三八か年分について、年平均を試算してみると、銀一貫目未満四捨五入して、銅一一四六貫目（銅・海産物合わせて一〇〇%とした場合、四二・四%）、海産物一五五七貫目（同じく五七・六%）、合計二七〇三貫目となる。また、海産物のうち俵物が一〇六六貫目（銅・海産物の三九・五%）、諸色が四九〇貫目（同じく一八・一%）であった。銅・海産物以外の輸出品は総輸出額の一〇%程度といわれるから、海産物の占める割合は大きいものがあった。

俵物は煎海鼠《いりこ》（キンコ）・干鮑《ほしあわび》・鱶鰭《ふかのひれ》の三品のことで、諸色海産物はそれ以外の昆布・鯣《するめ》・所天草・鶏冠草・寒天などをさしている。俵物のうち鱶鰭、および諸色のうち昆布を除く諸品は輸出額割合が銅・海産物全体の一パーセントに達しない年が多く、よくて数パーセントにとどまっており、海産物といっても実質的に意味をもっていたのは煎海鼠・干鮑・昆布の三品であった。この主要三品の銅・海産物輸出額に占める割合は、右の三八年間で煎海鼠が最大五六・三%〜最小一一・〇%、干鮑が最大一九・八%〜最小〇・一%、昆布が最大四八・〇%〜最小〇・二%と年による変動が激しいが、おおよそ干鮑を1とすると煎海鼠が3、昆布が2の比率で、煎海鼠がいちばん額が大きかった。なお、重量でみるならば、煎海鼠が年平均約二二万三〇〇〇カテー＝斤（最大八〇万六〇〇〇斤余・最小三万五〇〇〇斤余）、干鮑一一万六〇〇〇斤（最大一〇一万二〇〇〇斤余・最小一〇〇〇斤余）、昆布一二八万七〇〇〇斤（最大九五八万一〇〇〇斤余・最小二万一〇〇〇斤余）となる。

俵物・諸色海産物の集荷で特徴的であったのは、生産・集荷・輸送・貿易の全過程にわたって幕府の統制・管理下におかれたことである。もっとも、当初は長崎の俵物商人が諸国から買い集めていたが、延享元（一七四四）年、幕府は長崎の俵物商人八名に貿易用俵物の集荷を請け負わせる長崎俵物問屋一手請方制を採用し、請方商人の請負高・請負地域を決めて集荷の強化に乗り出した。しかし、俵物問屋による集荷が資金的にゆきづまり、天明五（一七八五）年、長崎会所（俵物会所）による直仕入制に移行した。これは経済外的に権力にものをいわせて俵物を集荷しようとするもので、俵物の私的売買は抜荷・密貿易として厳しく取り締まられた。さらには鮑・海鼠については食用の禁止すら命じられることがあった。

松前・蝦夷地は煎海鼠・干鮑・昆布主要三品の生産地としてとくに重視されていた。元文四（一七三九）年、松前藩が幕府の内命を受け、翌年煎海鼠四四〇本（一本＝一三〇斤入）、串貝八四四束、昆布六〇〇〇駄などを取り揃え回漕したのが史料の初見とされる。もっともそれ以前から近江系商人の手により上方や長崎に運ばれていたとみるのが自然だろう。一手請方制のもとでは、長崎請方問屋帯屋庄次郎が松前の俵物を請け負い、その高は煎海鼠八万斤、干鮑二万斤、昆布一五〇万斤に上った。この帯屋の松前における下請問屋が近江商人の西川伝次であったが、場所請負人である近江商人たちは大坂・下関・長崎に自由に直送して値段の高いところで売却しており、松前での集荷は思い通りにはいかなかったようである。そこで、宝暦四（一七五四）年、長崎一手請方問屋の住吉屋新右衛門が松前に下り、松前藩に運上金を納める条件で松前における一手買請を認めさせ、近江商人の他国売りを封じる策に出ている。

天明五年の直仕入制にともない、幕府は普請役および長崎会所請払役人を派遣し、俵物生産地を書き上げ、松前藩の俵物および昆布の請負高を設定した。松前・蝦夷地で煎海鼠一三万斤・干鮑一二万斤・昆布三〇〇〇石の請負高であった。全国の総請負高は煎海鼠四〇万斤余、干鮑三〇万斤余であったから、松前藩のそれは煎海鼠の三〇％、干鮑の四〇％ほどを占めている。むろん昆布は松前・蝦夷地の独壇場といってよく、銅代替輸出品は松前・蝦夷地の海産物に大きく依存していたことは明らかである。

干鮑の産地は箱館地方を除く松前・江差から西蝦夷地にかけて、煎海鼠は一部東蝦夷地を含むが干鮑のそれに同じく、いっぽう昆布の方は箱館地方から東蝦夷地にかけてが主体であった。蝦夷地における俵物・昆布の採取にアイヌ民族が関与したことはいうまでもなく、場所請負人がアイヌに海鼠採取の技術を教え増産を図ってもいた。松前地内は村政機構を通じ、蝦夷地は場所請負人を通じて生産が督励され、はじめは箱館・松前・江差三湊の沖の口業務を行なう問屋が集荷にあたったようであるが、のちに松前は河内屋増右衛門、箱館は長崎屋半兵衛、江差は熊石屋吉三郎が俵物問屋となり、長崎会所に回漕した。しかしながら、天明五年の請負高は当初から達成困難な数値であったし、督励による乱獲がたたり、干鮑でみると、寛政二（一七九〇）年～九年にはほぼ三万斤前後の産出で、請負高の二〇％台で推移している。それでも輸出高の二～三割はかたく、ときに過半に及ぶ占有率であった。

ただ、寛政一一年には四〇〇〇斤余に急減するなど不安定な動きを示し、長崎での輸出量の多寡は松前・蝦夷地の生産量に少なからず左右されていたことになろう。幕府はこのような生産量の減少を挽回するために、買い上げ価格が固定化されていたこともその原因とみて、享和元（一八〇一）年、実態に近い生産目当高二万七二二〇斤を設定し、これを超えて生産された場合、超過分に応じて褒美銀を与えて督励することにした。以来、幕府は生産の状況をみて褒奨金制度をうまく使って俵物の確保に力を入れていった。

箱館地方の昆布は中世以来、「宇賀の昆布」などとして諸国に知られていたが、長崎会所直仕入分は長崎請浜《うけはま》とされた志苔《しのり》浜採取の志苔昆布定式《じょうしき》（定式＝本来の買上げ分）三〇〇〇石と、東蝦夷地産昆布臨時買上げ分一万石であった。後には志苔昆布の粗悪品が問題となって、南日高地方産の三石《みついし》昆布が定式の対象になることもあった。この定式・臨時買上げ以外の昆布は俵物三品とは違って自由に売買でき、鰊〆粕・塩引鮭とともに大坂など全国の流通・市場を活況化させることになる。昆布が日本人の食生活のうえで、ダシ昆布、昆布巻、昆布佃煮、とろろ、おぼろ、すき昆布など、さまざまなかたちで味覚を豊かにしてくれたのは、まさに蝦夷地産物の流通の貢献であった。

薩摩藩と密貿易

沖縄では昆布料理が代表的な郷土食であることはよく知られている。沖縄ではむろん昆布がまったく採れないのであるが、たとえば彼岸、清明祭、法事のさい、昆布は不可欠の一品であった。昆布と豚肉の取合わせが好まれたのである。昆布が沖縄の食生活に定着したのは、蝦夷地産の昆布が長崎からばかりでなく、薩摩・琉球口からもまた、琉球国の清国に対する進貢貿易で大量に輸出されていたからである。琉球が単なる昆布の通過点にはならず、それを摂取してしまったのは食文化の力を感じさせる。

昆布の場合は薩摩藩が自由に売買取引してかまわないものであったが、昆布ばかりか俵物三品もまた薩摩・琉球ルートで中国に輸出されていた。俵物は前述のごとく幕府の専売品で、商人や藩が勝手に商売することは禁じられていたから、これは薩摩藩が抜荷・密貿易していたことを意味する。じっさい、どれくらいの量の俵物・昆布が輸出されていたのだろうか。

周益湘『道光以後中琉貿易的統計』により、徳永和喜が作成した文政四（一八二一）年～天保一四（一八四三）年のデータによれば、海帯菜（昆布）が毎年七万八〇〇〇斤～三〇万斤、海参（煎海鼠）が一五〇斤～三万一〇〇〇斤、魚翅《ぎょし》（鱶鰭）が二〇〇〇斤～一万斤、鮑魚（干鮑）〇～三万二八九斤であった。この数値を長崎における輸出量と比べてみたいが、たとえば文政四～六年の三年間平均では、昆布が長崎四六万九二三三斤・琉球一五万三三三三斤（長崎比三二％）、煎海鼠が長崎七万九三六七斤・琉球四八三三斤（長崎比六％）、鱶鰭が長崎九九〇四斤・琉球三六六七斤（長崎比三七％）、干鮑が長崎五万八七六〇斤・琉球一万一六八三斤（長崎比二〇％）で、全体でみると、長崎の二七・六％にも達する量となっている。琉球の輸出量の最大の年は文政一一年で、残念ながら長崎のデータはないが、昆布二九万五〇〇〇斤、煎海鼠三万一〇〇〇斤、鱶鰭一万斤、干鮑三万二八九斤、合計三六万六二八九斤にも及んでいた。中国市場で琉球物が長崎購入物より先に、しかも安価に出回ると、長崎物に大きな打撃をあたえることになり、幕府管理の長崎貿易が薩摩・琉球ルートにかなり脅かされていたといえるだろう。

薩摩藩は琉球の進貢貿易を利用し、中国から薬種類・雑唐物《からもの》（薄紙・五色唐紙・鉛・羊毛織・丹通《だんつう》〈段通〉・緞子《どんす》・猩臙脂《しょうえんじ》・花紺青《はなこんじょう》、以上文化七年幕府認可品）を中心とした唐物を手に入れ、これを国内に販売し大きな利益をあげようとした。こうした唐物の輸入の代替品が俵物・昆布であり、長崎貿易と直接競合する関係にあった。幕府は薩摩藩の扱える品目を制限し、また文化七（一八一〇）年にはそれまでの大坂・江戸などでの売却を禁止して、長崎会所を通してのみの販売に限るなど、長崎貿易の保護策を講じている。しかし、薩摩藩が禁制の俵物を買い集めて輸出し、免許以外の唐物を輸入して販売していたのは、公然の秘密であった。

琉球交易における海産物の輸出は、安永七（一七七八）年には確実に昆布・鮑類が含まれていたから、長崎口のそれにあまり遅れずに始まったとみられている。薩摩藩の海産物入手の方法は、薩摩藩の海商たちが大坂ないし下関で北前船がもたらしたものを購入するのが基本であった。前述したように、長州藩の財政を支える下関からの回漕であった点がこれまでも注目されてきたところである。しかし、それにとどまらず薩摩船を直接松前に派遣し、もしくは新潟海老江付近で越後商人を介して、俵物の抜荷を行なっていたとされる。大量の昆布にまぎれこませておくことは容易なことであった。とくに、調所《ずしよ》笑左衛門が薩摩藩の財政建直しに敏腕をふるっていた天保前期（一八三〇年代前半）、越後での密買（＝抜荷）が幕府で問題視された。俵物の交換品である唐物の密売もやられ、実際に摘発された例があった。先にみた琉球貿易の輸出品データによると、たしかに文政末から天保前期にかけての時期、俵物三品が倍増していたことが知られ、その事実が裏付けられる。

薩摩船による俵物抜荷という事態は、天保二（一八三一）年、高田屋金兵衛がロシア人と密貿易したとの疑いで幕府に処罰された事件にみられる、場所請負人の「赤人」交易の危惧ともからんで、文政四（一八二一）年松前藩に戻された蝦夷地を、再び東蝦夷地に限って上知すべしという意見を幕吏の間に生じさせた。後に初代新潟奉行となる川村修就《ながたか》などはその急先鋒であった。新潟奉行は天保一四年初めて置かれたが、それは俵物の抜荷に監視の目をひからせつつ、米・酒など蝦夷地への物資補給基地として越中以北における最大の物資の移出入港に発展していた新潟を幕府の掌握下におこうとするものであった。天保後期における抜荷取締りの強化は、俵物三品が減少し、干鮑がゼロの年も出るなどひとまず効果があったとみてよいだろう。

幕藩制解体と蝦夷地

長崎貿易および琉球貿易における昆布・俵物の輸出は、安政六（一八五九）年に始まる箱館貿易によって終末期を迎えることになる。当初、箱館奉行による直貿易以外は認められず、長崎俵物方への回漕が義務づけられていたが、外国人商人の要求によって慶応元（一八六五）年、昆布・俵物の箱館での売買が自由化された。また、明治六（一八七三）年を最後に琉球からの昆布輸出が途絶えている。箱館における貿易取扱量は横浜・神戸に比べれば比較にならないが、北海道産海産物が大きなウエイトを占めていたのはいうまでもない。

さて、蝦夷地産物の全国流通・中国貿易をてこにして利益をあげた薩摩藩および長州藩が、奇しくも薩長盟約を結び幕府を倒壊させたことは興味深い。天保期（一八三〇―四四）に顕著になる三都・長崎を結ぶ幕藩制的流通構造に下関が食い込み、これと繋がりながら薩摩・琉球の中国貿易が展開していくさまは、鎖国制の枠組みを経済的にゆるがしていくものであった。そしてそれをもたらす起動力となったのが蝦夷地における海産物資源であったことはこれまで述べてきた通りである。もし蝦夷地産物がなかったとするならば、一九世紀前期の国内経済の急速な発展はなく、幕藩体制の崩壊もこれほどはやくに訪れたかは疑問としなければならない。市場経済の展開のなかに蝦夷地の位置づけを明確に自覚すべき時期が到来しているといえるだろう。

同じく蝦夷地に関わるといっても、薩摩藩や長州藩はそこから利益を引き出したのに対して、東北諸藩のほうは悲惨なものであった。蝦夷地に対して、出稼ぎというかたちの民衆の労働力の流出、また幕府による軍役動員によって各藩が蝦夷地防備・出兵に釘づけにされ、どの地方よりも濃密に蝦夷地に関わっていたにもかかわらず、それは富国につながるものではなく、疲弊が増すばかりであった。東北諸藩は倒幕勢力が弱く幕府と運命をともにせざるをえなかった歩みに、薩長とは違った意味での蝦夷地問題の影をみるのは間違いであろうか。

しかし、鰊〆粕にせよ俵物・昆布にせよ、日本の近代化を身を犠牲にしながら根底で下支えしていたのは、蝦夷地のアイヌ民族であったという点を再三にわたるが強調しておかねばなるまい。アイヌの労働者化、コタンの破壊、そして資源の乱獲・乱伐によるアイヌモシリの自然破壊を引き起こしながら、蝦夷地・アイヌ民族は内国経済のなかに組み込まれ、資本蓄積の収奪・増殖の源になったのである。

さらに東アジア全体の物流として考えてみるならば、日本はまぎれもなく中国（清）を中心とする国際経済の一環に入っていた。しかも、北方においては山丹ルートにおける毛皮類、西南においては長崎口、薩摩・琉球口における俵物、昆布類と、どちらの場合も蝦夷地が主産地であった。この点で、東アジア国際経済の観点からも蝦夷地・アイヌ民族のおかれた位置が明らかにされねばならない。鶴見良行は『ナマコの眼』で、中国という巨大な消費市場に流れ込む、北太平洋から南太平洋にかけてのひろい海域に及ぶナマコ生産を追跡したが、各地の生産民を比較しながら、もっとも悲惨な立場におかれていたのはアイヌ民族であったと指摘しているのが示唆的であろう。

第五章　蝦夷観と華夷意識

1　近世蝦夷をめぐる文化意識

蝦夷＝アイノ認識

近世の日本社会で蝦夷と呼ばれた人々はほぼアイヌ民族と考えてさしつかえない。ただ、ほぼといったのは、松前藩主が揶揄的に「エゾ大王」（『三川雑記』）と呼ばれたり、奥羽や佐渡の民衆が「夷風」視されることがあったり、また樺太（北蝦夷地）の住民についての情報が知られてくると、たとえばウィルタ（オロッコ）を「タライカの蝦夷人」と表記するような例（『蝦夷草紙後篇』）がひろくみられ、さらにロシア人を「赤蝦夷《あかえぞ》」といったことなどもよく知られた事実であって、政治意識・文化意識がからみ、蝦夷に包摂される範囲が狭義のアイヌを超えるものであったからである。

そうした蝦夷観念の外延的性格があるとしても、蝦夷がアイヌであるという認識が一般的に成立したのが近世日本の特徴であった。アイヌは周知のように、アイヌ語で人という意味で、コシャマイン、ニシラケアイン、シャクシャインなど人名の語尾にもついた。アイヌが日本人など他民族に対する自称としてい

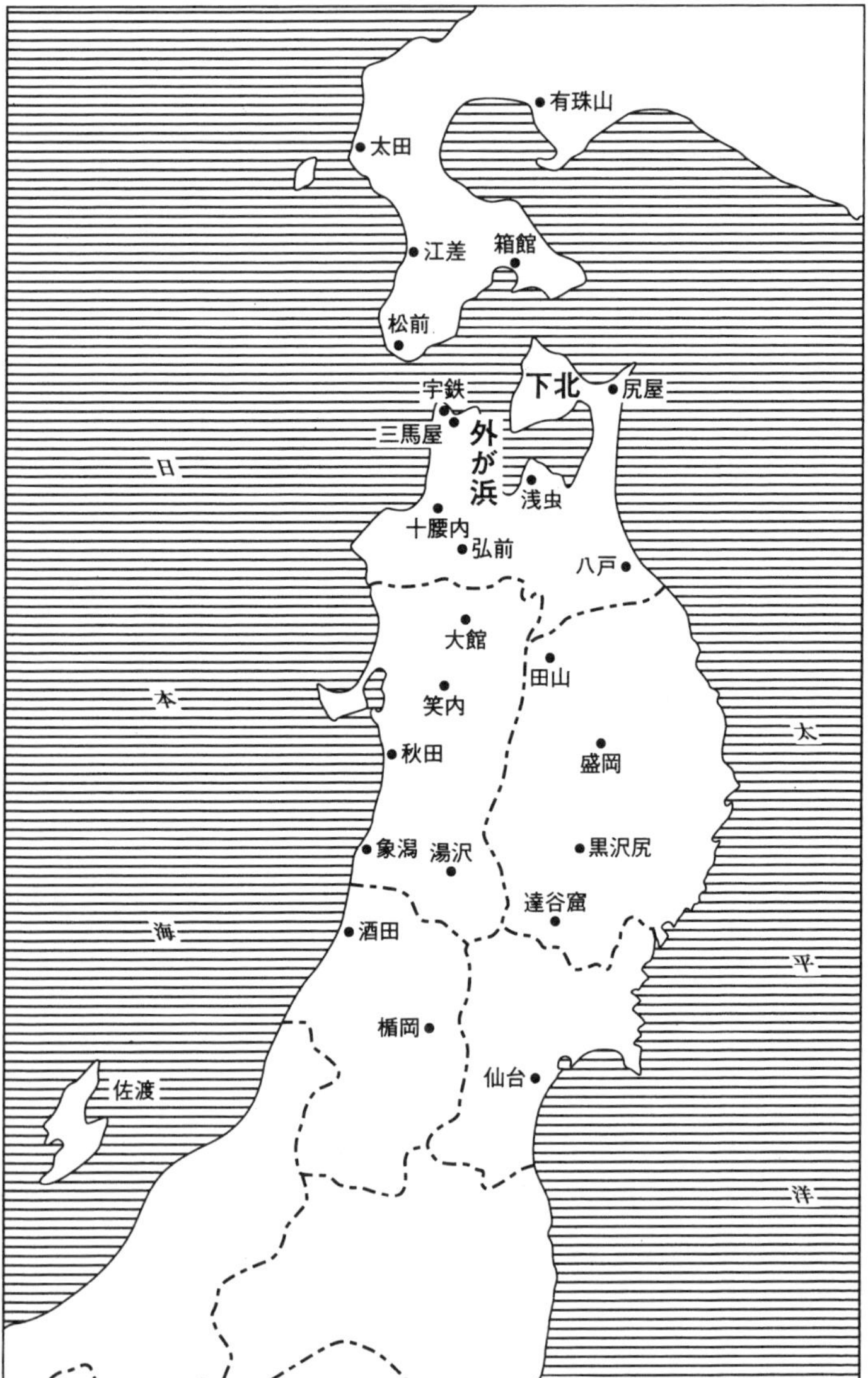
有珠山
太田
江差
箱館
松前
宇鉄
下北
尻屋
三馬屋
外が浜
日
浅虫
十腰内
弘前
八戸
大館
田山
本
笑内
太
秋田
盛岡
象潟
湯沢
黒沢尻
達谷窟
海
酒田
平
楯岡
仙台
佐渡
洋

つごろから用いられたのであろうか。中世蝦夷のエゾはアイヌ語の人という意味の雅語エンチウ・エンジュを日本語読みしたものという前述の金田一の理解にしたがえば、アイヌ民族は日本人の発するエゾがあまりに蔑称的であったので、エンチウからアイヌへと自称を変化させたことになる。前述のように、一六世紀末、アイヌが蝦夷島を「アイノモショリ」と呼んでいたという西欧人の見聞があるが、これが民族自称としてのアイヌを類推させる最も古い文献であろう。

日本側の文献にアイノが出てくる早い事例は、『北海随筆』(元文四＝一七三九年)あたりであろうか。そこでは、アイノに「長者」の字義を与え、「夷を通し」用いられたとしている。その後、佐藤玄六郎の蝦夷地見分報告にノカマップ首長ションゴの談としてアイノがみえ、これに蝦夷を当てている例(天明六＝一七八六年、『蝦夷地一件』)をはじめ、「蝦夷アイノ」(寛政四＝一七九二年、『藻汐草』)、「アイノとは蝦夷人と云事」(寛政四年、『夷諺俗話』)など、幕府役人による蝦夷地調査が本格化するにつれ、蝦夷＝アイヌ意識が深まっていく。ただし、右の佐藤は『蝦夷拾遺』(天明六年)のなかでは、「今夷人皆自らカイと称す」と注し、アイヌ語・日本語対照でもカイ・蝦夷としてアイノを退けている。

前述喜田貞吉の蝦夷＝カイ説の根拠のひとつでもあったが、それはともかく、最上徳内《もがみとくない》が『渡島筆記』(文化五＝一八〇八年)で「自称してアヰノといふ、……これを呼でゐぞといへば喜ばず」と記し、「アヰノの少年」「アヰノの国」などと、アイノを使用する傾向を見せ始めたことは、その到達点といえよう。華夷意識的な東夷・北狄観から必ずしも脱却できているわけではないが、アイヌ民族をその自称において認識＝表記しようとする態度、すなわち対等な人間としてみようとする態度が、一九世紀初めにようやく生まれてきたことになる。ただし、それが順調に展開しえたかはきわめて疑問で、後述するように幕末期に蝦夷の表記・呼称が消滅しても、アイノが公的に使用されることはなかった。

近世ではほとんどがアイノと書かれているが、アイヌ語研究の先覚であるバチュラーがアイヌの発音が正しいとして以来、アイヌに統一されてきた。金田一はアイヌの語を日本人（とくに東北人）が聞くとアイノとなまるからだとバチュラー説を補強している。ただ、徳内が「アキヌ亦アイノ。方言此類小差あり。夷の称なり」と記しているのをみれば、アイヌの間でも地域によってはアイノともアイヌともいっていたことになろうか。

新井白石の蝦夷観

シャクシャイン蜂起の「蝦夷征討」という幕藩権力の経験を経たあとの、近世社会がもつことになった蝦夷観を集約的・典型的に示しているのが新井白石の『蝦夷志』（享保五＝一七二〇年）であるといっていいかもしれない。白石は当時幕政に関与し、松前藩に蝦夷地の地理風俗を報告させた「正徳五年松前志摩守差出候書付」を自由に利用できる地位にあったばかりでなく、蝦夷地に快風丸を派遣した水戸藩に仕える彰考館総裁安積《あさか》澹泊《たんぱく》と親交があり、当時の蝦夷情報を最もよく知り得る立場にあった。そうした蝦夷知識を朱子学的思考で整序し、いっていの全体像を提示してみせたのであったから、その後に続く知識人に多大な影響を与えた。林子平の『三国通覧図説』にしろ、松前広長の『松前志』にせよ、一八世紀後半の蝦夷学は白石を出発点とし、それを乗り越えようとする営みであった。『蝦夷志』がどのような蝦夷像を示していたのか、「蝦夷」の人物・人格に関わる身体風俗の部分を略述してみよう。まず、男子であるが、

「被髪長鬚《ひはつちょうしゅ》（髪を結わず自然のままにして、あごひげを長く伸ばしていること）」で、耳を穿って「銀鐶《ぎんかん》」をつけている。髪は縮れて短く、卑賤なものは耳鐶《みみわ》に鉛や錫を用いる。服飾は「単衣《たんい》」で「左衽《さじん》（左衽、衣のえりを左前に合わせて着ること）」である。「窄袖《さくしゅう》長身（筒袖で丈が長い）」の衣服を着て、腰を細帯で束ねている。「酋豪《しゅうごう》」は「蟒緞《もうどん》（うわばみの文様のある緞子）」「綵緞《さいどん》（五色の色どりのある緞子）」「雑絵（不詳、いろいろ模様のある絹類をさすか）」などを裁って用い、頸に太刀を懸ける。この太刀は「懸刀《かけがたな》」というもので、これに金を塗り銀を縷《ちりば》めて装い、帯《ひぼ》には紅縁の「組絛《そじょう》（サナダ紐のようなもの）」を用いている。「卑下（下層の者）」は苧麻《ちょま》および樹糸を織って布とし、これを飾るに刺繍をほどこしている。身に近づける衣類（下着のことか）は皆木綿か獣皮である。いっぽう、婦人の場合は髪を結んで髻《もとどり》とし、耳に銀製の「連鐶《れんかん》」を穿っている。青草汁で唇を染める。「額面手臂《がくめんしゅひ》（顔面と手・腕）」は皆花卉《かき》状（花模様）に黥《いれずみ》し、種々織巧であるという。これは幼時に母が刺したものである。衣制は男子の如くであるが、「蟒緞《もうどん》」の刺繍は用いない。「博帯《はくたい》（幅の広い帯）」を以て束ね、頸には「銀鏡」を懸けて装飾する。この鏡はシトキというものである。男女はみな鞋履をはかず、「徒跣《とせん》」である。

およそ、右のような記述であるが、これに続けて、屋舎は房室内外の制がないこと、男女の別がなく、上下のさだめがないことなどが指摘され、オキクルミ＝義経判官説などに言及している。これらの白石の蝦夷像ははたして実在のアイヌ民族の風俗を正確に伝えているものだろうか。首長層が着用するという「蟒緞」は前述したように山丹渡りの蝦夷錦《えぞにしき》であるし、神祭りの正装のさい、男性が太刀を帯び、また女性がシトキ・タマサイを頸につりさげることも知られている。衣服を着るさいに右前にしなければならない約束事があったわけではなく、男性が髷《まげ》を結わず長い鬚《あごひげ》を蓄え、女性が口の回りや手から腕にかけ入墨を施す習俗が存在したことも事実である。もちろん、子細にみていくならば、女性が額や顔面に黥したとか、髻をつくる髪型などというのは定かでないとしても、『蝦夷志』の蝦夷像はまったくの観念的想像物ではなく、それなりの具体的情報に基づき、ある程度の実在性を反映したものであったことは認めねばならないだろう。

こうした蝦夷像は、中世における夜叉・鬼のごときイメージに比べるならば、風俗あるいは生活文化の内容に及んで具体的な認識になってきていることは明らかである。まずは風俗の違い、文化の違いという点の強調が近世蝦夷観の新たな特徴といえ、蝦夷が今日にいう民族に近い感覚で認識されるようになったといえるだろう。しかし、白石の場合、蝦夷の風俗・文化をアイヌの社会に即して意味や機能を問うていく異文化理解への道は程遠く、儒者としてもっている既成の価値評価の鋳型に当てはめてしまった。『蝦夷志』が漢文体で書かれていることもわざわいしているが、「被髪長鬚」・「左衽」・「黥」・「徒跣」などは、「中華」（文明）と「夷狄」（未開）とに弁別する二分法的な華夷意識において、まさに「夷狄」のそれを標徴する身体風俗であった。

被髪左衽

髪をかきあげて頭の頂きで髻・髷を結い、これに簪《かんざし》を刺し冠などを載せ、身分・地位にふさわしい礼法に従うのが中華文明を享受・体現している証であり、これに対して髪を垂れ下げ自然状態のままでいるのは禽獣同然というのが、古代中国以来の東アジアの諸国家に共通する伝統的な文化意識であった。同様に衣服の合わせ方でも、右前《みぎまえ》（右衽《うじん》）の拘束意識が強く働き、左前（左衽）もしくは右前・左前どちらでもかまわないのは夷狄の風俗であると非難されてきた。作為＝文化に対する自然＝未開という理解である。

清国のように征服王朝の場合には、「被髪」とみなされてきた弁髪《べんぱつ》（編髪）が国民たる風俗とされ、伝統的な文化規範から断絶していたが、それゆえ清を韃靼《だったん》などと卑しめる風潮が朝鮮や日本には存在した。儒教を国是とする朝鮮は清を宗主国としたにもかかわらず、大明の中華風俗を唯一伝えているとの誇りをもっていたといわれている。朱子学的な国家・政治理念を取り入れ、日本を中心とする小中華的国際秩序を擬制しようとした幕藩制国家にとって、「被髪左衽《ひはつさじん》」というステロタイプ化された四字熟語が華夷秩序編成にはきわめて都合がよかったのである。したがって、白石の近世蝦夷観への最大の貢献は、決して称賛されるべきものではないが、華夷主義的な文明と未開の文化意識に準拠して、蝦夷風俗が「被髪左衽」の風俗たることを証明してみせたところにあったといえるだろう。

あたりまえのことだが、アイヌ民族は「被髪左衽」観とは無関係な固有の風俗・文化意識をもっていた。「被髪」とは髪を結わずに伸ばしている状態のことであるが、この表現では幕藩制社会における乞食・非人の髪型である蓬髪《ほうはつ》と区別できない。じっさい、蝦夷を非人視する見方が中世のみならず近世にも存在していた。しかし、近世アイヌの髪型をみていくと、非人とは違う特徴があるように思われる。秦檍丸《はたあわぎまる》（村上島之允）『蝦夷島奇観』（寛政一二＝一八〇〇年）によれば、アイヌの髪型は「乱垂《らんすい》（振り乱した髪）」ではなく、前一方は本邦に同じく髪を剃り、左右後三方は短く切って垂れるというものであった。髷こそ結わないが、月代《さかやき》様のものは剃っていたことになる。しかも、熊送りなどの大礼のさいには、シャバウベといって「木幣《いなう》を作る如く木を削りかけにして組製した」冠をいただくのを習いとしていた。

頭髪の前方を剃っていたとするのは近世後期の文献だけではなく、一七世紀はじめの宣教師アンジェリスの報告にも、「鬢髪《びんはつ》が残らぬように頭の半ばを剃り、他の半分には髪を生やして」いたと書かれている。また長大な鬚《あごひげ》をもっていたとも記している。他にも「はんこう」（半髪）を指摘したものが少なくない。したがって、前頭部を剃ることは近世を通じた髪型ということになり、証拠はないが中世にも遡りうる可能性がある。また、日本の月代の影響をみないわけにもいくまい。当て推量は慎しまなければならないが、月代を剃りながら髻を結わないのは中世倭寇の髪型に類似している。倭寇の場合、国家的秩序の境界領域ないし外側に身をおいて「海賊」的行為に及んだわけだが、髪型にそうした体制外的意識を読み取ることは可能であろう。こうした類似がまったくの偶然なのかわからないが、月代の影響を受けつつも独自の髪型をつくりだし、それに誇りをもっていたことだけはたしかであろう。

鬚のほうはもっと明瞭にアイヌ社会内部における人格表現であった。乙名《おとな》（首長）たりうるには「男つきよく、髭うるわしく、弁舌よき」（『東遊記』）ことが条件であったという。鬚には個人差があるから絶対ではなかったろうが、立派な鬚をもつ風貌であることがリーダー、一人前の男としてふさわしいとされていた。ひげには、生える部位によって、くちひげ（髭）、あごひげ（鬚）、ほおひげ（髯）があるが、三部位ともに伸ばすのがアイヌ社会の約束事であったといえるだろう。このように髪型・鬚をみるだけでも、それは自然状態としての「被髪」ではないことは明らかである。「乱垂」ではないことを指摘した秦檍丸の観察眼こそ正しいというべきである。

身体風俗と国家

新井白石のみならず近世の為政者・知識人たちが、風俗には中華の風俗と夷狄の風俗とがあると考えていたとすれば、日本人の身体風俗が蝦夷風俗とは違って文明性を体現するものでなければならなかったことになろう。近世の将軍以下の領主・武士身分はもちろん、百姓・町人にいたるまで皆が月代を剃り、髷を結い、そしてひげをきちんと剃らねばならない規範意識のもとで生きていた。それに疑問をさしはさむ余地などあってはならなかった。身分制社会にあっては、身分＝人格は抽象的なものではなく、ビジュアルなかたちで人々に識別されることを特徴としている。月代・髷をするにしても、武士は武士らしく、百姓は百姓らしく一定の型にはまっていなければならなかったのである。髪型だけでなく、衣料・衣服、刀・脇差などもそういった身分標識たる意味をもち、さまざまの身分諸規制が働いていたことはつとに指摘されてきた。

ただ、ここで重要なことは、身体風俗が国内的に通用する身分標識であったにとどまらず、対外的な日本風俗として編成されていたことである。将軍以下、世俗身分に属する者たちが一様な髪型であるのは、それが日本人・国民・成人男子のユニホームであったからに他ならない。日本人たる身体風俗が体制風俗として国家（将軍権力）によって管理されていたのが幕藩制社会の特徴であった。

ところで、中世社会では露頭ではなく烏帽子《えぼし》を被るのが成人男子の習慣であった。烏帽子をつけるにさいし、前頭部の髪がはみださないように三日月型に剃ったのが月代の起源とされ、また烏帽子がとれないように中には髻がきちんとしてあった。戦国時代を経て、近世では儀礼以外の場では烏帽子を被らなくなったが、近世の月代・髷《まげ》が中世の髻・烏帽子の展開した姿という点は動くまい。ヒゲに対する感覚は中世と近世では大きく異なっている。中世では髭・鬢・髯の三部位のうち、髯を除く髭・鬢をつけるのが、貴種から百姓・平民にいたるまで共通のならいであった。髯に関しては忌避観念が働き、髯は異国人や蝦夷や鬼・閻魔の象徴であった。中世の場合、このように有髭・有鬢がふつうとされていたが、近世となるとヒゲはいっさい排斥されてしまった。

近世日本における月代・髷・無髭という斉一的な身体風俗がおのずとできあがったのではむろんなかった。近世初期、幕藩体制が確立されていく過程で、「異風者」と呼ばれるかぶき者の風俗が徹底的に禁圧された。月代を大げさに剃ったり、総髪や茶筅髷《ちやせんまげ》にするなど、思いのままの髪型が風俗紊乱、反秩序的であるとされ、「異風」として排除された。そして、いったん体制風俗ができあがるや、誰もがこれを当然のこととして受け入れ、定型を逸脱するなど思いもよらなかった。このように、国家に管理された国民のユニホームとしての髪型であったから、文明開化によって価値意識が転倒し、それこそ野蛮の象徴とされた月代・髷を廃止するのに断髪令という法律の力によらねばならなかったのである。

髪型をめぐる軋轢は、異なる風俗文化をもつ異民族に対して押し付けられたとき、さらに悲惨な結果となる。清国が明を征服したとき、清への服属の証として弁髪を強制した。これを受け入れず殺害された人々はたくさんいた。結果的にはそうならなかったが、近世琉球国もまた明清交替によって弁髪が強制されるのではないかと恐懼した。他民族に対する風俗強制は清国の例のみならず、日本もまた蝦夷地の内国化によってアイヌ民族に風俗改めを強いたのであった。この点についてはまた後述しよう。文明と未開とをめぐる風俗意識・文化意識は東アジア的ひろがりのなかで考えなければならないことをここで確認しておきたい。

2　華と夷の間の奥羽人

奥羽夷風観

華と夷に分ける儒学的文化意識によって、文明＝日本風俗の対極に位置づけられたのが未開＝蝦夷風俗であった。しかし、蝦夷地のみならず、日本社会のなかでも奥羽や佐渡といった辺境地域は夷狄につながる「夷風」性をつよく漂わせている地域として観念されていた。

たとえば、『浜荻《はまおぎ》』と名づけられた仙台言葉と江戸言葉を対照させた成立年不詳の方言集がある。仙台藩江戸屋敷で姫君に仕えていて、のち命により仙台に下り一〇年余り住んだ匡子なる女性が編んだものだが、江戸育ちと思われる匡子が仙台に来て、まず戸惑ったのは、土地の言葉が舌だみて聞き分けられないことであった。そうした言語不通状態から、自分は「えぞが千島」にきたような、また中国漢代の匈奴に嫁いだ王昭君の身の上のような気分を抱いたと、その序文に率直に記している。また、江戸では陸奥国を「えびす」のごとくにいっているとも書いている。この女性の場合は、長く住んだために「国ぶり」に慣れ親しんだが、江戸や上方・西国から奥羽地方に旅してきた人々が土地の言葉に面食らった様子はその紀行・旅日記にしばしば書き留められたところである。奥羽の言葉は唐人同様だと記す者もあった。ここで重要なことは、同じ日本地のなかでも言葉の地域差があって、言葉のコミュニケーションがうまくいかないことがあるものだという方言の感覚を超えて、通じないことの異質性をアイデンティティの及ばない夷狄の言語に引きつけて受け止められている点であろう。

むろん言葉だけにとどまらず、奥羽地方の風俗が夷風であるとして好奇の目にさらされることが少なくなかった。とくに、女性の眉《まゆ》を剃らない風俗が多くの旅行者の注意を引いた。たとえば、天明三（一七八三）年津軽から松前に渡った平秩東作《へずつとうさく》は、津軽領浅虫辺の女性は眉を剃らず「ゑびす」であるとか、松前の女性も眉を剃らず、婚礼しても歯を染めるばかりだと記している（『歌戯帳』『東遊記』）。また、遠山景晋《かげくに》が『未曽有記』（寛政一一＝一七九九年）のなかで、黒沢尻（現北上市）辺より以北は女が眉を剃ることはないと書いているほか、古川古松軒《ふるかわこしようけん》『東遊雑記』、成石修『東徼《とうきよう》私筆』、秋葉友右衛門・奥谷新五郎『北遊記』などに奥羽女性の眉剃らずの目撃例をみることができる。

眉剃りおよびお歯黒《はぐろ》（カネツケ）の習俗は、周知のように女性の成人儀礼もしくは結婚・出産儀礼と関わってその社会的地位の標識となった。遊女身分はともかく、成人または結婚して眉を剃らず白歯のままでいると、世間の信用がなく、一人前としては扱われず、鬼婆とか化物のようにみなされるのが常識であった。平秩が「ゑびす」だと直観的に反応したのが当時の自然な感覚であった。しかし、辺境や山間、離島などではこうした習俗が必ずしも浸透しておらず、奥羽地方ではお歯黒の方は領主の強制力も働いて近世も比較的早い時期からほぼつけるようになっていたと思われるが、眉剃りの方はなかなか一般化しなかった。眉を剃らない奥羽の女性からすれば、菅江真澄《すがえますみ》が秋田藩湯沢で、宿の娘が他国者の眉剃り女を見て仰天していたことを記しているが（『小野のふるさと』）、眉を剃ることの方が異様であったことはいうまでもない。

盛岡藩の「盲暦《めくらごよみ》」（絵暦）も奥羽地方の夷風＝未開性を証明するものとして大いに喧伝された。この盲暦には、二戸郡田山村の修験八幡家（善八）が出した田山《たやま》暦と、盛岡城下の舞田屋板行による盛岡暦の二種があり、また善八は般若心経なども絵像にして普及していたことが知られている。橘南谿《たちばななんけい》『東遊記』、山片播桃《やまがたばんとう》『夢ノ代』、松浦武四郎『鹿角《かづの》日記』などは現物の筆写を含め詳しく紹介している。菅江真澄はそれが農耕暦として大いに役立っているという側面にきちんと目を向けていたが、ほとんどの場合には文字文化を知らない奥羽の「野鄙《やひ》」＝未開性に帰着してしまっている。近世後期には、商品経済の展開と軌を一にして民衆レベルにまでわたって寺子屋教育が行なわれ、女子も含め識字率が世界に例をみないほど高まっていたといわれる。しかし、このことが民衆の間でも文字文化を絶対化していく風潮を生み、文字を使わない人たちへの蔑視感覚を顕わにしていったのは不幸なことであった。盲暦はそうした標的になってしまったのである。

アツシの着用

さらに、奥羽民衆が夷風視された理由としてアツシの着用をあげることができる。アツシはいうまでもなくアイヌ民族の一般的な生活着・労働着となった衣服で、ニレ科のオヒョウの樹皮を使って織り、これに切伏《きりふ》せおよび刺繡によって括弧文（アイウシ）や渦巻文（モレウ）の個性的な民族文様を施したところに特徴がある。蝦夷の衣服について、「身にはアツシといひて木の皮にて織たる物を臑《じゅ》（すね）だけに仕立、左袵に着」（『休明光記』）ていると記す例があったように、日本人はアッシをシンボリックな「夷服」としてとらえていた。ちなみに歌舞伎衣装に厚子（アッシ）というのがある。これは異国風の趣を出すためにアッシに似せてつくったもので、『義経千本桜』の渡海屋銀平の衣装などに使われている。これなども、アッシが日本社会でどう受け止められていたかをよく示している例である。

奥羽民衆のアッシ着用をよく観察したのは菅江真澄であるが、真澄は秋田県由利郡象潟町（現にかほ市）あたりの日本海沿いで、行き交う人が「蝦夷の島人」のアッシを着て、小さな「ゑぞかたな」を腰にさし、火打ち袋を添えて歩いているのを目撃している。由利郡は前述したようにシャクシャイン蜂起のさい犠牲者を出していたように、水主《かこ》稼ぎなどとして早くから蝦夷地と関わりがあった。じっさい、真澄の記述を裏付けるように、象潟町郷土資料館（現にかほ市象潟郷土資料館）に展示されている船絵馬にはアッシを着た船乗りが描かれている。

また、津軽地方では、幕府巡見使のための道普請にかりだされている領民のなかに、木の皮のアッシを着た者のいたことを目撃しているし、さらに下北地方でもアッシかと思われる「蝦夷のしまをり」をみている。津軽外浜や下北では菅江真澄のみならずとも注目しており、その住民のアッシ着用は比較的ありふれた光景であった。比良野貞彦《ひらのさだひこ》『奥民図彙《おうみんずい》』に宇鉄《うてつ》・三馬屋《みんまや》の「猟師」が着ていることがみえ、高山彦九郎も『北行日記』で外浜住民の着用を指摘している。下北地方のアッシを調査した伊藤裕満によれば、当地方の漁村では戦後間もない頃まで各家にアッシが所持されており、明治期頃にはアッシを着て北洋漁場の出稼ぎから帰ってくるのは、役付き漁夫（役びと）のステータスシンボルとして羨望の対象であったという。津軽や下北はアイヌ民族の居住地であったから、アッシはもともと存在していたといいうるが、アイヌにとどまらず和人漁民たちに広まっており、東北内ではアッシを着ているからといって蝦夷人視されたわけではなかった。

松前地においても、和人漁民が普通にアッシを着ていたようである。江差浜の鰊漁の賑わいを描いた絵として有名な『松前檜山《ひやま》屛風』（江差浜鰊漁の図）には、アッシを着た働き手が多数描かれている。このアッシ人物はアイヌと受け取られがちであるが、「松前などの村夫は蝦夷の織れるアッシを着す」（『東徼私筆』）とか、『東遊記』における松前三湊の者もアッシを調えて着るという指摘などをみれば、和人漁民とみる方が自然であろう。

やや詳しくアッシ着用例をみてきたが、アッシはアイヌ民族ばかりでなく、松前地から奥羽地方にかけて漁民たちを中心に和人民衆にも受容されていたことは明らかだろう。海で働く労働着として耐水性に優れ、丈夫で長持ちしたことがメリットであった。こうしたアッシ着用が奥羽人が夷風視される根拠ともなったのであるが、アイヌ文化の日本社会への影響としてみればきわめて興味深い事例である。日本文化が一方向的にアイヌ社会に流れ込むかのように思いがちであるが、アッシの例は決してそうではないことを示している。アッシ文化はさらに近代になって、厚手の丈夫な木綿織物の考案に着想を与え、「厚司」（あつし）の名で工場労働者の仕事着・はんてんなどとして流通することになったのである。

ところで、アッシに施されている文様は、アッシに限られるものではなく、衣服・装身具・道具類などにひろくみられる。時代によっても文様が大きく変化しているといわれる。今日でもアイヌであることを誇りに思う人たちによって、意匠における民族性の自覚ないし自己表現として、伝統的文様が手わざの作品に生かされている。アイヌ文化は現代的にアレンジされ、ふだんに再生・創造され、日本の文化に貢献していることを忘れてはなるまい。

夷風排除

奥羽の生活文化を夷風・野鄙とみる感覚は、右にあげた言葉や風俗にとりわけ強烈に表われていた。奥羽地方がかつて蝦夷の歴史をもち、また蝦夷地につながる地域であったから、奥羽人はエゾ種とも思われ、異なる風俗は夷風俗とただちに思われやすかったためである。しかし、奥羽民衆にしてみれば、自分たちの御国言葉を卑下する必要がなく、眉剃りの他国女をみて娘が恥ずかしく思うのは当然なことであった。方言コンプレックスに東北人が悩むようになるのはおそらく近代に入ってからで、この当時はまだ他所者が何と思おうと現実的問題ではなかった。

盛岡藩は元文六（一七四一）年、参勤交代で江戸と国元を上り下りする家中・奉公人たちに対して、江戸言葉・風俗をまねび、国元に帰ってくると御国の言葉・風儀を笑う有様である、これでは御国風が廃れてしまうから、これからは江戸者に笑われても取り繕わず在所の風儀を大事にするよう命じている。将軍権力は全国政権として日本人の風俗を管理しようとしたが、大名もまた将軍のそれに抵触しないかぎりで、藩の国風（くにぶり）の保持に努めたのであった。

盛岡藩はしかし、一九世紀の初めになると、他国から夷風とみなされる国風の排除に向かう。藩主利敬の政治改革の一環であったが、文化五（一八〇八）年、年少男子の髪型および婦人の眉払いについて次のような法令を出している。それによると、盛岡藩では子供であっても、他国の通過儀礼とは違って、「前髪」をつけるのが稀で大人同様に月代を剃るのが一般的であったようだ。そこで以後、子供は年頃に合わせて「けし・小坊主」または「前髪」にするようにというものである。また、婦人の眉払いについては、領内では結婚して年たけても眉を剃ることはなく、これを往古からの国風のように心得ている者がいるが、「女礼」に欠けてよくないことだから眉を剃れというものであった。

「諸国一統の風儀」にならうというのが夷風排除の理由であった。一九世紀に入ると経済活動が活発になり、また蝦夷地問題の発生によって幕府役人などの領内通行が増えてくると、江戸風俗と大きく異なる国風は卑賤・嘲笑の対象ともなって具合が悪いと考えられたのである。眉を剃れといきなり命じられても自発的に従う者がなく、城下では町役人を通じて一軒ごとに剃刀・砥石を廻して強制的に剃らせている。この効果があってか、武家や町家の婦人は眉を払うようになったが、農村部では眉を剃ると流れる汗が目に入るといって大半は剃らないままだったといわれている。

さらに文化六（一八〇九）年から翌年にかけて、「北地（＝蝦夷地）」産物のアツシおよび細工物の排除に乗り出す。藩の認識では蝦夷地勤番の足軽などが帰国のさい持参してくるというものであった。前述したように、蝦夷地への出稼ぎによってアツシが下北地方の漁民の間にひろまっており、現実離れした法令によって禁圧するのはむずかしかった。アイヌ民族からの掠奪を防止するという側面があるいはあったかもしれないが、藩主利敬の夷風排除の方針から出たものと理解しておきたい。

藩政改革は近世後期しばしば風俗問題を前面に掲げて実行されることが多い。風俗の弛緩が藩体制を揺るがすと考えられていたからだが、いっぽうで風俗をてこに締め付けを図るのが手っとりばやい方策だったからともいえる。それはともかく、一九世紀に入り、従来の国風を江戸すなわち諸国一統に合わせて改変しようとする動きが、領主の側から打ち出されたのは、一般に化政文化と呼ぶ、江戸に求心する都鄙の文化構造ができあがってきたことと照応しているだろう。奥羽では前述『浜荻』の他にもいくつか近世方言集がまとめられているが、近世後期のそれはいずれも江戸言葉と御国言葉を対比したものであった。

蝦夷征伐伝承と奥羽人

このように夷風視・エゾ種視もされた奥羽民衆であったが、近世奥羽人は自らを蝦夷だと自己規定することはほとんどなく、それとは裏腹に鬼征伐ないし蝦夷征伐伝説を各地に流布させていた。とくに坂上田村麻呂にまつわる伝説が際立っており、田村麻呂の創建になるという縁起をもつ堂社が少なくない。主な舞台であった胆沢地方にとどまらず、近世中後期には遠征したとは考えられない出羽や北奥にまでひろく分布していた。

田村麻呂伝説のごくありふれた例をひとつあげておこう。菅江真澄が紹介しているものだが、秋田県湯沢市松岡の「きりはた山」(切畑山)には、昔「あくる王」(悪路王)という鬼が住んでいた。その妻である「たてゑぼし」(立烏帽子)は鈴鹿山の奥にありながら、鬼の術というのであろうか、夜な夜な通ってきていた。これらは皆「田村としひと」(利仁)の大人に切られ、滅ぼされてしまった。坊中村白山姫の社(白山神社)は田村麻呂が安置したもので、後に円仁《えんにん》大師がこの山の大樹の桐を伐って仏像をたくさんつくった。畑村の鬼が窟は悪路王が住んでいた所である、などといったものである(『小野のふるさと』『雪の出羽路』)。

ここにいう鬼が菅江真澄の指摘するように、「あら蝦夷のたぐひ」であることはいうまでもない。悪路王は奥州胆沢郡の達谷窟《たつこくのいわや》伝説で有名であるが、田村麻呂の「征討」に頑強に抵抗し、のちに投降して京の都で殺された蝦夷(エミシ)の首領アテルイが悪路王の出発点だとされている。それが事実であるかはともかく、悪路王伝説には抵抗する蝦夷の姿が確実に投影されているのだけは間違いあるまい。田村利仁は坂上田村麻呂と伝説的な鎮守府将軍藤原利仁とが混合してしまったものである。この湯沢の切畑山伝説は奥浄瑠璃『三代田村』の話がもとになっていることは明らかであろう。

奥(御国)浄瑠璃は江戸時代、座頭《ぼさま》たちが三味線で節をつけ東北地方を語って歩いたもので、中世の語り物の原形をよく伝えているといわれる。真澄は「びはほうし」と女性のイタコが連れ立って歩いているのをみているが、「みちのく物語」ともいっている。民衆の間に田村麻呂や義経ものを流布させた回路のひとつである。

『三代田村』の物語のあらすじは次のようなものであった。坂上中将苅田丸が平城《へいぜい》天皇の勅定によって奥州霧山嶽に住む悪鬼、大道連《むらじ》勝高を退治するため大軍を率い奥州に下向した。しかし、戦に敗れてしまう。退いて岩井郡池田村の山陰中納言御台所の家に宿し、その娘生玉姫《いくたまひめ》と契りを結び、やがて観音の加護によって悪鬼を討伐し都に帰った。生玉姫との間にできたのが田村将軍年仁(利仁)で、成長してのちはるばる都に上り、父苅田丸と対面する。ときに嵯峨天皇の勅定によって奥州に下り、岩井郡谷嶽が岩屋に住む悪郎(悪路王)・高丸兄弟を退治する。さらに勢州鈴鹿山の魔女立烏帽子と契り、その協力を得て奥の霧山嶽の岩谷を根拠とする大竹丸《おおだけまる》を戸田郡布嶽麒麟が岩屋で殺し、こうして天下静謐となった、と。貴種流離譚などを取り入れ、幾段にも感激をうながす複雑な展開になっているが、天皇の命を受けた田村利仁があくまでも主人公であって、ここに蝦夷を悪鬼に見立てた討伐観の定着をみないわけにはいかない。これが中世の古いかたちを伝えているかは論証のかぎりではないが、少なくとも近世奥羽の人々が蝦夷を征服する側に身を置いていたことは、奥浄瑠璃や湯沢の伝説例などにみられるように明白なことである。

奥羽における田村麻呂伝説の浸透には、先の松岡の白山神社でも慈覚大師円仁の名があったように、天台宗の布教活動が深く関与していたと考えられている。田村麻呂が清水の観音の加護によって蝦夷を征討できたという清水寺縁起があり、この田村麻呂の観音信仰を天台僧がひろめて歩いたというのである。蝦夷平定の地に北方守護の観音や毘沙門がつぎつぎ建てられていくのは、武力討伐のあとの仏教による魂の征服といってよいかもしれない。奥羽への田村麻呂伝説の持ち込みはおそらくそのようなもので、王朝国家・国衙に連なる在地豪族に信仰され、中世の鎌倉系地頭らの保護を受けていったものであろう。ただし、中世にあっては、第一章で述べたように津軽安藤氏などは、田村麻呂にはむかい逆賊とされる高丸を自らの系図に加えるメンタリティをもっており、蝦夷の系譜を主体的に内在化する可能性をもっていた。また、中世奥羽の寺社縁起も中央・国家に収斂していくものばかりでなく、それと対抗的ですらある在地的な論理をもつものがあるといわれ、必ずしも蝦夷征伐観で覆い尽くされていなかったというべきであろう。

しかし、近世に入ると事情が大きく変わった。幕藩制国家の秩序意識、すなわち将軍権力による天皇利用が権威主義的尊王論を逆に強めてしまったことを背景に、地方の寺社縁起もまた国家・天皇へのもたれかかりを強くし、縁起の改作・創作がさかんに行なわれた。平川新の研究によると、宮城県南部にひろがる白鳥伝説をもつ刈田嶺神社などの祭神は、在地的な安倍則任から用明天皇へ、さらにヤマトタケルに変容ないし作為されたという。この例などはその点をみごとに物語っている。祭神も不確かであった堂社の縁起が記紀神話のもとに整序づけられ、とくに奥羽の場合、その歴史性から田村麻呂伝説が新たに取り入れられ、跳梁跋扈していくのは容易に想像されよう。

縁起や奥浄瑠璃ばかりでなく、たとえば津軽のネブタのように、田村麻呂が蝦夷征伐のさい人形に兵を隠し川に流したところ、これに蝦夷がだまされて出てきたので討ち果たすことができたという附会がなされたことも古いことではなかろう。北奥の祭りの山車の題材には田村麻呂が好んで選ばれるのは今日でもさほど変わらない。これらはいずれも田村麻呂伝説を通しての蝦夷征伐観の再生産・増幅に寄与してきたことはいうまでもない。

蝦夷征伐伝説はむろん田村麻呂ばかりではない。源義経の蝦夷渡り伝説は前述したように、シャクシャイン蜂起鎮圧後に形成され、蝦夷征伐を主題とするものであった。源頼義が下北の「尻屋の鬼」（＝蝦夷）を退治したという伝説もみられる。領主南部氏が蝦夷を征伐した話、あるいは土豪が蝦夷と戦って新田開発に成功したという話、さらには蝦夷館・蝦夷塚・蝦夷穴伝承といったものもあり、枚挙にいとまがない。ふだんに蝦夷征伐譚が再生産されるにあたっては、近世後期のいわゆる北方問題が相当に影響を与えているだろうが、一つひとつの吟味はまったくこれからの課題である。いずれにせよ、蝦夷の歴史的・文化的遺産を自らのアイデンティティの外側におき、蝦夷征伐の側にもっぱら身をおくこととなったときに、奥羽民衆の蝦夷地出稼ぎがアイヌ民族にどう接することになったか、すでに述べたように民衆レベルでの蝦夷観のありようは重たい問題を突き付けているのである。

3　華夷意識克服の歩み

安藤昌益の東夷国観

一八世紀半ば以降になると、儒学的華夷意識、すなわち人間世界を文明と未開、あるいは文化と自然とに二分し、前者に絶対的価値をおく見方が支配的ななかにあって、華夷意識を批判し乗り越える思想的営みがさまざまに出現してくる。これが従来の蝦夷観に大きな変更を迫り、新たな蝦夷認識（アイヌ認識）への展開可能性をみせはじめる。そうした先駆的存在が安藤昌益であった。昌益は八戸城下で町医を開業していて、晩年は郷里の二井田（大館市）に戻り、没後「守農太神《しゅのうたいじん》」とまつられたことがわかってきた。昌益の思想の受け止め方は、封建制の完膚なき批判者という戦後民主主義的理解から、近年ではエコロジストとしての評価へと大きく変貌しつつある。このような昌益像のゆくえも目を離せないが、ここでは昌益の蝦夷観をみるにとどめる。

北奥羽に思想的土壌をもつ昌益は、『統道真伝《とうどうしんでん》』万国巻のなかで、「東夷国」＝アイヌ社会についておよそ次のように述べている。「夷人」は「魚と菓の精」が凝《こ》って生じたものだ。「日本人」が船を通じて米穀をもたらすが、「菓」と「鮭魚」を食べるのが常である。冬は熊・猪の類を狩りしてその肉を食べ、木の皮の織物を着ている。人となりは身長が高く、「猿の眼の色」で「人相荒」いが、「夫婦の愛念」は深く、長寿である。その「心術は拙」であるが、「金銀の通用」がないために「欲貯・貢奢《ひしゃ》・邪巧」も「上下・支配」もなく、「争戦」して奪い奪われるような「乱世」というものが存在しない。「松前」（松前藩）が「犯掠」したときは「蜂起」となるが、これは「夷人」の「私の罪」ではない。聖人や釈迦の「偽教の妄説」がないので、「欲心」がない。「学問・文字の制え事《こしら》」がないので、その心は「直廉」である、と。

ここに示された「東夷国」観は、採集漁撈経済という点を除けば、昌益が理想とした「自然世」のイメージにきわめて近いものがある。「自然世」とは、万人が自然の運動法則にうまく適合して「直耕」する農本社会のことであるが、上下・支配がなく、貨幣経済も聖人・釈迦の教えも学問・文字もない点で、アイヌ社会は「自然世」を体現する生きた見本であった。昌益の歴史意識は「自然世」から「上下・二別」の「私法」が幅をきかす「法世」へ推移したととらえるところに特色がある。「日本国」はもともと「自然」にかなう「廉正の神道」が支配して、飢饉・兵乱など憂いのない「安住の国」であった。しかし、聖徳太子が「不耕貪食の他邦の聖・釈の妄教」を導入して以来、「神人一和」の「自然直耕」が衰退してしまったととらえた。「自然世」から「法世」に移行したのは日本ばかりでなく、諸悪の根源である聖人や釈迦の出た「漢土」や「天竺」、「儒教の盗道」を信じ「漢土の偽威」に恐れる「朝鮮国」、金銀の欲に迷い「破天連《ばてれん》」を日本に派遣してきた「南蛮国」、これらはいずれも「法世」社会とされた。

昌益はアイヌの蜂起を肯定していた。シャクシャインの戦いなどが念頭にあるのだろうが、弁護したのは「法世」たる松前藩の「犯掠」に非があるとみたからである。同様に日本が「朝鮮ヲ犯シ、瑠球《りゆうきゆう》ヲ取」った行為、すなわち豊臣秀吉の朝鮮侵略や薩摩藩による琉球出兵・支配もまた、「金銀・通用・売買ノ法」を立てて侈《おご》るところから発していると批判している（稿本『自然真営道』）。さらに、中国の「聖人」による東夷・南蛮・西戎・北狄という、いわゆる四夷観が槍玉にあげられている。とりわけ「北狄国」を「禽獣に近」いと嘲ったのは「私の妄言」で、これに怒った「北狄」が蜂起し、ついに明国を滅ぼして国号を改め「中国の王子」となったというのである。

こうしてみると、アイヌ社会を「自然世」とみ、その蜂起を肯定できたのは、文明と未開、文化と自然を対立させ、前者に絶対的価値をおく儒学的な華夷意識をひっくりかえし、未開＝自然の本源的社会こそ逆に人間らしい営みだととらえたからである。論理としては単純明快であるが、価値意識の逆転を徹底させたところに、他の追随しえない昌益の面目躍如たるものがあった。華夷意識の批判が、まずは逆手の論理によって衝撃的に登場していたことを確認できるだろう。

古雅＝ゐなかの発見

昌益の現世批判はその危険性ゆえ「転真敬会《てんしんけいかい》」という秘密結社的な狭い仲間内に限られ、社会的ひろがりをもつことが少なかった。しかし、時代からかけ離れた、まったく孤絶した思想であったわけではない。「自然世」から「法世」へという歴史理解、および「法世」を生み出した聖人・儒教への批判という見地が、「異国《あだしくに》」の聖人の作為による「漢意《からごころ》」を排して、日本本来の「古への心」に立ち帰るべしと主張した本居宣長の国学ときわめて類似した歴史意識、批判の論理であることは容易に察知されよう。とするならば、宣長の古学が華夷意識と蝦夷観にどういう可能性をひらき、それがどう継承され、もしくは挫折したのかもきわめて興味深い論点となってくる。

宣長は周知のように、漢意に侵される以前の神代・上代にこそ、日本固有の「まことの道」があると考え、とくに『古事記』の記述が「皇国《みくに》」のありかたを正しく伝えているとした。「異国」批判を通して自己を確認する方法が、国粋主義的・排外主義的潮流をつくりだし、天皇への絶対信仰を強いていったのはその後の歴史過程が示すところであるし、日本文化の原形・本質なるものが上古にあるかのように思わせる言説もまた、きわめて非歴史的なとらえかたであることはいうまでもない。そのような負の遺産をふまえてのことだが、国学の生成期においては特定の方向性のみに収束するのではない、いろいろな展開可能性を孕んでいたとみたい。

本書の関心からいえば、幕藩制国家に秩序づけられていた華夷主義的風俗観の見直しにつながったことがその一つである。たとえば、「左衽」を夷狄・蝦夷の未開な風俗に見立てるのはまったく根拠のないものだと、宣長はいう。左衽すなわち衣服を左前に着用することは、今日でも死装束を着せるときを除いてはタブーで忌み嫌われている。左前という言葉もよい意味はない。日本における右衽は、養老三（七一九）年、律令国家が唐制にならい、天下の百姓に「襟を右」にすることを強制して以来の歴史をもっている。宣長はこの養老令の存在や、古い「土物」「石人」の左衽例から、養老以前には左衽こそが「皇祖大神の定めおき給へる皇国の制」であるとした。左衽を「夷狄の風」だとみるのは、他国と異なる「けぢめ」をつけて「漢国」を「中国」なりとする「聖人の智術」に他ならないのだという。右衽にせよ左衽にせよ、本来いずれをよし、わろしと決められないともいっている（『鉗狂人（かんきょうじん）』）。いわば、日本古俗が左衽であることの発見を通じて、服制のイデオロギー性が暴露されることになった。左衽のみならず、漢風（唐風）採用以前の上代風俗全体の復元が関心事になるが、ただ上代風俗が「皇国の制」として絶対化されるとすれば、同じ轍を踏むことになるのはいうまでもない。

また、宣長の貢献とすべき二つめは、田舎・辺境の生活文化への新たな視点を提供したことである。近世の奥羽地方に対する夷風感覚は前述した通りだが、一八世紀半ば以降、江戸を中心とする都市文化が隆盛してくると、ますます都鄙感覚がつよまり、国ぶり否定の風潮も出てくる。そうしたなかで、宣長は「ゐなかにいにしへの雅言の、これる事」、「ゐなかに古のわざの、これる事」を主張した（『玉勝間』）。宣長は、たとえば、訪問してきた肥後国人が「見える聞える」という今ふうの言い方ではなく、「見ゆる聞ゆる」と話すのを聞いて、「雅びたることばづかひ」が「ゐなか」に残っていることを実感していた。それは言葉にとどまらず、「よろづのしわざ」についても同じことがいえ、「かたゐなか」に古雅が多く残っていると述べている。とりわけ、葬礼や婚礼などは田舎に古くおもしろいことが多く、諸国の「海づら山がくれの里々」まで尋ねて聞き集め記録しておきたいものだと、民俗誌への情熱さえ語る。後世に「漢意」の「さかしら」が混じってしまっている葬祭などの「いにしへざま」を知る手がかりにしたいというのである。宣長自身、そうした試みを実践するいとまはなかったが、日本文化の古層が辺境に残存しているという、柳田民俗学の方言周圏論ないし民俗周圏論的な考え方が提示されていることは明らかだろう。

こうした華夷主義的風俗観の批判や文化周圏論的見方が、宣長の蝦夷観に何か変更を迫っているのだろうか。儒学者市川多門の宣長批判に対する反駁として書かれた『くず花』に、宣長が蝦夷をどうみていたかが記されている。市川の主張は、「聖人の道」が伝えられたことは「天皇の御喜」であって、「御国の上代も蝦夷のありさまなりけん」というものであった。こうした未開から文明へという儒学的理解からすれば、「聖人の道」のない上代は蝦夷のごとき未開社会だという批判はもっともなことであった。これに対して宣長は、そうした意見は「皇朝」をはばからず、「先皇の御代を、しひて夷島に比し、鳥獣にひとし」というような邪説・漫言《みだりごと》にすぎないとこきおろしている。宣長によれば、蝦夷は元来「御国人とは種類の異なる物」で、蝦夷に鬚が多いことをみれば、国人とは「心も行ひ」も異なるのは明らかであるとされる。また、中古まで陸奥出羽などに蝦夷が多く住んで国人と雑居しており、なかには「御国の風儀」になれ「教諭」された者もいたが、なお化しがたいことが史籍にみえており、これなども蝦夷は異種類の者であることの証拠だと述べている。したがって、上代と蝦夷とは比較できないという論法である。蝦夷は「外国《とつくに》」に他ならないから、『古事記』景行天皇のヤマトタケル蝦夷征討はまるごと肯定されるべきものであった。宣長にあっては、蝦夷観それ自体についてみれば儒学者流とあまり違わなかったといえるだろうか。

蝦夷のてぶり

しかし、宣長の示した文化周圏論的見方は、宣長の蝦夷観をつきぬけていく可能性を孕んでいた。国ぶりへの関心は、たとえば屋代弘賢《やしろひろかた》による『諸国風俗問状』と、それに対する諸国からの回答などにみることができる。それはいわば机上の仕事であったが、宣長のいう「海づら山がくれの里々」まで歩いて、土地の人の生活・民俗・慣習などをあるがままに記録にとどめようと実践した人としては、菅江真澄の右に出る者はいまい。真澄は東北地方から松前・蝦夷地にかけて巡遊したが、南部盲暦でもすでに触れたように、夷風を夷風としてみるのではなく、生活文化のありようからみつめる視点をもっていた。それは真澄のアイヌ民族に対する接し方においても変わることがない。

真澄の蝦夷地への旅は、寛政元（一七八九）年の西蝦夷地久遠《くどう》の太田山（太田権現）参詣と、寛政三年の東蝦夷地有珠《うす》岳登山の二度試みられている。とくに、二回目の有珠への旅ではアイヌの家屋に宿泊し、その生活文化をじかに聞くなど収穫が大きく、その日記を『蝦夷廼天布利《えぞのてぶり》』と題したのだった。てぶりとは風俗、ならわしということで、アイヌのチセ（家）の様子、ウネヲ（オットセイ）のレバ（漁、レパ）、ユウガリ（音曲、ユーカラ）、熊送り、ムクンリ（口琵琶、ムックリ）、アツシ織など真澄の観察は多岐にわたっている。そのさい、特記すべき点は、蝦夷を「アヰノ」と読ませ記してもいるように、人間存在・文化的存在として接し、しかもアイヌの「イタク」（言語）に即して生活文化を理解しようとする姿勢がはっきりしていることである。その結果、真澄はシマフクロウや獣の送り儀礼について、アイヌ語でこれを「ヨマン」といい、ヨマンはシャモの言葉の「送る」にあたると正確に認識することができていた。

また、アイヌの住居について、外見はむさくるしくみえるが、中に入ってみれば、内の間は広く、厨下（台所）はあら砂の上に葭簾《よしず》を敷物にして清らかであり、窓から夕風が吹き込んで涼しく、あるいは床が高く蚤が跳び上らず、シャモの家屋よりたいそう住みやすそうだとも述べている。シャモの貧農・小作人の暮らしなどよりずっと豊かな生活文化であったとみるべき貴重な証言なのではあるまいか。真澄はさらに、日本人社会から脱落した人々を温かく迎える寛容性をアイヌ社会がもっていたことも指摘している。

罪を犯して松前藩から蝦夷地に追放された者や、天明の飢饉で蝦夷地に入り込みアイヌに救けられた者が、そのまま妻となったり婿になっているというのである。なお、近代でも暮らしの困難な北海道開拓者の子供をあずかって、アイヌの子として育てたという事例は少なくないといわれている。

蝦夷地でアイヌ民族とじかに接触したことは、北奥羽の地域文化の理解にも大きく役立ったように思われる。真澄は下北や外浜のアイヌについての伝承を含む記述を少なからず残してくれたばかりでなく、北奥羽に笑内（ヲカシナイ）、十腰内（トコヲコシナイ、蛇多沢の意）などアイヌ語のナイ（沢・小川）地名がたくさん残存していることに着目していた。さらに、マタギ言葉のなかにアイヌ語がみられることにいちはやく気づいた人物でもあった。犬をセタ、水をワッカ、大きいをポロなどと、アイヌ語とマタギ言葉とが共通していることをどう考えるかは、アイヌとマタギの民族的関わりあいを断定的に否定する論者もいるが、今日でもまだ決着のついていない問題といえよう。

ところで真澄は、アイヌのチャシはむかしの稲置《いなぎ》（稲城）か水城《みずき》のようなものである、あるいは、アイヌが物の長さを自分の両手をのばして測るのは「たばかり」という古いわざである、などとアイヌ文化を日本の古い文化にひきつけた箇所がいくつかみられる。しかし、次にみる最上徳内《もがみとくない》などとは違って、アイヌ文化を日本の古俗とみるところまではいかなかったと思われる。アイヌはシャモとは異なる民族文化であるというのが基本認識であったようである。

アイヌ・日本人同祖論

前述のように、宣長はアイヌと日本人との間に種類の違いを認めて、日本の上代の風俗と蝦夷風俗との比較を退けたが、宣長の一線を踏み越えて、文化周圏論的なみかたを蝦夷に適用し、両風俗の共通性を強く主張する見解も一八世紀末頃に生まれてくる。その代表的存在が最上徳内といえるだろう。

徳内は、蝦夷の「根元は倭人の種類」で「異国の種類」ではない、蝦夷といえば「人種」が別のように思われているが、そうしたとらえかたは「癖事」である、ただ「聖賢の教へ王化に染」まらず、「姦佞《かんねい》にして法度」を犯し、我が非をかえりみず身をわきまえない人々を蝦夷というのだ、と『蝦夷国風俗人情之沙汰』の序文に述べている。蝦夷＝倭種ととらえる辺民論的理解のさきがけということができようか。

では、そう理解できる根拠は何か。同書から徳内の説明を聞いてみよう。まず、「イヨウマンテ」について、これは海上での「漁猟」の「無難」を祈る「大祭礼」であるが「飼赤熊《かいしやぐま》」を殺すのは「秋の氏神の牲犠」とするためで、殺した後の種々の供物は仏教における「施餓鬼供養」に似たものだ、と自己流に解釈し、「日本の大古」はこのようなもので、「農民の秋祭り」に相当すると述べている。また、幕府巡見使に披露する「槌撃」（ウカリ）について、「一様に躍りて跳ね飛」び、揃って「力足」を踏む動作は、日本の相撲の土俵入りのしぐさに似ており、祈禱でもあるウカリは神事相撲の転じたものかとみている。イオマンテは前述したように動物に宿る神の霊送り、またウカリ（ウカル）は、棒（シュト）で互いに打ちあう意味で、本来戦いの技でもあり、紛争解決の方法でもあり、悪神・病神を追い払う儀礼でもあった。徳内の自説に引きつけすぎた解釈といえよう。

そして、「言語」もまた共通するものが少なからずあるという。「日本紀神代巻」に「ノミの字は祈禱と訓じ」てあるのは「蝦夷言」の「ノミ」と同じで、そのほかヌサ、カムイ（神）、ミサキ（崎）、トマリ

（泊）、ヲンガミ（拝）、モトトリ（髪）、メノコ（女子）といった「蝦夷語」はみな「日本の古語」であろうと推断している。いずれにせよ、アイヌ風俗に日本の「大古の風俗」が色濃く残存しているという結論が導かれている。後年成った『渡島筆記』でも、「衽を左にし袖をせばく」するのも、「文身断髪」も、言語・礼法・神崇祈禱も、「我国の習にいで」たものだと、蝦夷風俗の日本古俗説を断固たるものにし、むしろ日本の方が唐制を取り入れ、大きく変わってしまったのだと論じている。

こうした見解は徳内にとどまるものではない。伊勢神宮の社家の出であった秦檍丸（村上島之允）もまた同様のことをいっている。アイヌの「イナヲ」は「本邦にいふ幣帛の類」であって、神道を尊ぶ気持ちの表れである。「カモイノミ」、「ヌシヤ」などは「本邦大古のさまの転」じたものであり、「夷人の言語のこと〴〵く本邦の語に通」ずるのだ、と断言している（『蝦夷生計図説』）。神道儀礼のなかにアイヌ民族を取り込む論理が準備されているといえようか。幕府の蝦夷地政策・直轄に関わって、アイヌ民族の生活文化をじかに接して見聞した人たちであれば、徳内や檍丸ほどではないとしても、アイヌ文化の日本古俗観は多かれ少なかれ共通に抱いた実感であったようである。

日本文化とアイヌ文化を同根とみる発想、日本人・アイヌ同祖論的理解は今日でも繰り返し主張されている。そこでは、カムイ・ピト（人）・イノツ（命）・タマといった、とくに霊に関わるような言葉の共通性が主たる関心の対象になっている。しかし、これらのアイヌ語は日本語からの借用であるとして、それに批判的意見が強いことも確かだ。共通の祖語であれ、のちの文化接触の結果であれ、言葉の共通性の由来を歴史的に解明することは重要な問題であるが、そもそも、日本文化にせよアイヌ文化にせよ、国学・

古学的発想で古きよき時代にこそ民族文化のエッセンスがあるなどと考えるのは成り立たない議論であることを自覚すべきであろう。アイヌと日本人は祖先を共通にするかどうかのルーツ論をむげに否定するものではなく、人類の始まりである一組の男女から、どのように人種・民族が分岐していったのか系統図をつくろうとするのも立派な学問的動機である。しかし、共通の先祖が証明されたからといって、それは日本人でもアイヌ民族でもないことだけは確かである。また、共通の祖語が確認されたとしても、それは現在いうところの日本語ともアイヌ語とも呼びえないものであろう。民族ないし民族文化を歴史的生成物であるととらえる視点こそが大事であり、日本の古俗が蝦夷風俗に残存しているというのは、いわば蝦夷は歴史なき民で、原始・未開のままにとどまっているとみる停滞史観に他ならないともいえる。

やや脱線したきらいがあるが、一八世紀末という時期に同祖論的解釈が出てくるにはそれなりの必然性があったといえるだろう。すなわち、蝦夷地直轄による蝦夷地内国化という政治的目的にとって、アイヌ民族と日本人が同種だという解釈はアイヌの同化を進めるうえでいっていの合理性・説得性をもちえ、きわめて都合がよかったからである。そのような思考を可能にしたのは、宣長に代表されるような国学の気運であり、神代・上代の学、および田舎古雅論であったといえよう。それはいっぽうで、儒学的華夷意識の見直しとなり、蝦夷風俗をあるがままに観察しようという姿勢を生み、異文化理解が進んだことも確かである。しかしまた、対外的・民族的危機という大状況のなかで、最上徳内にせよ秦檍丸にせよ、幕藩制国家を背負った行動であった以上、その蝦夷観が新たな政治的意味づけを帯びていくのは避けられないことであった。同祖論は、さらに幕末の日露領土画定交渉のなかで、日本側がたびたびアイヌ居住地が日本領土であるとして主張するときの根拠となったことも付け加えておかなくてはなるまい。

穢多＝蝦夷起源説

近世における古代研究は、「穢多」の起源が「蝦夷」であるという意見を生み出してもいた。穢多を「帰化人」になぞらえるといったような、いわゆる穢多＝異民族起源説は近世から近代にかけ繰り返し主張されてきたものだが、研究の進展によって歴史的根拠がない虚説として現在では退けられている。こうした異民族起源説のバリエーションのひとつが蝦夷起源説ということになるが、一七世紀末〜一八世紀初めの神道家・儒家である谷秦山《たにしんざん》あたりが、穢多は諸国に分処された蝦夷民の子孫であると指摘したのが、そのはやい例である。近世後期になると、帆足万里《ほあしばんり》や小寺清之らが同様の見解を披瀝している。

帆足がその著『東潜夫論《とうせんぷ》』（弘化元＝一八四四年）に述べるところはおよそ次のような論であった。穢多はいにしえ奥羽に住んでいた「夷人の裔」である。上古、「蝦夷ノ俘」を「伊勢ノ廟」に献じたところ、牛馬を喰い皮肉を投げちらしたり、神山の木を伐って叫呼したので、倭姫《やまとひめ》命が朝廷に請うて、これを諸州に移した。佐伯部というのがそれで、穢多の先祖にあたる。その後田村麻呂が奥羽を平らげ、蝦夷を日本人とした。したがって、穢多も「常ノ人」と異なるところがない。穢多は「盗賊ヲ監」するとされるが、実は「盗賊ノ宿」になっている。平人と交わらないために悪事が露顕しないだけで、城下のなかに「夷狄ノ邦」があるようなものだ。そこで、穢多を集めて大神宮に参詣させ、「祓除」して平人とし、蝦夷島に移し、耕種畜牧にあたらせたい、と。

蝦夷を神宮に献じたというのは、『日本書紀』の景行天皇五一年八月二四日条にみえる記事に拠ったものである。小寺清之の方は、『六国史』や『類聚国史』にみえる「俘囚」ないし「夷俘」とみえる者の子孫が穢多で、皇国に仇して征服され、捕らえられて「諸国に分ちおかれた」のだとしている（『老牛余喘《ろうぎゅうよぜん》』天保一四＝一八四三年）。帆足・小寺ともに、第一章で述べた「移配」という歴史的事実を踏まえての見解といえるだろう。しかし、古代の佐伯部や俘囚・夷俘の諸国配置と近世の穢多を結びつける確かな証拠は何もなく、史書から得た知識による勝手な推量というほかない。

帆足の論で重要なことは、都市の治安悪化の温床としての穢多という認識にたち、治安対策と蝦夷地開発を結びつけた議論を展開していることである。穢多ないし非人を蝦夷地に移住させるべしという考えは、帆足よりはやくに、幕府が蝦夷地開発に関心を示しはじめた当初から出されていた主張であった。田沼意次政権の蝦夷地一〇〇万町歩開発計画では、穢多頭弾左衛門の手下の者三万三〇〇〇人余のうちから七〇〇〇人ほど、これでは足りないので諸国の長吏《ちょうり》・非人二三万人のうちから六万三〇〇〇人ほど、合わせて七万人もの人々を弾左衛門の指揮のもとに農業開発に従事させるという予定であった（『蝦夷地一件』）。田沼政権の崩壊で実現されることはなかったが、こうした穢多・非人蝦夷地移住論は、その後もたびたび浮上しては消えていった議論で、たとえば、幕末期においても、帆足の見解を踏まえてのものであろうか、諸国の穢多を平人に復して蝦夷地開拓にあたらせる案が箱館奉行などで検討されていたのである（『箱館御用留』）。

近世後期になっても、中世社会において顕著であった同心円的浄穢観念が消え去ったわけではなく、蝦夷をこもかぶり・非人視したり、また蝦夷をケガレ多き存在とみて、たとえば根室場所では、将軍献上用のニシベツ（西別）川産塩引鮭のこしらえから締め出していた。身分制支配と華夷秩序編成とが、穢多ないし非人と蝦夷とを容易にアナロジーさせやすい論理的連関になっていたからだが、こうした浄穢観念もまた、復古的・排外的神道の高まりのなかで、古典のテキスト研究によってかえって増幅されることはなかったか、視野にいれておきたい問題である。

第六章　近代化のなかの国家と民族

1　蝦夷地内国化

幕府の蝦夷地直轄

一八世紀後期以降になると、日本人とロシア人とが道東・千島で接触しはじめ、寛政の改革期にはクナシリ・メナシのアイヌ蜂起とラックスマン根室来航という二つの衝撃的事件を経験した。その後も外国船の蝦夷地接近がやまなかったため、幕府はついに寛政一一（一七九九）年、蝦夷地直轄に乗り出したことはすでに述べた通りである。この蝦夷地の直轄は、個別大名の領地を収公したというだけにとどまらず、それまで幕藩制国家によって異域に編成されていた蝦夷地を内国化するという政治史的意義をもったと考えられる。たしかに、一八世紀を通じて松前藩による場所請負制が蝦夷地（北海道）全域に展開して、蝦夷地を松前藩の所領とみる意識は、田沼期の幕吏による蝦夷地調査情報も与り、藩内外を問わずひろまっていく。しかしながら、国政レベルでみれば、松平定信自身、蝦夷地を外国と認識していたように、一八世紀末まで枠組みとしての蝦夷地異域観は守旧的に生き続けてきたことも事実である。その意味で、蝦夷

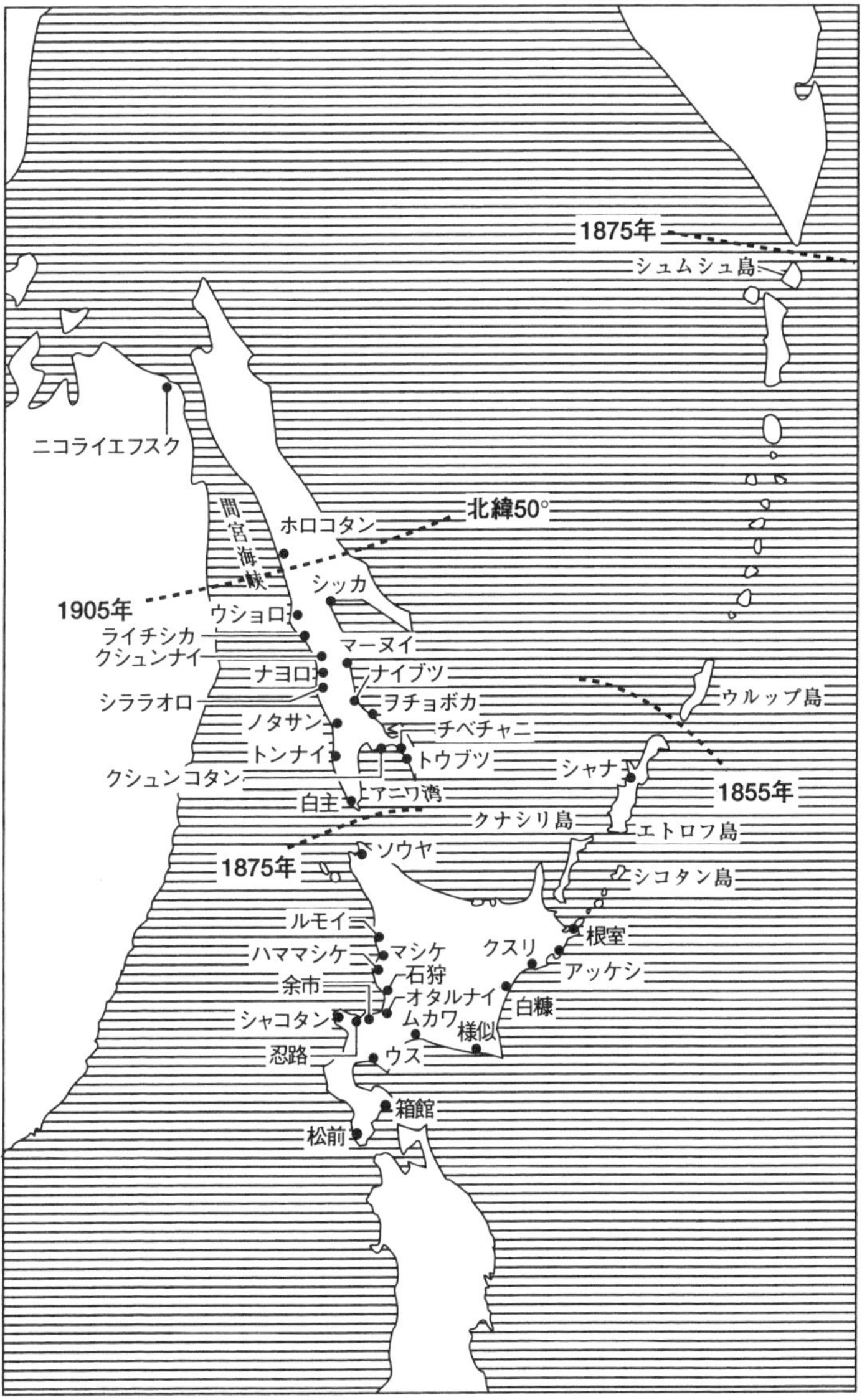
1875年
シュムシュ島
ニコライエフスク
間宮海峡
北緯50°
ホロコタン
シッカ
1905年
ウショロ
ライチシカ
クシュンナイ
マーヌイ
ナヨロ
ナイブツ
シララオロ
ヲチョボカ
ウルップ島
ノタサン
チベチャニ
トンナイ
トウブツ
シャナ
クシュンコタン
1855年
白主
アニワ湾
クナシリ島
エトロフ島
1875年
ソウヤ
シコタン島
ルモイ
根室
ハママシケ
マシケ
クスリ
石狩
アッケシ
余市
オタルナイ
白糠
シャコタン
ムカワ
様似
忍路
ウス
箱館
松前

地直轄は、鎖国体制のもとで、日本を中心とする華夷主義的な小中華国際秩序の不可欠の一環をなしていた、異域としての蝦夷地の終焉という歴史的意義をもったといえよう。近代史家はおおむね明治国家の開拓使事業をもって北海道の内国化の起点とみているようであるが、それでは蝦夷地幕府直轄の画期性がみえてこないのではあるまいか。

幕府が松前藩にかわって蝦夷地を統治するために、それなりの理由づけが説明されねばならないのは、幕藩制国家の将軍権力といえども例外ではなかった。幕府の蝦夷地直轄の論理ないし危機意識を概括しておくならば、ロシアという鎖国制外の「敵」の蝦夷地接近を前にして、もしアイヌ民族がロシア人と結びつき蝦夷地を奪われることがあれば、国家としての体面・存立が危うくなる。小身の松前藩に任せておくと、よこしまな商人の儲け本位によってアイヌの気持ちがロシアになびきかねない。そこで、幕府が蝦夷地経営に踏みだし、直捌制によってアイヌの介抱・撫育に力を入れ、蝦夷地の開発を進めていくならば、蝦夷地の防備は磐石なものになるだろう。およそこのような論の組み立てになっていた。外圧という国家レベルでの対外的危機・対応が、個々の思惑を超えてすべてに優先していたことになる。しかし、幕府が結果的に蝦夷地・南千島・樺太南端の確保に成功したとしても、商人資本による産業開発がいっそう図られ、介抱・撫育のかけごえとは裏腹に、アイヌ社会の激烈な破壊がかつてなく進行したことはすでに述べた通りである。

このように、蝦夷地幕領化が外圧を第一義的契機としていたとすれば、外圧の弛緩によっては政策の揺り戻しが当然ありうることにもなる。事実、文化四（一八〇七）年に陸奥梁川《やながわ》九〇〇〇石に転封されていた松前藩が、文政四（一八二一）年松前・蝦夷地一円復領を果たしている。この間の事情を少しみておくと、よく知られているようにロシア使節レザノフは文化元年長崎に来航した。しかし幕府は翌年これを拒絶、不満を抱いたロシア側は同三、四年、報復として樺太クシュンコタンやエトロフなどの日本側施設を襲撃する。いっぽう、幕府は同八年ロシア船艦長ゴロウニンらをクナシリで捕らえ、松前に幽囚した。これに対しロシア側は翌年高田屋嘉兵衛を拿捕する。しかし、こうした険悪な日露関係も、翌一〇年嘉兵衛の尽力によるゴロウニンの釈放によってひとまず安定し、それ以後プチャーチンの来航まで政府間交渉はしばらく途絶えることになる。また、幕閣では蝦夷地直轄に関わった老中松平信明《のぶあきら》が文化一四年死去し、水野忠成《ただあきら》が幕政の実権を掌握していた。水野忠成は賄賂政治家として知られるが、松前藩は贈賄工作を水野らに積極的に行なって復領を画策し成功した。その理由として、蝦夷地からの収納不足という経済的要因も指摘されるが、寛政一一（一七九九）年〜文政六（一八二三）年の総決算では、約四〇万両の黒字が計上されていた（『蝦夷租金録』）。計算の仕方によっては、蝦夷地経営の実際はその黒字通りの順調さではなかったにしても、ロシアとの緊迫した関係が弛んだことが国家的対応の必要性を減退させ、松前藩の復領を可能にした最大の条件といってよいであろう。

ところで、幕府がロシアの交易要求を鎖国制の祖法をたてに、最初から拒絶の姿勢に凝り固まっていたとみるのは、必ずしも正鵠をえたものではない。松平定信がラックスマンに長崎入港の信牌を与えたのは、ロシアとの交易をある程度覚悟してのことであった。また、文化五（一八〇八）年、ロシア来寇事件の事後対策として、松前奉行はロシア側が事件の非を謝罪するなら、交易許容を検討してもよいのではないかという意見を幕閣に提出してもいた(『休明光記遺稿』)。長崎におけるようなオランダ型の管理貿易の枠内に収まるならば、ロシア交易を認めてもよいという決断の余地はあったといえよう。鎖国という言葉は、一九世紀になってから使われたように、むしろ対外的危機への対応のなかで、現にある外交システムの再確認によって成立した概念であったことが思い起こされてよい。攘夷論の高まりのなかで、蝦夷地死守を日本の生命線のように考えた水戸藩主徳川斉昭に典型的であるように、ロシアへの敵愾心がいやでも高まっていく。ただし、知識人の間では渡辺崋山・佐久間象山などのようにピョートル大帝のロシアに学べと説く者もおり、ロシア敵視一色でなかったことも知っておくべきであろう。

幕府は安政元(一八五四)年、箱館奉行をふたたびおいて箱館周辺を上知(収公)し、さらに翌年松前・江差地方の松前藩領を除き、全蝦夷地を直轄する。嘉永六(一八五三)年六月ペリーが来航、また翌月にはプチャーチンが長崎に来航した。翌安政元年の日米和親条約で箱館が下田とともに開港されることになった。プチャーチンとの交渉では開港問題ばかりでなく、両国間の国境画定交渉が大きな案件となった。寛政期には千島が両国接触の主舞台であったが、安政期以降は樺太をめぐる攻防が中心となった。このような外圧が蝦夷地の再直轄の引き金になったことはいうまでもない。そしてまた、再直轄においても幕府が、松前藩のもとでアイヌ人口の急減をもたらした場所請負人の不正・横暴をことあげし、アイヌ「撫育」を声高に主張した点でも前期直轄の論理と共通している。対外防備とアイヌ撫育の二つが蝦夷地直轄の大義名分であった。

箱館奉行とその政策

蝦夷地直轄支配のための権力装置をみておこう。享和二（一八〇二）年、東蝦夷地の永上知《えいあげち》（期限つきの収公を永続的にしたこと）にともない、戸川安論《やすとき》・羽太正養《はぶとまさやす》の二名が蝦夷地奉行に任じられたのが始まりで、その年のうちに箱館奉行と改称された。その後、松前・蝦夷地一円幕領化によって奉行所が松前に移されるとともに松前奉行と名称を改めている。二〇〇〇石高・役料一五〇〇石で、地位は長崎奉行の次席とされた。当初定員二名、松前奉行の時代に定員四名となった。任地と在府を交替で勤めた。ここで、注目しておくべきは、幕領の地方支配を担う郡代・代官ではなく、遠国《おんごく》奉行として長崎奉行をモデルにして箱館奉行が置かれたことである。前期幕領期の場合には長崎奉行と比べて外国貿易を管掌しないところが違うが、国境防備は遠国奉行の専管という判断が働き、後述する蝦夷地勤番も長崎の振合とされていた。箱館（松前）奉行支配の役人には、吟味役・調役・調役並・調役下役以下があった。それらのうちから蝦夷地各場所に調役・同心・御雇医師が詰合として赴任し、現地支配の長として会所・運上屋の支配人以下の日本人およびアイヌ民族に威勢を振った。

後期幕領期もほぼ同じ箱館奉行制度であるが、安政元（一八五四）年六月竹内保徳・堀利熙《としひろ》が任じられて復活し、三人ないし四人態勢の時もあった。下田奉行の次席に位置づけられ、奉行支配の役人としては組頭・組頭勤方・調役・同並・定役・同心・支配勘定などがあった。組頭は吟味役、定役は調役下役を改称したものである。現地に調役以下が派遣されたのは前期幕領期に同じだが、箱館奉行・組頭が蝦夷地を廻浦して歩くのが新たに付け加わった。また、在住といって、旗本・御家人の次・三男や厄介、陪臣・浪人などを移住させ、開墾および警衛にあたらせていた。

同じ幕領支配といっても、前期幕領期（一七九九〜一八二一）と後期幕領期（一八五四〜六八）とでは、政策・経営に多少の質的な違いがあるのも確かであった。前期の場合、すでに直捌制やエトロフ場所の開発について述べたように、海産物中心の漁業経営が中心であった。農業開拓は箱館近くの大野村などでの開墾がわずかに成果をみただけで、原半左衛門に率いられた武州八王子千人同心約一〇〇人による、蝦夷地の白糠《しらぬか》・鵡川《むかわ》の屯田入植は無惨な失敗に終わっている。文化元（一八〇四）年には、東蝦夷地の有珠《うす》に浄土宗善光寺、様似《さまに》に天台宗等澍院《とうじゆいん》、厚岸《あつけし》に臨済宗国泰寺《こくたいじ》の三官寺が建立されている。勤番士や出稼ぎ者などの蝦夷地死亡者の回向を主な務めとしたが、どれだけ浸透しえたかはともかく、「蝦夷をして本邦の姿に帰化せしむる」、すなわち仏教の布教活動を通したアイヌ民族の同化もねらっていた。

幕領後期になると、内地からの移民を奨励した農業開拓が試みられはじめ、箱館周辺の開墾がかなり進んだ。蝦夷地でも在住による石狩原野の開墾が着手され、発寒《はっさむ》などに入植した。近代の農業開発につながる動きとみてよいだろう。和人人口が増えたのも特徴で、とくに箱館は安政三（一八五六）年九七九〇人であったものが、慶応三（一八六七）年には一万八六〇九人に急増している（『新撰北海道史』二）。西蝦夷地の小樽内《おたるない》なども和人の集住が進み、小樽内はいちはやく村並扱いとなっている。箱館産物会所の設置や箱館開港による同港での俵物の輸出については前述したが、箱館奉行による外国への貿易船の派遣が試され、実際に箱館奉行の船がニコライエフスク（亀田丸）や上海（健順丸）に航行されている。そのほか、箱館通宝と名づけられた鉄銭の鋳造、アメリカ人鉱山技師を招いた石炭採掘、失敗に終わったものの溶鉱炉・反射炉の建設、西洋船の建造など、漁業にとどまらない殖産興業的政策に踏み込んでおり、近代の開拓使による北海道開発につながる性格をもっていたと評価できようか。後期には国境問題とのからみで北蝦夷地（樺太）の開発に力が注がれたが、それについてはまたあとで述べよう。

奥羽大名の軍役動員

蝦夷地の防備を担った軍事力についてみると、長崎の警固や江戸湾防備と同じく、幕府による大名への軍役賦課が基本であった。前期幕領期では、弘前藩と盛岡藩が毎年の定式勤番を勤めたが、文化露寇事件のさい、両藩の増人数に加え、秋田・庄内・仙台・会津の四藩が臨時出兵したように、非常時には奥羽諸大名が駆りだされるしくみになっていた。また、後期幕領期では、当初弘前・盛岡・秋田・仙台・松前の五藩による警衛であったが、安政六（一八五九）年一一月、弘前・盛岡・秋田・仙台に庄内・会津の二藩を加えた奥羽六藩に蝦夷地の一部を分割して領地として与え、分領の開発・経営を行なわせながら防備に当たらせる方式に変更している。

幕府が奥羽大名を北方の押《おさ》えとして位置づけ、松前藩を補完させたことはシャクシャイン蜂起のとき以来の動員原則であったが、蝦夷地幕領化によって奥羽大名はよりいっそう蝦夷地に縛りつけられていくことになった。幕府はそうした藩の不満を和らげるために、幕領前期では盛岡藩を文化五（一八〇八）年、一〇万石から二〇万石へ、弘前藩を文化二年四万七〇〇〇石から七万石へ、さらに同五年一〇万石へ名目だけの高直しを行ない、両藩の家格上昇志向を巧みに利用していた。安政六年の蝦夷地分領も、樺太の領土問題をめぐるロシアとの緊迫した情勢のもとで、私領をもたせることによって奥羽大名を蝦夷地につなぎとめておくことにねらいがあったものと思われる。しかし、分領経営といっても、場所請負人の既得権を保障することとされ、秋田藩のように増毛《ましけ》場所を「直場」として経営することが許されなかったり、また仕入品・海産物の出入りは松前もしくは箱館の沖の口改めを受けねばならないとされるなど、蝦夷地産物をめぐる既成の権益がネックとなっており、対立・矛盾が吹き出していく。農業移民という点でみれば、庄内藩による浜益《はまます》・留萌《るもい》などにおける開拓がわずかにみるべきものがあった。幕府倒壊によって、奥羽諸藩は皆引き上げてしまった。

蝦夷地防備の軍事力といっても、それは少なからず農民層の動員によって成り立っていたものであった。幕領前期の弘前藩・盛岡藩についてみると、両藩ははじめ重役二〜三名、足軽五〇〇名ずつとされたが、のち二五〇名ずつに軽減、さらに文化露寇事件後には盛岡藩六五〇人・弘前藩四五〇人の定式勤番とされた。両藩は警備地域を分担し、蝦夷地の要所に勤番所を設け駐屯した。浅倉有子によれば、弘前藩では五〇〇名の陣容のうち、本来の足軽が一〇人あたり三〜四人に過ぎず、残りは郷夫《ごうふ》や職人を身分的には足軽に取り立てた者たちだった。盛岡藩の場合も同様で、領内高一〇〇〇石につき一・五人の割合で村に課し、器量よき者を選び雇ったもので、同じく苗字帯刀の足軽として、鉄炮足軽とともに派遣された。当初は防備というより、小屋作り・道作りといった普請要員としての性格が強かったのである。また、これらの派遣足軽は「腫病《はれ》」とか「紫斑病」といわれたビタミンCの欠乏による壊血病に罹り、つぎつぎ死ぬなど民衆の犠牲のうえに北方防備が成り立っていたことを忘れてはならない。

後期幕領期の秋田藩の例では、足軽一〇〇名を増毛に永住させる予定であったが、その足軽は養子縁組というかたちで召し抱えられた農民がかなり高い割合を占めたのではないかと金森正也によって推定されている。他藩でも同様の足軽確保の実態であったものであろうか。復領期以後の松前藩の足軽を調べてみると、南部・秋田・出羽・越後など他国出生者が少なからず養子縁組を通して足軽となっており、蝦夷地防備の足軽不足を奥羽民衆などが補給していたことになる。

さて、幕府が倒壊する直前の段階であるが、奥羽大名の軍役に依存した蝦夷地防備は効果的でないとして、幕府直属軍による蝦夷地防備案が慶応二（一八六六）年、最後の箱館奉行杉浦兵庫頭《ひょうごのかみ》によって幕閣に建言されている（『杉浦梅潭箱館奉行日記』）。同年二月、北蝦夷地久春内《くしゅんない》で現地詰幕府役人がロシア兵に乱暴を受ける事件が発生し、幕府側が増毛詰秋田藩役人に警衛人数の派兵を要請したが、秋田藩はわずか一一名を出したに過ぎなかった。このように、各藩の利害が優先し、苦情だけ幕府に申し立てるのでは樺太情勢に対応できないとして、奥羽大名の分領を引き上げて警衛を免除し、その代わり歩兵二大隊を派遣するよう提案したものであった。歩兵隊の経費には引き上げ分領地の収納を当て、やがては場所請負人を廃止し、直捌制によって金繰りしたいとも述べている。この計画は幕府倒壊によって実現されなかったが、大名軍役を止揚した直属軍による防備態勢が説かれているのは、近代軍制への脱皮の過程として注目されよう。

アイヌの「改俗」

幕府の蝦夷地直轄がアイヌ民族に何をもたらすことになったのか、交易をただし介抱・撫育をあつくするという掛け声が、アイヌ民族の自立・自助的な生活基盤の安定とは逆の方向でしかなかったことはすでに述べてきたところである。だが、それにとどまらない運命が待ち受けていた。蝦夷地内国化がアイヌ民族の民族性をはぎとり、日本人化を強制する同化政策を顕わにしてきたからである。

「改俗」「帰俗」などと当時は呼んだが、同化の論理が出てくるにはそれなりの必然性があった。というのは、繰り返しになるが、幕藩制国家は華＝内と夷＝外の秩序として蝦夷を位置づけており、いわば日本人から切り離し異化していくことに意義を見いだしていた。しかし蝦夷地の外側からロシアという新たな「赤蝦夷」が迫ってくると、アイヌ民族を蝦夷たらしめておくことがかえって国家の危機と認識される。そこからアイヌをまるごと日本の内側に組み込んでしまうことでロシアに対抗するという反転した考えが生まれる。そのさい、アイヌ民族を蝦夷扱いのままにしておいては介入の隙を与えかねないので、日本人につくりかえることが不可欠だと認識されたのである。異化と同化とはまさに表裏一体の論理であった。さらにいえば、蝦夷から日本人にするのは未開状態から文明に善導してやることで、ありがたく思えという思い上がった意識を伴っていたことが大きな不幸であった。

蝦夷地が直轄される以前、最上徳内は田沼期の蝦夷地調査にもとづいて、「夷人」が「日本風俗に化し染まぬ様」にするのが「松前家の掟」だと述べていた。もしアイヌが「日本言葉」を使ったり蓑笠を着れば、通詞がこれを咎め、厳令に背いたとしてツクナイを要求し謝罪を求めたというのである。これではアイヌが「永久に人道に化し染」まることはないと徳内は批判していた（『蝦夷国風俗人情之沙汰』）。その通りの事実であったとすれば、異化の論理がアイヌと日常的に接する通詞のレベルまで定着していたことになろう。徳内は前述のようにアイヌは「元来日本人と種類等しき人間」という考えの持ち主であったから、この段階では、アイヌが「日本風俗」に化していくのが自然の性向であり、アイヌもまたそれを望んでいるというような理解であったと思われる。

直轄開始にあたって幕府が示した対アイヌ政策の指針は、「耕作の道」を教え「穀食」を習わせる、「日本詞」使用の禁をやめ専ら「和語」を使うよう教える、「和人風俗」を望む者には月代《さかやき》を剃らせ「日本の服」を与える、稼方出精《かせぎかたしゆっせい》の者には「日本風の家作」を拵えて与える、上を崇め親に孝といった儒教徳目を教え諭す、いろは文字など覚えさせ「文華」が開けるよう促す、といったものであった（『休明光記付録』）。アイヌ民族をまるごと近世百姓につくりかえることがめざされるいっぽう、耳環や入墨・メッカ打ち（災難で死者があったさいに、刀のみねで額を打ちあう弔礼）や熊送りといった固有の民族的習俗が禁止された。こうした日本人化のなかで、じっさいに現地で手っとりばやく実施されたのは、この指針では性急に「日本風」を強い反発をうけるのはよくないとされていた、月代・髷《まげ》・髭剃《し》の強制であった。

身体風俗はその人格ないし民族的アイデンティティに深く根ざしているものであったから、その否定的扱いが強烈な反発を受けるのは必至であった。徳内は『蝦夷草紙後篇』のなかで、「蝦夷人月代を服せざる事」として、アイヌが月代強制に対して松前領（未直轄の西蝦夷地）へ逃れようか、山奥に引きこもり住もうかと、大いに動揺していた様子を記している。ホロイヅミ場所では、若いアイヌが月代を剃り「日本人の風俗」になったのを、その親類がみて、病死なら天命とあきらめるが、月代を剃って「先祖より受たる姿」を失い、衆人と交わりを結ぶことができなくなったのは嘆かわしいと述べていたという。徳内はやがて考えが変わって、「猶予嫌疑」の心を生じさせるような髪型の強制は「政にほどこす」べきではないという見解に到達しているが（『渡島筆記』）、激しい抵抗を前にして、幕府としてもアイヌの離反を招いては困るので風俗改変をただちに中止せざるをえなかった。

しかし、エトロフ場所だけは違った。異国境のエトロフに限っては、アイヌがロシア側につかないよう風俗改めを続行すべきだという、近藤重蔵らの強い主張があり、改俗が認められたからである。抵抗があって必ずしも順調には運ばなかったが、他場所より手厚い介抱・下され物の効果があってか、近藤の後を継いだ菊地惣内のもとで、文化四（一八〇七）年四月一五日、「夷人一統」が「日本の風俗」に改めたとして、シャナ会所に盛岡藩・弘前藩の勤番や支配人以下の和人、改俗アイヌを呼び集めて「改俗の祝儀」が挙行されている。これを記念して、アイヌの剃髭を埋めた「髭塚《ひげづか》」がつくられ、箱館奉行羽太正養が碑文を書いている。その碑文には、エトロフ開発の事績が記され、最後を「則剪たる髯《ひげ》をあつめてこの碑を髯塚と名づけて、その国恩のいちじろきことを不朽にとゞむるのみ」と結んでいた（『東蝦夷夜話《とうかいやわ》』）。明治一〇年代になった『択捉《えとろふ》調査材料』（『アイヌ史資料集』第二期第五巻）によると、竪四尺五寸、幅一尺三寸の碑であった。エトロフアイヌが自ら希望して「新シャモ」になったかのような記述が正養の碑文などにみられるが、はたしてそうであったか、改俗を強いられた側の気持ちを思いやる必要があろう。

蝦夷から土人へ

後期幕領期になると、この改俗強制は前期とは比較にならないほど猛威を振った。改俗アイヌの「役土《やくど》人《じん》」に対しては、乙名・小使・土産取《みやげとり》といった旧来の役蝦夷の呼称をやめて、庄屋・名主・年寄・百姓代と改め、また裃あるいは羽織袴を支給して着用させ、オムシャなどの儀礼でも座席などで優遇し、内地の村役人の振合で扱うこととし、未改俗アイヌとの間に待遇上での差別を歴然とさせようとした。場所に派遣された幕府役人は、改俗の功績を争うように、会所・運上屋の番人たちを動員して改俗を迫っていったのである。

高倉新一郎がまとめた安政五（一八五八）年のデータによれば、忍路《おしょろ》一二七名のうち九七名、根室六一四名のうち四三〇名、余市四九一名のうち二九五名、積丹《しゃこたん》二九名のうち一五名がそれぞれ改俗し、五〇％から七〇％台の高い率になっているいっぽう、石狩では五四三名のうち二〇名、釧路では一三〇六名のうち四六名にすぎず、場所によって大きな開きがあった。

松浦武四郎が著した『近世蝦夷人物誌』は再直轄初期の改俗のすさまじさ、またそれに対するアイヌの動揺・反発を語ってあまりあるが、それによれば、クスリ（釧路）では一三二六名のうち四八三名までが無理やり捕まえられ月代・髭を剃られたが、乙名ムンケケの命を賭けた抵抗によって食い止め、安政四年の春であろうか、後で行ってみるとわずか一三人しか改俗した者がいなかったといわれる。結局、幕府側も改俗を無理じいすることができなくなり、「役土人」の一部は除き、多くの改俗アイヌがもとの風俗に立ち戻ったと考えられる。アイヌの同化のめざすところは内地の百姓化であったが、風俗改めでつまずき、アイヌの農耕民化という生活様式の改変にまで踏み込むことができなかったのが幕府統治下の実状であろう。近代日本にあって、風俗次元にとどまらず、もっと根本的にアイヌの農耕民化や教育を通した同化政策が進められていくことになるが、同化の論理が、明治国家によって始まるのではなく、すでに蝦夷地幕領化のうちに成立していたことを知らねばなるまい。

今日、アイヌ民族の人々は「旧土人保護法」の撤廃と、それに代わるアイヌ新法の制定を日本政府に求めて運動しているが、この「旧土人」という法律用語もまた、幕末期の幕府によるアイヌ同化政策に胚胎するものであった。「土人」という用語は、近世社会においては、本来ある特定の民族や人間集団をさす言葉ではなかった。近世の文献をめくってみれば容易にわかることだが、土地の人、所の者といった意味であったことは明らかである。最上徳内は師匠である本多利明の影響もあってか、『蝦夷国風俗人情之沙汰』でアイヌ民族を「蝦夷土人」ないし「土人」と書き、意識的に土人を多用している一人である。しかし、土人はアイヌだけに使われているのではなく、同時に松前地の日本人住民をさして「松前土人」と記している。したがって、蝦夷の住人、松前の住人という意味を超えるものではない。ただし、あえて蝦夷人・夷人より土人を多用した意図があるとすれば、アイヌは日本人と同種とみる徳内の考えによるものだろう。

幕府が「蝦夷人」「夷人」を「土人」に改めたのは、安政三（一八五六）年のことと思われる。ソウヤ詰の幕府役人が、同年五月、運上屋支配人に対して「夷人」呼称を向後「役土人・平土人」と唱える旨を申渡し、またアイヌへも同様のことを伝達している。これは、ソウヤ場所だけとは考えにくいので、全蝦夷地にこの時点で布令されたものとみてよいだろう。こうして、古代以来の「蝦夷」表記は以後公文書から姿を消し、蝦夷の終焉を迎えることになった。

土人呼称の採用は、内国民としてのアイヌ民族の位置づけにあたって、夷狄である蝦夷人呼称が不適当なものと考えられたからであろう。幕末の「賊狄」「外夷」「夷人」あるいは「左衽」という言葉は、攘夷主義者が西欧人に投げつけた侮蔑語としてもっぱら使われていく。「蝦夷」という、アイヌ民族自身がそう呼ばれるのを嫌った言葉が否定されたことはその限りでは評価すべきことかもしれない。しかし、蝦夷人とはアイノのこと、という認識が広まっておりながら、アイヌという自民族呼称を採用しなかったのは、固有の民族として自立することを許さず、あくまでも日本人の中に同化すべき対象とされたからである。ただし、民族性をつよく保持しているため「百姓」とするわけにいかず、区別して「土人」と呼ぶことになったのだと思われる。明治に入って「旧土人」といったのは、幕末期にこうした「土人」事情があったからである。

だが、いったん「土人」と呼ばれるようになると、土地の人という本来の意味が消え失せ、蝦夷に付随していた未開性・野蛮性という語感が「土人」に付着していく。それが植民地住民をさして土人と呼ぶ、近代の土人イメージにつながっていくのだといえよう。近代の土人の行方については本書の範囲を超えているが、土人という語は近世から近代への転換の意味を考えさせるキー・ワードのひとつといえるかもしれない。

2　日露国境交渉と樺太

日露通好条約

幕末、幕藩制国家が抱えていた北方問題の最大の懸案は、北蝦夷地（樺太・サハリン）の領有をめぐる日露の国境交渉であった。嘉永六（一八五三）年七月一八日、プチャーチンが長崎に入港し、開港・交易の要求とともに両国間の国境の画定を求めてきたからである。プチャーチン側と幕府の露西亜応接掛筒井政憲・川路聖謨《かわじとしあきら》らとの交渉はまず長崎で始められ、その後下田に舞台を移して行なわれた。プチャーチンの乗艦ディアナ号が地震津波で沈没するというハプニングも生じたが、安政元年一二月（西暦では一八五五年二月）、下田で日露通好条約（和親条約、修好条約ともいう）が結ばれ、両国の国境に関して、千島列島についてはエトロフ島とウルップ島との間とし、また、樺太島については決着をみず、「界を分たず、是迄仕来《しきたり》の通たるべし」とすることで妥協した。

千島列島の国境は、プチャーチンがはじめエトロフ島の領有権を主張していたが、実効的支配という点で勝ち目がなかった。前述したように、前期幕領期にロシアの南下に対応するため、エトロフを「開国」し、北千島とアイヌとの交易を切り捨てるかたちではあったが、同島の内国化（鎖国制編入）が果たされていた。その後もエトロフはロシア人の居住の事実はなく、継続的支配下にあったものである。

いっぽう、北蝦夷地では、前期幕領段階ではロシアの影はみえず、白主《しらぬし》での山丹《さんたん》交易の公営化（アイヌ民族の山丹交易からの遮断）を図ることで収まっていた。北蝦夷地場所は文化六（一八〇九）年以来、栖《す》原《はら》・伊達両家の請け負うところであり、久春古丹《くしゅんこたん》に運上屋（場所経営の中心施設、東蝦夷地の会所に同じ）をおき、樺太南端のアニワ湾および西海岸の漁場をアイヌを労働力として経営していた。ロシアが樺太に進出してくるのはこれよりかなり遅れ、一八四九年のネヴェリスコイの間宮海峡発見、五二年のボシニャークの樺太北部の踏査以後のことである。当時樺太海域にはアメリカの捕鯨船が出没していて、樺太の戦略的重要性が認識され、また樺太の石炭資源が有望視されたこともあり、一八五三年、樺太の占領を企てた。東シベリア総督ムラヴィヨフの命を受けたネヴェリスコイがアニワ湾に入り、久春古丹に上陸し、運上屋のある拠点近くに砲台を設け、ムラヴィヨフ哨所をつくってしまった。久春古丹ではすでに漁期が終わり、松前藩の勤番や出稼ぎ者が引き上げ、越年の番人が残るのみであった。このような軍事行動を背景にプチャーチンの交渉が行なわれていたわけである。

こうしてみると、樺太島についてもその当時ロシアの実効的支配というには根拠薄弱であり、日本もまたアニワ湾、西海岸の富内《とんない》を中心とした南端の場所経営に過ぎないという弱さがあったことになる。以後、通好条約を出発点としながら、条約文の「是迄仕来の通」の解釈のずれを含みつつ、日露両国の樺太島の領有をめぐる実績づくり、抗争が激しくなっていった。

この通好条約の交渉過程で着目しておきたいことは、日本側が樺太島の領有を主張するさいに、蝦夷すなわちアイノの居住しているところまでは日本の領土だと、松前藩（日本）のアイヌに対する「撫育」を根拠に述べていた点である。条約本文の付録に、樺太島の儀は嘉永五（一八五二）年まで、日本人並びに蝦夷アイノが居住した地は日本所領である、と加えることでいったんは合意がなったが、ロシア側が「蝦夷アイノ」の「蝦夷島アイノ」への変更を求め、結局盛り込まれなかった。これ以降の国境交渉においても、日本側はアイヌの撫育（＝従属）を前面に掲げ、また日本人＝アイヌ同祖論を持ち出し、アイヌ居住地は日本領土であるとする論を展開した。ロシア側もこの撫育論に対して、アイヌの「自由」権を主張し抗弁していくことになる。樺太アイヌの存在が、その意思いかんにかかわらず、領土画定問題のキー・ポイントになっていたことを確認しておきたい。

樺太情勢の推移

安政元（一八五四）年、幕府はプチャーチンとの国境交渉、ムラヴィヨフ哨所の設営という事態に直面し、目付堀利煕・勘定吟味役村垣範正らを北蝦夷地に派遣し、樺太事情を探らせた。これによって、アイヌ民族の居住地はほぼ樺太中央のホロコタン辺りまでであり、樺太北半のスメレンクル（ニヴフ）やオロッコに対しては松前藩の「撫育」が及んでいないことなどが明らかになった。また、北蝦夷地場所の拠点にロシア側の哨所が設けられたことは大きな脅威として受け止められ、樺太南端の漁業経営や夏期のみの松前藩の勤番ではロシアの備えにならないと当然ながら認識された。こうした北蝦夷地情勢が全蝦夷地の直轄を促す契機のひとつになったことはいうまでもない。幕府にとっては幸いなことに、ロシア側は久春古丹の哨所がクリミア戦争に巻き込まれて英仏の攻撃を受けるのを避け、同年五月同所を撤退した。一時的にせよ、クリミア戦争の余波がロシアによる樺太占領・経営を遅らせることになったのである。

幕府は安政二年再び蝦夷地を直轄し、翌三年松前藩から北蝦夷地を引き継いだ。調役以下の幕府役人を久春古丹・白主《しらぬし》・西富内《にしとんない》に配置するとともに、秋田藩に北蝦夷地の警衛を命じた。秋田藩は元陣屋を増毛に、出張陣屋を宗谷、および北蝦夷地の久春古丹・白主（のち富内に移す）にそれぞれ置いたが、北蝦夷地には三月から八月の間だけ警衛隊を派遣し、冬の間は増毛に引き揚げさせていた。その後、北蝦夷地情勢の緊迫化により、幕府はいっそうの警備強化の必要性を認識し、万延元（一八六〇）年、秋田藩に加え仙台・会津・庄内の三藩にも北蝦夷地の警衛を命じ、翌文久元（一八六一）年仙台・庄内両藩、同二年会津・秋田両藩と、二藩ずつ隔年交替で勤めさせることにした。ただし、会津藩は藩主松平容保《かたもり》が京都守護職となったので免除され、文久三年は仙台・庄内、元治元（一八六四）年は仙台・秋田と、三藩が順繰りに担当することとなっている。しかし、慶応期には大名の軍役に依拠した警衛態勢の弱さが露呈し、幕府直轄軍の投入が検討されていたことは前述した通りである。

藩による警備にとどまらず、幕府が北蝦夷地の実効的支配を強めていくために推進したのは漁場の開発・経営であった。栖原・伊達の請負場所はそのまま継続させる一方、安政三（一八五六）年、越後国井栗村の大庄屋松川弁之助の開発見込みに基づいて、樺太島東海岸および西海岸ノタサン以北を「直捌《じきさばき》」地とし、弁之助を差配人に命じた。弁之助は同国の親類出雲崎の名主鳥井権之助らと協力し、翌四年から東海岸ヲチョボカを拠点に漁業に着手している。また、東蝦夷地内の場所請負人であった山田文右衛門・米屋喜代作も蝦夷地出稼ぎを出願し東海岸の開発にあたっている。しかし、いずれも文久二（一八六二）年までに失敗に帰し、幕府の直営ののち、元治元（一八六四）年以降栖原・伊達を差配人とし経営を委ねた。東海岸では、さらに弁之助らの経営地の奥、静河《しつか》地方の漁業が幕府役人の手によって文久元（一八六一）年試みられ、三年からは安房勝山藩酒井家が経営して維新に及んだ。

西海岸の方についてては、弁之助に余裕がなく手が付けられずにいた。しかし、安政四（一八五七）年来、再びロシア人が久春内を中心に南樺太での行動を取り始めたので、幕府も対抗上、翌五年より同地に幕府役人を詰めさせ、翌六年からは漁場を経営している。また、越前大野藩土井家は、これより北方での漁場開発を出願し、安政五年、ライチシカよりホロコタンまでの地を割り渡されている。藩財政立直しの活路を樺太に求めたもので、ウショロの元会所に藩士・漁夫を派遣し漁場を開いた。経営に行き詰まり返地を願ったが、慰留され幕府の援助を受けて維新に至った。

いっぽう、安政四年ナヨロおよび久春内に渡来したロシア側のその後の動きであるが、翌五年再び久春内に上陸して永住の根拠地づくりを始め、また同六年には東海岸マーヌイ（真縫）へも進出した。安政五年、プチャーチンが横浜に来航して通商条約を締結したさい、通好条約違反であると抗議したが、プチャーチンはその任にあらずと回避した。翌六年東部シベリア総督ムラヴィヨフが品川に来航し、前年ロシアが清国との間に結んだ愛琿《あいぐん》条約でアムール地区がロシア領に編入されたことをたてに、樺太の清国属島すなわちロシア領有を強弁し、物別れとなった。幕府の奥羽六藩への分領策、北蝦夷地警衛強化はこうした一連の動きへの対応であった。その後、ロシア側は東海岸を南下し、文久二（一八六二）年内淵《ないぶつ》へ、さらに慶応三（一八六七）年には遠淵《とうぶつ》・チベチャニにまで進出し、久春古丹に迫った。

この間、大野藩経営のウショロ場所で、雇番人の横暴でアイヌのトコンベがロシア側に逃亡するという事件が文久二年に起こっている。日本側のアイヌ「撫育」論の主張を揺るがしかねない事件であったので、その引渡しをめぐって日露間の折衝が続いた。トコンベはいったん帰郷したものの、結局トコンベら三家族一八人はロシア人の勧めに従いロシア側に立ち去った。また、慶応二年には久春内のシララオロ辺を巡視していた幕府役人がロシア人と衝突し八名が拘禁された事件、また翌三年にもシララオロで幕府役人が二名捕らえられるという事件が発生していた。

樺太千島交換条約

ムラヴィヨフ来航以後の日露の国境交渉は、開市・開港延期交渉のため西欧諸国に派遣された竹内保徳を正使とする使節団によって、文久二（一八六二）年、首都ペテルブルクでもたれた。しかし、アイヌ居住地は日本領の原則からホロコタン北緯五〇度線を主張した日本側と、露清間条約によって清国属島の樺太がロシアに帰したと主張するロシア側との間に距離が大きく、四八度線分界の妥協の可能性があったともされるが、結局まとまらなかった。

ついで慶応二（一八六六）年、幕府は箱館奉行小出秀実らを使節としてロシアに派遣した。これまた、分界で決着がつかなかったが、翌三年二月二五日、それまでの両国雑居状態に合法性を与えるかたちで樺太を両国の共有とし、いくつかの取り決めを行なった。これが「樺太島仮規則」と呼ばれているもので、ロシア人・日本人とも「全島往来勝手」とし、未開発の場所への移動および建物は自由とする。また、土着の先住民族の雇用は本人の承諾があるならロシア人・日本人ともにできる、などという内容であった。日本側のアイヌ「撫育」論が破綻していることが知られよう。

明治維新で幕府の北蝦夷地支配が崩れ去ったあと、維新政府は権判事岡本監輔を久春古丹に派遣し、岡本は慶応四（明治元＝一八六八）年六月同地に入った。倒幕・維新の政争のなか、日本側の漁場は多くが放棄されてしまい、久春古丹周辺のみを実質的に支配するに過ぎなくなっていた。いっぽう、ロシア側は明治二年、久春古丹からわずか一キロの函泊《はつことまり》に哨所を建設してコルサコフと命名したほか、この時期、囚人や移民の樺太移送を開始し、仮規則を拠り所に樺太支配の強化に乗り出していく。明治政府は、明治三年二月北海道開拓使から独立させて樺太開拓使を設置し（ただし翌年八月廃止）、またアメリカに仲裁を依頼するなど盛り返しを図ったが、事態の好転は望めなかった。明治五年、駐日ロシア代理公使としてビューツォフが東京に着任すると、翌年にかけて外務卿副島種臣との間で国境交渉がもたれた。副島は樺太の買収案を提示していたといわれているが、征韓論で下野したため、この交渉は進展しなかった。

樺太の日露共同所有に最終的な決着がつけられたのは、明治七（一八七四）年の旧幕臣榎本武揚を特命全権大使としたペテルブルク派遣によってであった。榎本は樺太折半による島上分界、もしくは樺太のロシア譲渡とその引き換えとしての全千島の獲得という指示を受けていた。翌年におよぶ交渉の過程で、後者の方向で合意がなり、明治八年五月七日、樺太千島交換条約が調印された。樺太全島がロシア領に、またシュムシュ島に至る全千島列島が日本領となった。このほか、日本側に久春古丹入港日本船の一〇年間港税・関税の免除や、オホーツク海での漁業権を認める取り決めなどが含まれていた。日本が樺太譲渡に踏み切ったのは、開拓次官黒田清隆（明治七年八月長官となる）にみられる北海道開拓最優先・樺太放棄という考え方があったからである。しかし、それだけでなく、日本が朝鮮に開国を迫り軍事行動を起こすさいに、ロシアがこれを了解し、必要なら日本に援助を与えるという密約を得るために、取引材料として樺太譲渡を利用していたことも石井孝によって指摘されている。日本が江華島事件を引き起こしたのは同年九月のことであった。いずれにせよ、樺太千島交換条約は両国の話し合いによる取り決めであり、その後の戦争による領土獲得、ないし占領という両国の国境の推移とはまったく性格が異なるものであった点は、領土問題を考えるうえで充分留意しておく必要があろう。

ところで、この樺太千島交換条約の締結は、樺太・千島の先住民族であるアイヌ民族に何をもたらすことになったのだろうか。同年八月二二日東京で同条約批准書交換のさいに調印された同条約付録によれば、樺太・千島の先住民族は三年の間に、ロシアまたは日本のいずれかの国籍を選び、現住地と選んだ国籍が異なる場合にはその地を立ち去るよう求められていた。明治政府は、樺太のアイヌを帝国臣民という位置づけから、北海道に集団移住させる方針をたて、アイヌを促し強制的に同年一〇月二一日、宗谷へ連れ去った。一〇八戸・八四一名に及んだ。しかし、開拓使は宗谷に置いて樺太脱走という事態が起きてはまずいという危惧から、さらに翌明治九年六月石狩の対雁《ついしかり》に移住させた。対雁ではその意思に反して性急な農耕民化が図られたため、アイヌの人々は生活にゆきづまり、石狩河口へ移転、さらに樺太への出稼ぎを多くしていった。疱瘡やコレラの流行もたくさんの死者を出した。日露戦争後、南樺太が日本領になるとほとんどが郷里樺太に戻ってしまった。

樺太アイヌだけではない。風俗・言語などロシア化していた北千島アイヌを日本国側にとどまらせ編入してしまった。そして、明治一七（一八八四）年、占守《しゆむしゆ》島のアイヌを強制的に色丹《しこたん》島に移住させる策を強行している。遠隔の島である住民の「保護」ができないという理由であったが、農業中心の色丹島での生活は辛酸をきわめ、病にも侵され人口が急減した。これまた、国家の都合でアイヌ民族を振り回した農耕民化による臣民化のみごとな失敗であった。

3　蝦夷地の終焉

北海道の成立

幕府が倒壊したあと、松前藩領を除く松前・蝦夷地は新政府に引き継がれた。箱館奉行に代わり、箱館裁判所が明治元（一八六八）年四月置かれ、翌閏四月には箱館府と改称した。しかし、旧幕臣榎本武揚が同年一〇月箱館に入って新政府に抵抗し、翌年五月、五稜郭の戦いで敗れ投降するまで混乱状態が続いた。最後の戊辰戦争が終わると、新政府は蝦夷地開拓の方針を審議し、明治二年七月八日開拓使を設置し、新政府による本格的な北海道開拓事業を開始していく。札幌に開拓使庁が置かれたのは同四年五月で、それ以来行政の拠点が箱館から札幌に移った。松前藩の方は版籍奉還後、明治二年六月館《たて》藩と称したが、廃置県により同四年九月弘前県（のち青森県）に合併された。松前地が北奥とひとつの行政区をつくり、北海道とは別の道を歩む可能性があったといえるが、同五年九月には北海道に編入された。開拓使の時代は明治一五（一八八二）年二月まで続き、その後札幌県・函館県・根室県および北海道事業管理局（翌一八八三年設置）の三県一局の時代を経て、北海道庁が明治一九年一月設置され、現在までこの道庁体制が続くことになる。

蝦夷地が松前地も含め北海道と改称されたのは、明治二（一八六九）年八月一五日のことであった。同時に渡島《おしま》・後志《しりべし》・石狩・天塩《てしお》・北見・胆振《いぶり》・日高・十勝・釧路・根室・千島の一一か国と八六郡という国郡制がしかれた。クナシリ・エトロフは千島国に含まれた。また、この日北蝦夷地も樺太（樺太州）と改められた。蝦夷地は幕府の直轄によって内国に編入されていたといえるが、新政府はさらに蝦夷地の名義をも廃止し、内地並の扱いを内外に示したことになる。当時、本州方面をさして「内地」という言い方があったが、これは外地としての北海道を連想させるので公文書上では明治六（一八七三）年六月、北海道を「北地」というのと合わせ使用しないことにし、以後他道、他府県とすべしとしている（『布令類聚』）。

北海道の名称は松浦武四郎が日高見《ひたかみ》・北加伊《ほくかい》・海北《かいほく》・海島《かいとう》・東北《とうほく》・千島《ちしま》の六案を示し、このうちの北加伊が北海と改められ北海道となったものといわれている。武四郎によれば、「夷人」はみずからその国をさして「加伊《かい》」と呼んでいたものとされる。蝦夷の音読みであるが、カイは自称でもあり、その例として樺太ではアイヌをカイナーと呼んでいる、また鬚が長いので蝦夷と表記したのだと、武四郎は理解していた。こうしたカイ自称説の当否はともかく、北海道の名づけにあたっては、蝦夷＝アイヌモシリが踏まえられていたことになろう。

明治初期の過渡的な北海道支配はやや複雑な経過をたどった。箱館裁判所の設置とともに、新政府は秋田・盛岡・津軽・松前の四藩に箱館警衛を命じた。しかし、東北地方が戊辰戦争に巻き込まれると箱館警衛はもとより、奥羽各藩は蝦夷地の分領・警衛を放棄して引き揚げてしまった。このため分領地はすべて新政府に接収されることになった。開拓使が当初、蝦夷地の支配方式として採用したのは、幕末の奥羽大名分領とあまり変わらない諸藩などへの分領割り渡しであった。渡島・後志・石狩・北見・日高・根室のうち二〇郡を開拓使の直轄とする他は分割する予定で、明治二年八月からいわゆる廃藩置県に伴う同四年八月の分領返還までのうちに、水戸藩・金沢藩・静岡藩・鹿児島藩など二四藩、田安・一橋の二家、仙台藩の士族など八士族、増上寺・仏光寺の二寺、兵部省、および東京府が関わった。

これらの諸藩などの分領支配は、とりわけ新政府から出願を促された大藩の場合には、ほとんど未着手のままに返還を願い出るなど、所期のねらいどおりにはいかなかった。そうしたなかで、仙台藩の士族の場合は事情が異なっていた。仙台藩は奥羽越列藩同盟の中心的な藩として領地が大幅に削減され、表向きは六二万石が二八万石となったが、実質は七割を超える没収であったといわれる。その結果、たとえば仙台藩岩出山領の伊達邦直はそれまで一万五〇〇〇石であったものが、五八・五石にまで減らされ、たくさんの陪臣が食うや食わずの境遇になってしまった。同様の状態にあった亘理《わたり》領伊達邦成、白石領片倉邦憲、角田領石川邦光など、合わせて六士族集団が北海道の移住・開拓に活路を見いだし、およそ一三〇〇戸・四七〇〇人もの人々が新天地に向かった。現在の伊達市（伊達邦成）、石狩郡当別町（伊達邦直）、札幌市白石区（片倉）、夕張郡栗山町（石川）などがそうした士族移住で切り開かれたところである。主従関係のつよさによって困難を乗り越えたのが大きな特徴であった。

場所請負制の廃止

廃藩置県以後、新政府は開拓使のもとで一〇年計画を立てて、農業開発、官営工場の設置、鉱山開発、鉄道・道路の建設などを、内地からの移民を促しながら推進していく。こうした北海道の開拓については、もはや本書の範囲を超えることになるので、ここでは近世的なシステム、とりわけ場所請負制がどのように解体させられていったのかみておくにとどめたい。

場所請負制の弊害は、前述したように幕府直轄下においてつとに指摘され、直捌制が実施されることもあったが、逆に幕領化によって遠隔地市場を背景とした請負人の経済活動が一層倍加されたのが現実であった。明治新政府もまた幕府のそうした認識を受け継いでおり、明治二（一八六九）年九月、版籍奉還の時節に、「商人ノ身」でありながら、「諸場所土地人民ヲ始請負支配」しているのは名分が立たないとして、場所請負制の廃止を布達した。しかし、請負人側は旧西蝦夷地場所を中心にこれに頑強に抵抗した。すでに明年の米・塩・漁具などの仕込品の準備や、南部・津軽・秋田辺の雇漁人への前金貸し渡しなどは済んでおり、またアイヌ民族に対しても一同世話して相続させてきたので、実状無視も甚だしいというのであった。

新政府はこの請負人たちの要求をかなり受け入れ、一一月請負人の名目は廃するものの、当分「漁場持」というかたちでの従来通りの漁業経営を認めることにし、それまでの運上屋を本陣と改称した。しかしながら、開拓使の支配地においては、日高地方の幌泉・三石・様似・浦河の各場所や西海岸の石狩・浜益で開拓使による「官捌」を実施したほか、西海岸各場所では漁場持だけでなく、旧場所請負制のもとで二八取・浜方と呼ばれていた漁民に対しても、漁場の直接貸し付けを積極的に認める方向を打ち出し、旧請負体制の打破がめざされている。官捌はいずれも負債をかかえるなどうまくいかず、明治八（一八七五）年までにすべて失敗し、漁場持へ委任、もしくは漁業希望者への割り渡し地としている。いっぽう、諸藩分領地では、漁場持に任せる場合と藩による直捌の両方がみられた。廃藩置県によって直捌が消滅したあとは、旧請負人が漁場持として復活している。したがって、場所請負制が廃止され、開拓使支配地を中心に、二八取・浜方漁民が旧請負人のくびきから脱し、独立漁業者となる道が開かれてはいたが、まだ漁場持による広大な漁業経営は依然続いていたといえよう。

こうした旧請負人の排他的漁場経営に終止符を打つことになるのが、明治九年九月の漁場持廃止の布達であった。このなかで、北見・根室・千島方面の具体的な場所名をあげて、漁場持が従来の慣習を固守し、出稼ぎの体裁で広大な地所を借り受けていながら、それ相当の漁業をしていないのは、他人が新たに開業する道を妨げ、人民移住や独立営業の障害になっているとつよく批判していた。したがって漁場持の漁場のすべて、および明治五年九月の「地所規則」適用例のうち精確な調査が行なわれていない、一郡全部ないし数郡を一手に借り受けている寄留人の「漁場・昆布場」はひとまず収公するというものであった。そして、翌明治一〇年より、旧漁場持などで新たに営業を願い出る場合には、実地調査のうえ、不都合がなければ相当の場所を割り渡し、その外永住・寄留にかかわりなく、営業希望者に漁場を志願するよう促していた。割り渡すべき漁場・昆布場（乾場）として、千島・北見・根室・天塩・胆振・日高・釧路のうち三一郡が挙げられているので、それ以外の国・郡はこの布達の対象外ということになろう。

明治五年の「地所規則」というのは、「漁浜・昆布場」の経界をただして、永住人には私有地を認め、寄留人には当分旧により拝借地として、五年間の間「除租」とするものであった。この法の趣旨は二八取漁民や旧請負人の雇人の独立営業を促進し、永住民として定着させることにねらいがあった。その点でいえば、漁場持などの一郡から数郡にわたる漁場は早晩移住漁民に分割されねばならなかったのである。こうして、漁場持廃止令にもとづき、漁場・昆布場が漁業希望者に割り渡されていったが、しかしこれによって、必ずしも旧漁場持がみな息の根を止められたわけではなかった。旧請負人である栖原・藤野両家などは、旧持場の漁場割り当てを出願し、従来とあまり変わりない拝借が認められた。さらに拝借地がその後私有地として確定をみ、旧請負人の一部は近代的な漁業経営者に転換を遂げることとなった。やがて、三井物産など近代商業資本による海産物への進出が強まっていくが、そこまで触れる必要はあるまい。

近世的な諸特権ないし制限の廃止は場所請負制にとどまったのではむろんない。たとえば、松前三湊の沖の口特権も、明治二年松前・江差両港での沖の口運上取り立てが廃止され、函館（明治二年箱館を改称）および新規の幌泉・寿都《すっつ》・手宮の四か所に海官所（明治三年海関所と改称）が設置されることになった。館藩（旧松前藩）は旧幕時代蝦夷地幕領にあっても西蝦夷地関係の移出入税・船舶税などを松前・江差で徴収する権利を有していたが、これを否定するものであった。当然、館藩の反対を招くことになって両港にも再設置されたが、館藩の取り分が税収の三分の一とされてしまった。その後、明治八年二月には「北海道諸産物出港税則」が定められている。この税則により移入品税が廃止され、名称がさらに船改所に改められるなど、近世の沖の口はほぼ実体を失ってしまった。

アイヌ民族の近代

明治国家はアイヌ民族をどのように処遇しようとしたのであろうか。まず、アイヌ民族の公文書上での表現であるが、明治八（一八七五）年頃まではほぼ幕末期の「土人」呼称をそのまま踏襲しており、翌九年以降がぜん「旧土人」が使用されるようになった。明治一一年には、「旧蝦夷人」は戸籍上その他の取り扱いで、「平民同一」であるのが原則だが、「区別」しなければならないとき、その呼称が「古民」「土人」「旧土人」とまちまちなのは不都合なので、以後「旧土人」に統一するとしている。「土人」にしても前述したように、内国民化の表現であったが、「旧土人」という言い方は、「新平民」と同じく「平民」を前提にして創り出された呼称のように思われる。

「土人」であれ「旧土人」であれ、日本の近代国家はアイヌの民族性を否定抹殺し、臣民として統合・同化していく、そういう立場にたっていたことだけは明確であった。さしあたり、明治四（一八七一）年一〇月、開拓使はアイヌ民族に対して、開墾に従事する「土人」には居家・農具などを支給するので、以来死者が出たとき家を焼き転住しないこと、これから出生する女子には入墨をしないこと、男子の耳環着用はやめること、言語はもちろん文字も学ぶよう心掛けること、といった民族文化の禁止を布達したのはその意思表示であった（『開拓使日誌』）。

アイヌの国民統合は戸籍編成にもよく表われている。新政府は明治四年戸籍法を公布し、翌年いわゆる壬申戸籍を作成している。これに伴い、アイヌ民族は平民籍に編入されるべきものとされ、アイヌの戸籍は明治九年頃までに完成したといわれている。アイヌ民族の各家ごとの「人別帳」は、すでに前期幕領期から作成され、厚岸・静内・エトロフの各場所のものなどが今日に残されている。また和人名前も幕領期すでに強要されていたが、明治国家の戸籍編成の特徴としては、アイヌもまた平民同様に名字を持たされ、創氏改名が徹底されたことであろう。

同じくアイヌの内国民としての位置づけとはいえ、蝦夷地幕領期と明治期との大きな違いは、同化政策が徹底・不徹底という差もあるが、「介抱」「撫育」という幕領期の基本原則が明治国家によって否定されたことである。明治三年九月、従来場所請負制のもとで場所年中行事として体系化されていた「回村賜物《かいそんたまわりもの》」「オムシャ」「生死手当」などは「一切他ノ人民ノ振合」に相違するので、今後廃止するという開拓使布達が出されている。とはいっても、一度にすべてがなくなったのではなく、生死の手当てが残されたり、「天長節新年賜物」というものがみられたが、オムシャが完全廃止されたのが象徴的であった。一般平民の「賑恤規則」にならい、特別の保護をしないというのが原則で、近世的諸特権を失うことになった。これを場所請負制の廃止とともに、アイヌの解放とみる向きもあるが、自立の基盤が保障されていない以上、過大に評価することはできない。

こうした「撫育」の否定以上に、明治期になってアイヌ民族の生活や生業を脅かしていったのは、内地からの移民を対象にした近代的土地所有制の創出であった。明治五年「北海道土地売貸規則」および「地所規則」において、「深山・幽谷・人跡隔絶ノ地」以外のすべての「山林川沢」は、たとえその場所がアイヌが「漁猟伐木」をしてきたところでも、移民者に売り下げ私有を認めるとしている。また、明治一〇年「北海道地券発行条例」を定め、土地の種類を宅地・耕地・海産干場・牧場・山林に区分し、官有地の他は「人民」各自に所有させると、その第一条に記されている。この人民のなかにはアイヌは含まれておらず、「旧土人住居ノ地所」はその種類を問わず「官有地第三種」に編入された。同じく「官有地」に含まれた「山林川沢原野等」は差し支えないときには望みの人民に貸し渡し、売り渡しできるとしており、アイヌ民族がイオルの慣行にもとづき自由に大地へ行使できた権利が一方的に奪われ狭められてしまった。

移民者の土地所有権の設定にとどまらず、明治九年の「北海道鹿猟規則」では、毒矢（アマッポ）の使用が禁止され、免許鑑札なくして鹿を獲ってはならないとされた。アイヌ民族の場合、鑑札代の猟業税は免除されたが、猟者は毎年六〇〇名に制限され、違反者への罰則が厳しかった。鮭漁も明治八年、テス網(川に網を張り、鮭の遡上を遮断して捕獲する漁法)が「魚苗減耗ノ大害」などの理由で、夜中の漁とともに禁止された。資源保護をいうなら沿海での建網などを規制すべきなのであったが、こうして狩猟・鮭漁の果てまでもアイヌの自由ではなくなり、国家の法律に生活、生業のすみずみまでが縛られていくことになった。漁場・干場もまた漁民に割り渡されたことはすでに見た通りである。

このように自前の狩猟・漁撈権が近代的土地私有権の設定や法律によって一方的に制限され、また場所請負制の解体、近世的撫育の廃止によって行き場を失ったかにみえるアイヌ民族を、明治政府はどのように「救済」しようとしたのであろうか。それは、前述した樺太・千島アイヌの強制移住でもみられたように、農耕民化という方向であった。理念的には近世後期から百姓化が語られていたが、具体的に政策化されたのは、三県一局の時代の「旧土人救済方法」(根室県明治一六年、札幌県明治一八年)あたりからであろう。札幌県の場合、一戸一町歩以上の地所を無代価貸与して、初年には農具・種子を給与し開墾させるという方針であった。こうした農耕民化の帰結がいわば「北海道旧土人保護法」(明治三二＝一八九九年)の公布であった。この法が一戸あたり一万五〇〇〇坪(五町歩)以内の無償下付を決めてはいるものの、移民の一〇万坪に比べはるかに少なく、しかも痩せた土地が多く農耕に適さず、また自ら処分する権利がなく、一五年間未開墾の場合には没収という規定まで含まれるなど、いろいろな問題点が指摘されてきた。

この「保護法」には、アイヌ児童のための小学校の設置も盛り込まれていた。当時、一般に「旧土人学校」と呼ばれた小学校がアイヌ人口の多い地域につくられたが、アイヌ教育の目的は民族文化の尊重や継承発展におかれたのではなく、その否定のうえに立つ忠君愛国の臣民化にあったことはよく指摘されるところである。教育はもとより徹底した帝国臣民化政策によって、アイヌ民族もまた皇軍の一員としてアジアに出兵していった。

こうした「保護法」下での農耕民化・臣民化の嵐、さらに日常生活のなかで何度となく被差別体験を強いられるなかで、アイヌの言葉や文化が奪われ壊され、民族の「衰亡」なり「滅亡」までが語られた。しかし、かつて経験したことのない危機のもとでさえ、アイヌ民族は同化や差別に抗して、民族としての自覚をもち、自らの生活改善に主体的に取り組む人々が少なくなかった。たとえば、違星北斗《いぼしほくと》やバチュラー・八重子の歌や行動がそのようなものであったし、昭和五（一九三〇）年にははじめての全道的なアイヌの組織、北海道アイヌ協会が設立されている。

近現代のアイヌ民族の足跡については、アイヌ自身による証言が少しずつ刊行されるようになってきたし、榎森進『アイヌの歴史』などは歴史学の分野における先駆的仕事といえよう。ただし、歴史教科書の近代史分野でアイヌ民族の歩みがほとんど記述されていないという批判は、歴史研究者として重たく受けとめなくてはならない問題である。また、日露戦争後の樺太南部の日本領化によって、アイヌのみならず、ウィルタなど樺太の北方民族に対しても「日本近代」がさまざまに苦難を強いてきたことも見落としてはなるまい。

「旧土人保護法」はいくたびか改正され現行法として生きている。今日、アイヌ民族はこの差別的な

「旧土人」を冠した法律を撤廃したうえで、アイヌ民族が存在することを認め、民族としての権利を保障した新法「アイヌ民族に関する法律」(一九八四年、北海道ウタリ協会原案作成)の制定を求めて運動を展開している。「人種的差別の一掃」「民族教育と文化の振興」「経済自立対策」などがその柱である。北海道に住む日本人を追い出すという排他的考えではなく、かつての歴史を振り返れば、誠につつましやかな当然な先住民族の要求というべきである。九三年は国際先住民年であったにもかかわらず、日本政府が前向きの姿勢をみせることのなかったのは、きわめて遺憾なことといわねばならない。

終章　「北門鎖鑰」史観をのりこえる

水戸藩主徳川斉昭《なりあき》が天保一〇（一八三九）年六月、将軍家慶に提出した意見書『戊戌《ぼじゅつ》封事』は、「内憂外患」の幕藩制国家の危機を論じたものとしてよく知られている。当時、斉昭があげているように、天保七年の甲斐郡内騒動・三河加茂一揆、同八年の大塩平八郎の乱、同九年の佐渡一国騒動など、天保の飢饉を背景に一揆・騒動が全国各地に頻発していた。こうした「内憂」と、文化四（一八〇七）年のロシア来寇事件、翌五年フェートン号事件、天保八年のモリソン号事件といった「外患」とが、いわば同時多発的に起きることは最も懸念されるところであった。領主的危機と対外的危機とが結びつくとき、それは国家的危機として認識されたのである。

「外患」とは「海外の夷賊日本をねらひ候患《そうろううれえ》」のことで、「外患」ほど油断ならないものはないと、斉昭はいう。それでは「外患」の元となっている世界情勢はどのようにとらえられていたのだろうか。「西洋」でいう「五世界」（アジア・ヨーロッパ・アフリカ・南北アメリカ）のうち、「横文字」を用いる国はみな「邪宗の国」であるが、次第にその宗旨がひろがり、今はわずかに日本・清国・朝鮮・琉球などを除いて、残らず「御制禁の切支丹宗門」になってしまったと述べている。中華文化圏のうち、朝鮮・琉球は「貧弱の小国」なので目にもかけず、また清国は大国なので手出しができない。したがって、小国だが米

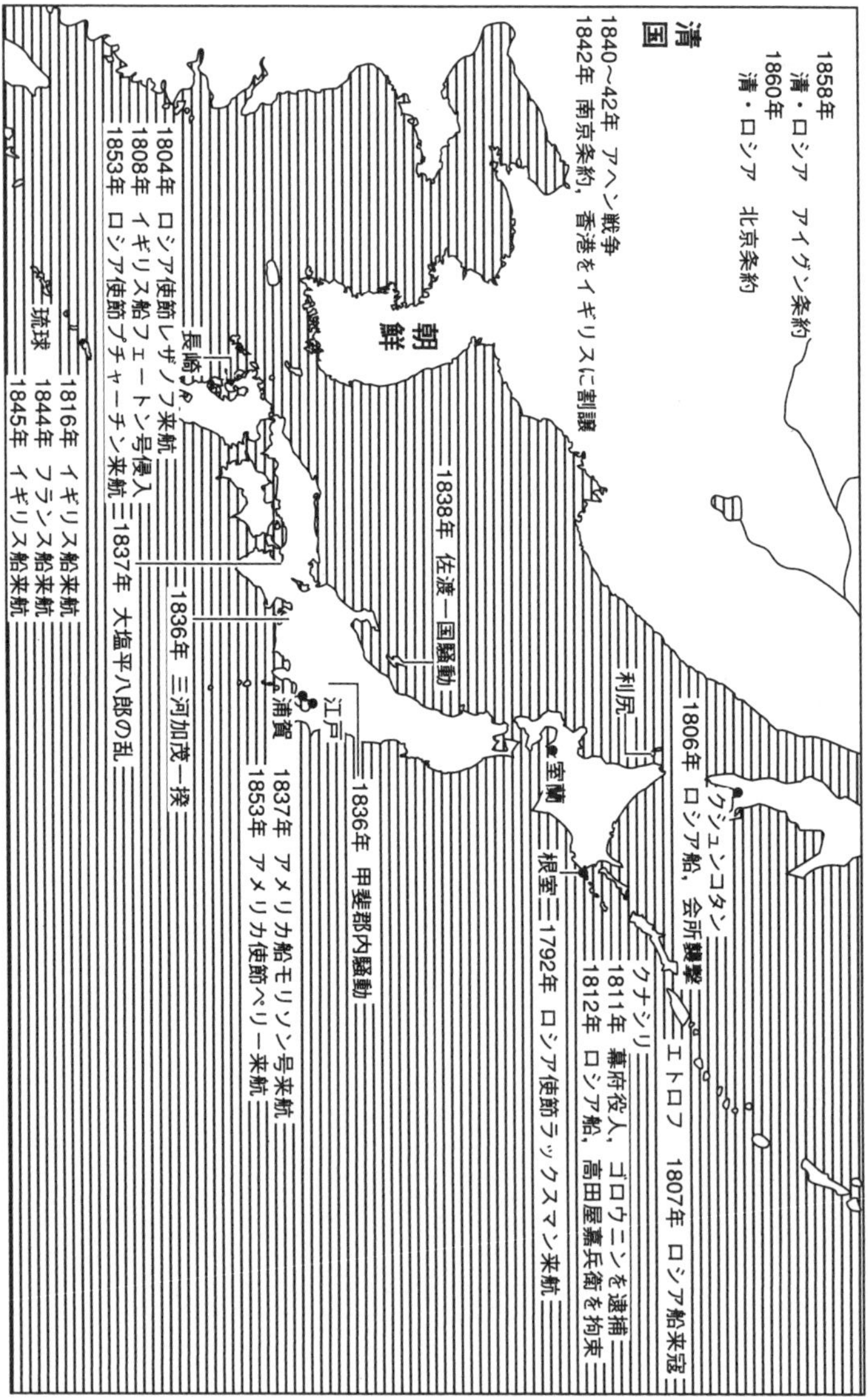
1858年 清・ロシア アイグン条約
1860年 清・ロシア 北京条約
清国
1840~42年 アヘン戦争
1842年 南京条約, 香港をイギリスに割譲
朝鮮
1804年 ロシア使節レザノフ来航
1808年 イギリス船フェートン号侵入
1853年 ロシア使節プチャーチン来航
長崎
琉球
1816年 イギリス船来航
1844年 フランス船来航
1845年 イギリス船来航
1837年 大塩平八郎の乱
1838年 佐渡一国騒動
1836年 三河加茂一揆
江戸
浦賀
1836年 甲斐郡内騒動
1837年 アメリカ船モリソン号来航
1853年 アメリカ使節ペリー来航
利尻
1806年 ロシア船, 会所襲撃
クシュンコタン
室蘭
根室
1792年 ロシア使節ラックスマン来航
クナシリ
1811年 幕府役人, ゴロウニンを逮捕
1812年 ロシア船, 高田屋嘉兵衛を拘束
エトロフ
1807年 ロシア船来寇

穀金銀に富める日本がまっさきに狙われるだろうというのである。

斉昭は水戸学の伝統のなかで「神国」意識を強烈にもった人物であった。「邪宗門」から「神国」日本を守るには、①文政八（一八二五）年の異国船打払令《うちはらいれい》に基づいて「夷船」を「盗賊同様」にみなし、みかけ次第に打ち払う、②漂流民を護送してきても受け取らず無二無三《むにむさん》に打ち払う、③オランダは「海外の目あかし」として渡来が許されてきたが、シーボルト事件を引き起こし、かつまた「邪宗門」の国と「合従」しているとの風聞なので今後入港を禁じる、④蘭学の禁止はもとより仏教も異国の「邪教」なので、日本国中「神社の氏子」とし「神国の道」を基本に教化する、⑤堅固の「大船」をつくり海防にあてる、といったファナティックな攘夷論を唱えていた。そうしたなかで、一日も放置できないのが北方の「蝦夷地」であると、その開拓・防備の緊急性を唱えてやまなかった。

すなわち、蝦夷地は西が満州に、北が「ヲロシャ」の南境に隣接しており、いわば「神国の裡門」にあたっている。むかし千島はすべて「日本の地」であったが、ロシア人が「ラッコ」島まで蚕食しているのは「神国の恥辱」で口惜しい。万一、蝦夷地が奪い取られ「出張《でばり》（砦・出城）」を構えられるならば、裡門に「敵城」があるようなもので、「神国の大変」このうえないことである。寛政年中（一七八九―一八〇一）蝦夷地を上知したのに、賄賂などによって松前藩に返したのは「失策」であった。極小家の松前藩は利益のみ貪り、「神国」のために蝦夷を切り開く意思が毛頭ないので、早急に蝦夷地を引き上げ、幕府の手による「鎮撫開拓」の処置が必要である。「日本の土地人民」が一寸一人たりとも異国に奪われるならば「日本の恥辱」であり、北地が「北狄」（＝ロシア）により蚕食されるのは、「武勇」すぐれたる「神国」

日本（＝幕藩制国家）の威信・存立にかかわるとする、およそ以上のような北方認識であった。

この『戊戌封事』より以前、斉昭はすでに蝦夷地の開拓を目論んでおり、松前を拝領し、自ら「彼地へ押渡り蝦夷ハ勿論島々無人所へ人をふやしカムサスカの辺を切随《きりしたが》へ日本の出丸」にしようと考えていた。天保五（一八三四）年一〇月、蝦夷地の上知と拝領を老中に建議したが、松前藩から没収するのは難しいとして採用には至らなかった。この建議のなかで、「北門の鎖鑰《さやく》」、「北辺の鎖鑰」という言葉が使われ、「四面皆海」のなかで防御の備えがもっとも憂慮されるのは蝦夷地であると主張していた。鎖鑰というのは、錠とかぎのことで、転じて外敵の侵入を防ぐべき重要な場所というほどの意味である。

天保一〇年には『北方未来考』をまとめている。斉昭による蝦夷地経営の具体案であるが、その要点は次のようなものであった。石狩川を遡り、要害ともなり入津の便もよい地に、「ユウイ（勇威）山」を北にとって城郭を建設する。松前・カラフト・アッケシ方面に通ずる海道を作り、家中に知行所を与えて土着させ、大臣・小臣を海道の左右ないし関所の近くに取り混ぜて配置する。百姓を農兵に仕立てるほか、浪士を呼び寄せ土地を渡し士分に取り立てる。請負人には皆この新しい城下に元店をおかせ営業させる。遊里を建てて「一日暮の者（その日稼ぎの者）」をつなぎとめる。「蝦夷人」については漁事・猟事のほか、家中の家来または百姓にし、器用で好むならば何業でもさせる。「蝦夷通事（通詞）」を「蝦夷教授」とし、いろいろ教えさせる。髭を剃り髪をたばねさせ、「日本言葉」を使わせ「夷言」は禁止する。夫ある「女夷」には眉を剃らせ、すべて「日本の百姓目当」てに生活習慣全般を改めさせる。開拓が進んだならば、国名を選び、蝦夷を「日出国」と改め、郡名・村名も「夷言」を止めて新たにつける、などといった内容である。別の蝦夷地全図の余白書き込みによれば、「北海道」という命名も考えていたようである。

以上、『水戸藩史料別記』によって、やや詳しく斉昭の蝦夷地論を紹介してみた。斉昭の再三の蝦夷地拝領の願いにもかかわらず、幕藩制下では希望がかなわなかった。維新政府のもとで徳川昭武の代、明治二（一八六九）年八月、天塩《てしお》国・北見国のうち五郡の「支配」が認められている。それはともかく、斉昭の尊攘論は幕藩制国家の鬼子のようなところがあり、幕閣に必ずしも受け容れられなかったが、当時の国家意識を先鋭的に示していた。さまざまな意見・考え方があったにせよ、斉昭の危機意識の方向に引っ張られ、近代国家の思考の枠組みに継承されていったともいえる。

その点を少し説明してみると、蝦夷地の「北門鎖鑰」論にみられるように、西洋＝「邪宗門」による包囲という過度な対外的危機意識をあおりながら、膨張的侵略主義とでもいうような見地に立っていた。蝦夷地を「神国」存立の生命線のように考え、「北狄」ロシアに侵略されるまえに開拓防備を厚くし、さらにカムチャツカの方に積極的に前進しようというのであった。「神国の恥辱」という国家的体面が異常に強調され、蝦夷地の防衛のため武士も浪人も百姓も、そしてアイヌ民族をも動員していこうという国家至上主義が前面に表れている。ここから近代日本がアジア侵略を大義名分化していった論法ときわめて似通った思考様式を感じとることは、さほどむずかしいことではなかろう。ただ、斉昭の危機意識は単に特異な個性の問題というよりは、幕藩制国家の対外的編成原理とも密接に関わっていたことを見失ってはいけない。

序章で述べたように、幕藩制国家は東アジアの漢字（＝中華）文化圏のなかで、明・清の冊封体制のなかに入らず、日本を小中華に見立て、蝦夷・琉球・朝鮮三国が衛星国のように取り巻き付属している、あるいはそうあるべきものと観念していた。そこに、異質な文化・政治体系をもつ「西洋」が蝦夷・琉球・朝鮮三国に割り込んできたとき、日本はどのような反応を示すことになるのか。近世後期にはさしあたりロシアの南下が国家意識をいたく刺激することになったが、蝦夷地の内国化にみられるように、従属国（実質があるか観念のみであるかは問わない）を国家の存立・権益に関わる地として内側に組み込んでしまおうという衝動が生まれる対外意識構造を、幕藩制国家自体が内包していたということができる。したがって、幕藩制国家の解体、明治国家の成立というプロセスのなかで、征韓論が生まれ朝鮮国への侵略策動を顕にし、また琉球処分・征台の役（台湾出兵）という一連の対外膨張的行動を生み出していったことは、ある意味で必然的なコースであった。近世後期・幕末期の蝦夷地における諸経験がアイヌ民族の「帰俗」政策を含め、近代日本の植民地問題の直接の先駆・前提であったと位置づける必要があるだろう。

一九世紀前期に成立した「北門の鎖鑰」論的な見方は、きわめて不幸なことに「敵」ロシア・ソ連のイメージとともに近代日本で増幅されてきた。戦後もまた、米ソの冷戦構造にあって国家的対立の図式のなかに北方地域がおかれ、人々の意識を拘束してきた。近現代のそうした歴史についてここで振り返ることはできないが、歴史研究のなかで近世北方史が国家的利益をいわば基準に評価されてきたことについては述べておかなくてはならないだろう。

たとえば、海保嶺夫著『日本北方史の論理』の巻末に付録として収められている「近世北海道地域史研究主要文献目録」をみればわかることだが、とりわけ一九三九(昭和一四)年頃から四五年の敗戦にいたるまでの時期、北方史論がにぎやかであったことが知られる。伝記学会編『北進日本の先駆者たち』、寺島柾史著『我等の北方―北進日本史―』など、「北進日本」とタイトルに冠した書名に象徴的であるように、日本の北方発展史が手放しに評価され、対露国防の歩み、蝦夷地探検家などの功績が喧伝された。近藤重蔵、最上徳内、間宮林蔵、松田伝十郎、松浦武四郎などといった人物が、もっぱら北進論の観点から取り上げられた。

そうした時代背景には、「皇国」日本による「大東亜共栄圏建設」のための「聖戦」という、歯止めのないアジア侵略に駆り立てられていった当時の日本があったことはいうまでもない。それらの著作の序文は、一様に「大東亜戦争」の「時局」を語っており、「四面環海」の日本にあって「南進」するにも「北の守り」が厳にされねばならず、北辺問題の重要性を喚起してきた「先覚者」の事績、あるいは幾多の犠牲を払ってきた歴史が顧みられ、将来に生かさるべきという発想に基づいていた。

もちろん、右にみた徳川斉昭(烈公)の蝦夷地開拓論が称賛されていたのは当然のことであった。前出『我等の北方』を例にあげると、烈公の北進論は徳川光圀以来の「北方経略の雄図」を受け継いでおり、百姓・漁人・町人に武芸を学ばせ非常防備にあたらせるというのは「常住の国民総動員組織」である、「しかも千島の果までも備を固め、追々はカムチャツカまでも取返すべしと極言してゐるから、その雄図たるやまことに遠大」などと、その「英邁卓識」ぶりがあれこれと紹介されている。そして、これらの開拓案はけっして「架空の論策」ではなく、「時勢非にして遂に空しく終つた」が、明治になりその遺志が継がれたと評するのであった。

戦後になって、こうした際立った北進論はなりをひそめたが、ソ連による千島（クリル）・南樺太の占領、サンフランシスコ講和条約における千島・南樺太の放棄、日本政府による「国有の北方領土」（北方四島）の返還要求という、領土をめぐる日ソ（日ロ）の対立が現にあり、しかも米ソの冷戦体制を背景としたソ連の軍備脅威論が強調されてきたから、旧来的な「北門鎖鑰」史観が批判にさらされることなく頑固に生き続けてきたといえよう。現在でも、近世後期の蝦夷地像が海防や蝦夷地探検というイメージで括られていることは、近世史研究者を含め少なからずみられることである。さらにいえば、近い将来、市場開放・自由貿易の資本主義的衝動とともに、再び北進論が装いを新たに闊歩しはじめないともかぎらない。

しかしながら、本書でささやかながら述べてきたように、近世から近代にかけての蝦夷地・北方の歴史は、「北門の鎖鑰」史観的な見方だけでは、その全体像が浮かび上がってこないのは明らかだろう。国家のために身を粉にしてどう貢献したか、という尺度だけでは、一面の真理を語ったことにしかならず、アイヌ民族の苦難の歩みや先住民族としての権利の問題が欠落してしまうことはいうまでもない。それだけにとどまらず、たとえば、松浦武四郎のようなアイヌ民族の境遇に深い認識をもっていた人物についても、「北進の先駆者」にしてしまうだけならば、正当な評価を見誤ってしまうことになろう。しかも、国家的利益というのも確かなものではなく、樺太の放棄が朝鮮に対する軍事行動についての密約を伴っていたといわれるように、政治的マキャベリズムは住民（アイヌ民族）の意思とはまったく別なところで判断を行なっていた。

さいわいにして、今日私達は「近代日本」（近世後期〜敗戦）を客観的に突き放して相対化できる地平にきた。敗戦は帝国主義の時代における侵略膨張主義的な「近代日本」の破局であったことをかみしめなければならないと思うが、戦後処理・戦後責任の問題はいまなお終わっていない。北方についても未解決の領土問題はもとより、樺太に残された韓国・朝鮮の人たちや日本人の悲痛な訴えがある。そうした課題から戦後生まれの世代といえども逃れられるものではないだろう。米ソ対立という意味での冷戦構造が崩れた現在にあって、国家を最優先する見方から解き放たれて、「近代日本」は国民やアジアの民衆、あるいはアイヌ民族にとって何であったのか、省み問うことのできる時代を本格的につくりだすべきだと考える。それは、近世北方史についても、近代日本で醸成された「北方発展史」観の付着をひとつひとつ剝ぎ取って、蝦夷地（アイヌモシリ）の実像を示していく必要があるということである。本書はそうした心意気をもって書いたつもりであるが、時代精神や研究史をいやがうえでも背負っているために、「北門の鎖論」史観的な遺産・発想から完全に自由であるとはいいがたいかもしれない。

その点で東アジア的な視野をきちんと据えておくことは、自国史的枠組みを相対化するうえでの保証・担保のようなものである。そうはいっても、日本近世史を学んできたにすぎない筆者にとっては、正直なところ荷が重く、以上述べてきたなかで「東アジアのなかの蝦夷地」像をどれだけイメージ豊かにできたか心許ないのが偽りのない心境である。これまでの「日本史」研究者の生産のされ方や、日本史・東洋史・西洋史の三区分にも問題があると思うが、今後、時代の要請によって日本史研究の枠組みを乗り越え、境域性と総合性を兼ね備えた北方史の成果が数々生み出されてくるだろう。それまでのほんのつなぎ役としての役割を果たすことができるならば、本書の目的はひとまず達していると考えたい。

あとがき

東北や北海道の江戸時代の歴史をおもな研究対象にしている私にとって、この本の執筆に取りかかった一九九三年という年は、国連が定めた「国際先住民年」であったというばかりでなく、大凶作、米の緊急輸入、そして米の自由化に道を開いたという点でも忘れがたい年であった。九三年の作況指数をみると、天明の飢饉などに近い冷害といえそうであるが、天明の飢饉では東北地方の太平洋側で少なくとも三〇万人を超える人々が食べ物に飢えて、あるいは疫病にかかって死んだと推定される。これはいまはやりの言葉でいえば、「市場経済」のなかに無防備なままに大名財政や民衆生活が巻き込まれていったための人災であった。

こうした奥羽の飢饉と、この本で述べてきた近世後期のアイヌ社会の急激な解体とは、現象形態こそ違うが、幕藩市場経済の暴圧に翻弄されたという意味で、同じ歴史的背景のうえにあったとみてもあながち間違ってはいまい。北海道・東北の歴史は日本の近代化ないし産業社会化をもう一方から照し出す鏡のようなものであり、この視座なくして日本史の再構成たりえないのではないかと思われる。全国市場のなかの近世蝦夷地・奥羽の位置は、現代でいえば、さしずめ多国籍化した日本企業のおもな進出先であるアジア（とくに東南アジア）の立場に比してよいかもしれない。

本文では取り上げなかったが、近世のアイヌ社会にも飢饉があった。『松前年歴捷径』によれば、天明三（一七八三）年夏、ソウヤおよびメナシで八〇〇人から九〇〇人が餓死、カラフトでも一八〇人が餓死したという。また、享和三（一八〇三）年正月には、飢渇に陥ったシャリ・ソウヤ場所のアイヌ二一八人が根室場所に助命を願って越境してくるということがあった（『休明光記』）。この飢饉の実態については、まだ未解明であるが、単なる不漁という現象だけではなくして、幕藩経済の発展と結びついた商人資本の企業的活動の席捲と無関係ではないように推測される。今後の課題としておきたい。

近世の蝦夷地・アイヌモシリの変わりゆくすがたをみつめていると、国家と民族、市場経済と地域、文明と未開の文化意識など、さまざまな論点にいやおうなしに突き当たる。しかも、それらが現代社会でも克服や解決が迫られている切実な課題であるような、すぐれて現在的テーマであることにしばしば圧倒される。朝日選書編集部から「近世東アジアのなかの蝦夷地」というテーマで書き下ろしてみないかとのお勧めをいただいたとき、正直いってそうした課題の重たさ、テーマの大きさに逡巡した。しかし、ここまで学んできたことをベースにして、どれだけのものが現段階で書けるのかという挑戦の気持ちのほうがまさって、一気呵成とまではいかないが、集中力を持続させながら何とか書き上げることができた。

これまで個別論文を書くのを基本としてきた私にとって、この本は一般読者向けのはじめての書き下ろし一冊となった。それだけにぎこちなさを随所にみせていると思うが、多少とも読みやすくなっているとすれば、川橋啓一氏をはじめ選書編集部の方々の適切な助言のたまものである。厚く御礼を申し上げたい。近年、北方ひろく通史的に考えてみることでいくつか新しい問題の発見につながったのは収穫であった。

史やアイヌ民族史に関わる研究の進展はめざましいものがある。これらの成果を咀嚼・摂取していくだけでも容易ではないが、これからまた実証研究を地道に積み重ねていき、一皮むけた通論をいつの日かまた書けることがあれば、というのが現在の心境である。

一九九四年七月一〇日

菊池勇夫

参考文献

序章

朝日新聞アイヌ民族取材班『コタンに生きる』(同時代ライブラリー、岩波書店、一九九三年)
荒野泰典『近世日本と東アジア』(東京大学出版会、一九八八年)
上村英明『世界と日本の先住民族』(岩波ブックレット二八一、一九九二年)
応地利明「絵地図に現われた世界像」(『日本の社会史』七、岩波書店、一九八七年)
関東ウタリ会『アイヌ民族と教科書—もう一つの教科書問題—』(同会シンポジウム記録集、一九九三年)
国立国会図書館調査立法考査局『外国の立法』第三二巻二・三号(特集先住民族、同考査局、一九九三年)
浜下武志『近代中国の国際的契機—朝貢貿易システムと近代アジア—』(東京大学出版会、一九九〇年)
北海道『アイヌ民族を理解するために』(北海道生活福祉部、一九九〇年)
北海道ウタリ協会『アイヌ民族の自立への道』(同協会、一九八八年)
本多勝一『先住民族アイヌの現在』(朝日文庫、一九九三年)

第一章の1

網野善彦『日本論の視座—列島の社会と国家—』(小学館、一九九〇年)
荒木陽一郎「蝦夷の呼称・表記をめぐる諸問題」一・二・三(『弘前大学国史研究』八七・八八・八九、一九八九～九〇年)
石母田正「日本古代における国際意識について—古代貴族の場合—」「天皇と『諸蕃』—大宝令制定の意義に関連して—」(『石母田正著作集』四、岩波書店、一九八九年)

今泉隆雄「律令国家とエミシ」(『新版古代の日本』九、角川書店、一九九二年)
入間田宣夫「中世エゾの人名について」(『北からの日本史』三省堂、一九八八年)
菊池徹夫「蝦夷(カイ)説再考」(『史観』一二〇、一九八九年)
喜田貞吉「『蝦夷』から『アイヌ』へ＝名称の変遷」(『喜田貞吉著作集』九、平凡社、一九八〇年)
金田一京助『アイヌの研究』(内外書房、一九二五年)
工藤雅樹「古代蝦夷の社会―交易と社会組織―」(『歴史評論』四三四、一九八六年)
熊谷公男「蝦夷の誓約」(『奈良古代史論集』一、奈良古代史談話会、一九八五年)
熊田亮介「蝦夷と蝦狄―古代の北方問題についての覚書―」(『東北古代史の研究』吉川弘文館、一九八六年)
児島恭子「エミシ、エゾ、『毛人』『蝦夷』の意味―蝦夷論序章―」(『律令制と古代社会』東京堂出版、一九八四年)
関口明『蝦夷と古代国家』(吉川弘文館、一九九二年)
高橋崇『蝦夷(えみし)―古代東北人の歴史―』(中公新書、一九八六年)
高橋富雄『蝦夷』(吉川弘文館、一九六三年)
高橋富雄『古代蝦夷を考える』(吉川弘文館、一九九一年)
埴原和郎「日本人の形成」(岩波講座『日本通史』一、岩波書店、一九九三年)
平川南「俘囚と夷俘」(『日本古代の政治と文化』吉川弘文館、一九八七年)
山田秀三『アイヌ語地名の研究』三(草風館、一九八三年)

第一章の2

伊藤喜良『日本中世の王権と権威』(思文閣出版、一九九三年)
入間田宣夫「中世奥北の自己認識―安東の系譜をめぐって―」(『北からの日本史』二、三省堂、一九九〇年)
入間田宣夫「日本将軍と朝日将軍」(『東北大学教養部紀要』五四、一九九〇年)

遠藤巌「中世国家の東夷成敗権について」(『松前藩と松前』九、一九七六年)
遠藤巌「蝦夷安東氏小論」(『歴史評論』四三四、一九八六年)
遠藤巌「『北の押え』の系譜」(『アジアのなかの日本史』Ⅱ、東京大学出版会、一九九二年)
大石直正「外が浜・夷島考」(『日本古代史研究』吉川弘文館、一九八〇年)
大石直正「中世の奥羽と北海道―『えぞ』と『日のもと』―」(前出『北からの日本史』)
大石直正「北の海の武士団・安藤氏」(『海と列島文化』第一巻、小学館、一九九〇年)
海保嶺夫『中世の蝦夷地』(吉川弘文館、一九八七年)
小林清治・大石直正編『中世奥羽の世界』(東京大学出版会、一九七八年)
斉藤利男「中世における正統イデオロギーと民衆的認識の世界―中世説話の中の『民衆神学』―」(『交流の日本史』雄山閣、一九九〇年)
斉藤利男『平泉―よみがえる中世都市―』(岩波新書、一九九二年)
佐々木慶市『中世東北の武士団』(名著出版、一九八九年)
高橋公明「夷千島王遐叉の朝鮮遣使について」(『北海道史研究』二八、一九八一年)
高橋崇『蝦夷の末裔―前九年・後三年の役の実像―』(中公新書、一九九一年)
長節子「夷千島王遐叉の朝鮮への書契にみえる『野老浦』」(『地方史研究』二四四、一九九三年)
平泉文化研究会編『奥州藤原氏と柳之御所跡』(吉川弘文館、一九九二年)
平川新「系譜認識と境界権力―津軽安東氏の遠祖伝承と百王説―」(『歴史学研究』六四七、一九九三年)
村井章介『アジアのなかの中世日本』(校倉書房、一九八八年)

第一章の3

『遺跡にさぐる北日本―中世都市十三湊と安藤氏―』(第一四回歴博フォーラム・市浦シンポジウム、一九九三年)

榎森進『北海道近世史の研究』第一部第一章「ユーカラの歴史的背景に関する一考察」（北海道出版企画センター、一九八二年）
榎森進「十三〜十六世紀の東北アジアとアイヌ民族―元・明朝とサハリン・アイヌの関係を中心に―」（『北日本中世史の研究』吉川弘文館、一九九〇年）
海保嶺夫『近世蝦夷地成立史の研究』第一部「中世蝦夷論」（三一書房、一九八四年）
菊池徹夫『北方考古学の研究』（六興出版、一九八四年）
菊池徹夫「アイヌ史と擦文文化」（前出『北からの日本史』二）
菊池俊彦「オホーツク文化の起源と周辺諸文化との関連」（『北海道の研究』二、清文堂出版、一九八四年）
越田賢一郎「北海道の鉄鍋について」（『物質文化』四二、一九八四年）
藤本強『擦文文化』（教育社歴史新書、一九八二年）
藤本強『もう二つの日本文化―北海道と南島の文化―』（東京大学出版会、一九八八年）

第二章の1

榎森進『北海道近世史の研究』第一部第二章「和人地におけるアイヌの存在形態と支配のあり方について」（前出）
海保嶺夫『幕藩制国家と北海道』（三一書房、一九七八年）
海保嶺夫『近世蝦夷地成立史の研究』第二部「近世蝦夷地の成立」（前出）
春日敏宏「豊臣政権期における松前氏の叙位・任官について」（『日本歴史』四四六、一九八五年）
春日敏宏「豊臣政権と『狄之嶋主』―松前藩制成立史の基礎的研究㈠―」（『北海道史研究』三七、一九八五年）
紙屋敦之「幕藩制国家の蝦夷地支配」（『思想』七九六、一九九〇年）
小林真人「商場知行制成立過程についての一考察」（『松前藩と松前』二二、一九八四年）
浪川健治『近世日本と北方社会』（三省堂、一九九二年）

長谷川成一「慶長九年の鷹献上文書について」(『弘前大学国史研究』七六、一九八四年)
長谷川成一「天正十八年の奥羽仕置と北奥・蝦夷島」(『北奥地域史の研究―北からの視点―』名著出版、一九八八年)

第二章の2

榎森進『北海道近世史の研究』第一部第三章「アイヌの支配と抵抗」(前出)
大井晴男「『シャクシャインの乱(寛文九年蝦夷の乱)』の再検討」(『北方文化研究』二一、一九九二年)
海保嶺夫『日本北方史の論理』(雄山閣、一九七四年)
金田一京助「義経入夷伝説考」(『アイヌ文化志』金田一京助選集Ⅱ、三省堂、一九六一年)

第二章の3

アイヌ民族博物館『アイヌ文化の基礎知識』(白老民族文化伝承保存財団、一九八七年)
泉靖一「沙流アイヌの地縁集団におけるIWOR」(『民族学研究』一六―三・四、一九五二年)
宇田川洋『アイヌ考古学』(教育社歴史新書、一九八〇年)
宇田川洋『イオマンテの考古学』(東京大学出版会、一九八九年)
大林太良『北方の民族と文化』(山川出版社、一九九一年)
河野広道「墓標の型式より見たるアイヌの諸系統」(『河野広道著作集』Ⅰ、北海道出版企画センター、一九七一年)
佐々木利和「イオマンテ考―シャモによるアイヌ文化理解の考察―」(『歴史学研究』六一三、一九九〇年)
『知里真志保著作集』三、生活誌・民族学編(平凡社、一九七三年)
豊原熙司「チャシとその性格」(『中世の城と考古学』新人物往来社、一九九一年)
藤木久志『戦国の作法―村の紛争解決―』(平凡社選書、一九八七年)
渡辺仁「アイヌ文化の成立―民族、歴史、考古諸学の合流点―」(『日本考古学論集』九、吉川弘文館、一九八七年)

第三章の1
榎森進『北海道近世史の研究』第二部第四章「近世北海道の都市―その構造と機能―」（前出）
海保嶺夫『近世蝦夷地成立史の研究』補論「場所請負制成立論―場所境界争論を中心に―」（前出）
海保嶺夫「場所請負制成立期に関する一考察―近藤家知行所・美国商場を中心に―」（『北海道開拓記念館研究報告』一三、一九九三年）
田端宏「松前藩における場所請負制成立過程についての一考察」（『蝦夷地・北海道―歴史と生活―』雄山閣、一九八一年）

第三章の2
榎森進「シャクシャインの乱―アイヌの人びと―」（『日本民衆の歴史』四、三省堂、一九七四年）
川上淳「奥蝦夷地（クナシリ・子モロ・アッケシ）の惣乙名ツキノエ・ションコ・イコトイついて―個別具体的なアイヌ史の試み―」（『根室市博物館開設準備室紀要』三、一九八九年）
北尾義一・井上研一郎他『波響論集』（波響論集刊行会、一九九一年）
根室シンポジウム実行委員会編『三十七本のイナウ―寛政アイヌの蜂起二〇〇年―』（北海道出版企画センター、一九九〇年）
飛驒屋久兵衛研究会『飛驒屋久兵衛』（下呂ロータリークラブ、一九八三年）
山口啓二『鎖国と開国』（岩波書店、一九九三年）

第三章の3
田端宏「幕府の蝦夷地経営（寛政〜文政期）の諸問題」（前出『北からの日本史』）
花崎皋平『静かな大地―松浦武四郎とアイヌ民族―』（岩波書店、一九八八年）
松浦武四郎研究会編『北への視角―シンポジウム「松浦武四郎」―』（北海道出版企画センター、一九九〇年）

第四章の1
秋月俊幸「コズイレフスキーの探検と千島地図」(『北方文化研究』三、一九六八年)
池上二良「カラフトのナヨロ文書の満州文」(『北方文化研究』三、一九六八年)
海保嶺夫「北方交易と中世蝦夷社会」(前出『海と列島文化』一)
海保嶺夫「『北蝦夷地御引渡目録』について—嘉永六年(一八五三)の山丹交易—」(一九九〇年度「北の歴史・文化交流研究事業」中間報告、北海道開拓記念館、一九九一年)
菊池俊彦「カムチャツカ半島出土の寛永通宝」(前出『北からの日本史』二)
菊池俊彦「銀の道—北海道羅臼町植別川遺跡出土の銀製品に寄せて—」(『平井尚志先生古稀記念考古学論攷』大阪・郵政考古学会、一九九二年)
児島恭子「18、19世紀におけるカラフトの住民—『サンタン』をめぐって—」(『民族接触—北の視点から—』六興出版、一九八九年)
児島恭子「カムチャツカの『アイヌ』をめぐる問題(菊池報告へのコメント)」(前出『北からの日本史』二)
高倉浩樹「アムール川下流・サハリン地域のニヴフに対する『現地調査』と『テキスト』をめぐる基礎的考察—ロシアと日本の人類学を中心に—」(修士論文)
中村和之「蝦夷錦の残存数とその研究の調査」㈠㈡(『北海道高等学校教育研究会研究紀要』二五・二七、一九八八・九〇年)
洞富雄『北方領土の歴史と将来』(新樹社、一九七三年)
松浦茂「清朝辺民制度の成立」(『史林』七〇—四、一九八七年)
第四章の2
榎森進「日本海海運と酒田—主に松前蝦夷地交易を中心に—」(『地方史研究』一八四、一九八三年)

堅田精司「大阪肥料市場に於ける松前物」（『北海道地方史研究』六二、一九六七年）
北見俊夫『日本海上交通史の研究』（法政大学出版局、一九八六年）
後藤一雄「越後における蝦夷地交易の一考察」（『越後・佐渡の史的構造』小林弌先生退官記念事業会、一九八四年）
小林茂「長州藩と松前交易」（前出『北海道地方史研究』六二）
斎藤善之『内海船と幕藩制市場の解体』（柏書房、一九九四年）
高瀬保『加賀藩海運史の研究』（雄山閣、一九七九年）
田島佳也「箱館産物会所の実態と特質―幕藩制解体期の商品流通―」（『研究論集』三、神奈川大学大学院経済学研究科、一九七九年）
田島佳也「北の海に向かった紀州商人―栖原角兵衛家の事跡―」（前出『海と列島文化』一）
田中圭一『帳箱の中の江戸時代史』下（刀水書房、一九九三年）
永井信「箱館産物会所の性格と意義―幕末産業統制の破綻―」（『北大史学』八、一九六一年）
中西聡「場所請負商人と北前船―日本海海運史研究序説―」（『商人と流通―近世から近代へ―』山川出版社、一九九二年）
平川新「大坂肥料市場と畿内国訴」（『歴史』七〇、一九八八年）
北水協会編『北海道漁業志稿』（国書刊行会、一九七七年）
牧野隆信『北前船の時代―近世以後の日本海海運史―』（教育社歴史新書、一九七九年）
牧野隆信『北前船の研究』（法政大学出版局、一九八九年）
水島茂「近世における北海道魚肥の普及と影響」（『富山史壇』三三、一九六六年）
守屋嘉美「幕府の蝦夷地政策と箱館産物会所―安政期幕政との関連で―」（『幕末維新期の研究』吉川弘文館、一九七八年）

山口和雄『明治前期経済の分析』（東京大学出版会、一九五六年）
山口和雄『日本漁業史』（東京大学出版会、一九五七年）

第四章の3

浅倉有子「天保期における東蝦夷地上知構想」（『19世紀の世界と横浜』山川出版社、一九九三年）
荒居英次『近世海産物貿易史の研究―中国向け輸出貿易と海産物―』（吉川弘文館、一九七五年）
荒居英次『近世海産物経済史の研究』（名著出版、一九八八年）
井上勝生「幕藩制解体過程と全国市場」（『歴史における民族の形成―一九七五年度歴史学研究会大会報告―』一九七五年）
上原兼善『鎖国と藩貿易―薩摩藩の琉球密貿易―』（八重岳書房、一九八一年）
大石圭一他「周益湘著『道光以後中琉貿易的統計』の研究」（『南島史学』二五・二六、一九八五年）
大石圭一『昆布の道』（第一書房、一九八七年）
小川国治『江戸幕府輸出海産物の研究―俵物の生産と集荷機構―』（吉川弘文館、一九七三年）
鶴見良行『ナマコの眼』（ちくま学芸文庫、一九九三年）
徳永和喜「島津氏の南島通交貿易史―南島の国際性と薩摩藩の琉球口貿易の展開―」（『海と列島文化』五、小学館、一九九〇年）

第五章の1

金田一京助『アイヌ語研究』（金田一京助選集Ⅰ、三省堂、一九六〇年）
黒田日出男『境界の中世象徴の中世』（東京大学出版会、一九八六年）
黒田日出男「『髭』の中世と近世―髭から何がわかるか―」（『歴史の読み方』一、週刊朝日百科日本の歴史別冊、一九八八年）

佐々木利和「アイヌ絵考―近世アイヌ民族誌記述の資料としての検討―」（前出『新版古代の日本』九）
田中健夫「倭寇図雑考―明代中国人の日本人像―」（『東洋大学文学部紀要』四一史学科篇一三、一九八八年）
田中健夫「倭寇図追考―清代中国人の日本人像―」（『東洋大学文学部紀要』四六史学科篇一八、一九九三年）
劉香織『断髪―近代東アジアの文化衝突―』（朝日選書、一九九〇年）

第五章の2

伊藤裕満「下北半島民とアイヌの文化接触―共通文様のアットゥシ受容をめぐって―」（前出『北からの日本史』二）
大塚和義「民族の象徴としてのアイヌ文様」（『アイヌモシリ―民族文様から見たアイヌの世界―』国立民族学博物館、一九九三年）
大塚徳郎『坂上田村麻呂伝説』（宝文堂、一九八〇年）
岡田芳朗『南部絵暦』（法政大学出版局、一九八〇年）
瀬川清子『若者と娘をめぐる民俗』（未来社、一九七二年）
田中秀和「近世北奥の寺社縁起と田村麻呂伝承―青森県津軽地方を事例に―」（前出『交流の日本史』）
塚本学『近世再考―地方の視点から―』（日本エディタースクール出版部、一九八六年）
豊田武『英雄と伝説』（塙新書、一九七六年）
浪川健治『近世日本と北方社会』（前出）
平川新『伝説のなかの神―天皇と異端の近世史―』（吉川弘文館、一九九三年）
守屋嘉美「文化期の盛岡藩政と民衆」（『近世日本の民衆文化と政治』河出書房新社、一九九二年）

第五章の3

梅原猛・埴原和郎『アイヌは原日本人か』（小学館ライブラリー、一九九三年）
橋川俊忠「日本における特殊主義の運命」㈠（『歴史と民俗』一、神奈川大学日本常民文化研究所、一九八六年）

衣笠安喜『近世儒学思想史の研究』（法政大学出版局、一九七六年）
国際シンポジウム記録『安藤昌益』（『現代農業』一九九三年臨時増刊、農山漁村文化協会）
中川裕「『ことば』が語るアイヌ人と和人の交流史」（前出『北からの日本史』二）
藤村久和「アイヌの霊の世界」（『創造の世界』三七、一九八一年）

第六章の1

浅倉有子「津軽藩の蝦夷地警衛—賦課方式と軍団編成に注目して—」（『人間文化研究年報』六、人間文化研究科、一九八二年）
金森正也『秋田藩の政治と社会』（無明舎出版、一九九二年）
高倉新一郎『新版アイヌ政策史』（三一書房、一九七二年）
田中秀和「幕府の蝦夷地直轄と宗教政策—蝦夷『三官寺』をめぐって—」（前出『近世日本の民衆文化と政治』）
藤田覚「蝦夷地第一次上知の政治過程」（『日本前近代の国家と対外関係』吉川弘文館、一九八七年）

第六章の2

秋月俊幸「幕末の樺太における日露雑居の成立過程㈠㈡」（『北方文化研究』一一・一二、一九七七・七八年）
石井孝「明治初期国際関係の概観—欧化と『脱亜』—」（前出『幕末維新期の研究』）
榎森進「日露和親条約と幕府の領土観念」（前出『近世日本の民衆文化と政治』）
西里喜行「琉球処分と樺太・千島交換条約」（『アジアのなかの日本史』Ⅳ、東京大学出版会、一九九二年）
麓慎一「幕末における蝦夷地政策と樺太問題—一八五九（安政六）年の分割分領政策を中心に—」（『日本史研究』三七一、一九九三年）
真鍋重忠『日露関係史』（吉川弘文館、一九七八年）
和田春樹『開国—日露国境交渉—』（ＮＨＫブックス、一九九一年）

第六章の3

榎森進『アイヌの歴史─北海道の人びと㈡─』（三省堂、一九八七年）
榎森進「近代日本と北方地域・アイヌ民族─明治初期を中心に─」（『宮城歴史科学研究』三六、一九九三年）
大阪人権歴史資料館『近代日本とアイヌ民族』（同資料館、一九九三年）
小川正人「徴兵・軍隊とアイヌ教育」（『歴史学研究』六四九、一九九三年）
貝澤正『アイヌわが人生』（岩波書店、一九九三年）
海保洋子『近代北方史─アイヌ民族と女性と─』（三一書房、一九九二年）
札幌学院大学人文学部『北海道と少数民族』（札幌学院大学生活協同組合、一九八六年）
田中修『日本資本主義と北海道』（北海道大学図書刊行会、一九八六年）
田中了／D・ゲンダーヌ『ゲンダーヌ─ある地方少数民族のドラマ─』（現代史研究会、一九七八年）
北海道開拓記念館『海を渡った武士団─旧仙台藩士の北海道開拓─』（同記念館、一九八九年）

終章

岩波講座『近代日本と植民地』一（岩波書店、一九九二年）
大沼保昭『サハリン棄民』（中公新書、一九九二年）
高木健一『サハリンと日本の戦後責任』（凱風社、一九九〇年）

全体にわたるもの

『新撰北海道史』二通説一（北海道庁、一九三七年）
『新北海道史』二通説一（北海道、一九七〇年）
『松前町史』通説編一上・下（松前町、一九八四・八八年）

本書に関連する拙著・拙論

『幕藩体制と蝦夷地』（雄山閣出版、一九八四年）本書第二章1・2、第三章2、第五章2、第六章1
『北方史のなかの近世日本』（校倉書房、一九九一年）本書第三章3、第五章1・3、第六章1・2
「近世奥羽の御国言葉―文化的位相をめぐって―」（前出『交流の日本史』）
「北方史研究の現状と課題―国家・境界・民族―」（『歴史評論』五〇〇、一九九一年）
「境界と民族（エトノス）」（前出『アジアのなかの日本史』Ⅳ）
「最上川流域と蝦夷地―流通史と生活史をつなぐ―」（『西村山地域史の研究』一一、西村山地域史研究会、一九九三年）
「鷲羽と北方交易」（『研究年報』二七、宮城学院女子大学キリスト教文化研究所、一九九四年）

補　論

小著（以下、本書）は一九九四年に刊行されてから、もう三〇年近くも経った。復刊にあたって、日本近世史に身を置く者が、なぜこのような本を書くに至ったのか、その経緯や背景的なことをいささか述べて、補論にかえたい。ただ、それは現在時点での振り返りであり、自己認識であって、実際その通りであったか、不確かさを含んでいるかもしれない。

執筆を始めた一九九三年は、本書の「あとがき」に記したように、国連の「国際先住民年」であったと同時に、異常気象による凶作年でもあった。翌年、本書とともに、『飢饉の社会史』（校倉書房）を刊行しているので、自身にとって研究の大きな節目の年であったように思う。本書のあと、アイヌ社会における災害史（飢饉・津波・疫病）にもいくらか取り組むこととなった。

東北史を媒介として

さて、歴史学を学びたいと志してから、地域史・地方史がさかんだった近世史（江戸時代史）へと関心が向かった。近世史研究が少なからずそうであるように、当初は藩政史（盛岡藩・八戸藩）のようなところからスタートした。やがて列島北部の東北・北海道へと地域の範囲がひろがり、幕政史や全国経済との関わり合いがみえてきて、日本近世史の全体像にも及んで論立てするようなことを心掛けてきた。

このような近世史研究に「蝦夷地」やアイヌの人々（民族）のことが視野に入ってきたのは、「奥羽」＝東北地方（大名・民衆）の歴史が北海道の歴史とふかく関わり合いながら展開してきたからである。このことについては本書でも述べ、また折に触れて書いてきたので繰り返さないが、いわば東北地方を媒介項としながら、近世の国家・社会とアイヌ民族との関係に視線を向けるようになったという経緯になる。渡島《おしま》半島南部（「蝦夷島」の一部）を領した松前藩は幕府から特権を与えられてアイヌ交易を独占することができたために、他の東北大名とはアイヌ民族との関わり方が異なった。しかし、地域社会としてみれば、津軽・下北《しもきた》など北東北とひと続きであるとみることができ、実際、「奥州松前」という自認識もあった。三河の人菅江真澄《すがえますみ》はアイヌ社会を含めて北東北・道南の遊歴の旅に人生を送った。なりゆきだったのかもしれないが、海峡をまたぐ地の歴史文化的な一体性、共通性を感じ取っていたのではないか（『道南・北東北の生活風景―菅江真澄を「案内」として―』清文堂出版、二〇二〇年）。

時間の長さと空間の広がり

本書は、アイヌ民族の歴史を軸に据えつつも、近世の「日本人」（和人）とアイヌの人々との関係の歴史に重きを置いて論述したものであるので、基本的には日本近世史のジャンルに入るであろう。近世は列島に人類が住んでから現代に至るまでの間の一時期であり、どのような歴史の位置、段階にあるのか、そのことがわからないと、歴史認識とはならない。そのため、歴史的前提として古代・中世に一章分をあてている。近現代にも紙幅は少ないが言及している。このように時間を長くとって、いちおう通史的な流れがつかめるようにしたということがある。

また、副題に「東アジアのなかの蝦夷地」とつけられているように、東アジア（北東アジア）という広がりをもって、アイヌ民族の歴史を日本史のなかに閉じ込めてみないようにも努めている。こうした時間・空間のとり方は、時代・地域ごとに区切られた歴史研究の習性のもとで、禁欲的であろうとすると、かなり無謀というか乱暴な仕儀になりかねない。ただ、それを曲がりなりにも可能にしてくれたのは、当時、「藩政史」「近世史」の枠・壁を越える、いくつかの研究動向（活動）に加わり、あるいは触れる機会に恵まれたからであった。

そうした、私自身にとって学びの機会となった二、三の研究動向（活動）について、本書の参考文献にあげていないものもあるが、現時点で重要と思われる書物（共同論集）を一つずつあげてみると、①加藤榮一・北島万次・深谷克己編著『幕藩制国家と異域・異国』（校倉書房、一九八九年）、②北海道・東北史研究会編『北からの日本史』（三省堂、一九八八年）、③平泉文化研究会編『奥州藤原氏と柳之御所跡』（吉川弘文館、一九九二年）の三冊ということになるであろうか。発行年は前後しているが、関わりの順序としてはこのようになる。

対外（国際）関係とアイヌ

①は、近世日本の対外関係の成り立ちを東アジア世界の動態のなかに位置づけて、「鎖国」という認識枠から「四つの口」論へと視座を転換させていく、そうした研究動向のなかでつくられた論集であった。多くの関連本があるが、これに絞っておきたい。この本の特徴として、「松前口と蝦夷地」「対馬口と朝鮮王国」「薩摩口と琉球王国」「長崎口と異国」の四つが対等の扱いで取り上げられたという新しさがあった。

また、「異域」という、まだ用語として定まっていない言葉を使い、琉球王国と蝦夷地（アイヌ社会）を、近世日本の「国内関係」においてではなく、「国際関係」としてとらえ、とはいっても社会編成のうえで幕藩制社会と切り離しがたい関係になっていることから、「異国」という距離感ほどではない、「異域」概念を設定したという、研究史上の意図があった。

これは、日本史の一部として、とりわけ東北・北海道の歴史認識では、古代史から近代史にまで横溢《おういつ》していた、いずれは内地に取り込まれていくべき「予定」の地としてみる、未開・開拓史観、あるいは東漸史観を批判し、克服しようとするものであった。「国際関係」ということは、「蝦夷地」（アイヌ社会）を「日本」から切り離し、「日本」ではない自律的・主体的な国・地域と認定しないと成り立たないことである。と同時に、近世では「日本」からの他律的な力が及んだことも軽視できない、そうした判断が働いて「異域」と呼んだのであった。

近世史で「異域」という用語が使われるようになった発端は、おそらくこのようなものであって、本書においても、「蝦夷地」を「異域」としていたのは（六八頁など）、基本的にこのことに与《あずか》っている。「東アジアのなかの蝦夷地」というバックグラウンドも、このような近世対外関係論の研究動向のなかで意識共有されたもので、風俗や華夷《かい》意識を取り上げたのもその見地からである。

しかし、「鎖国」あるいは「四つの口」に対する受け止め、あるいは「異国」と「異域」の区別について、「完全な合意」があったわけではない。各人の認識の違いや揺れ幅を認めてのことであった。「鎖国」という用語についてはひとまず措くとして、今にして思うと、とくに「異域」という言葉については、もっと吟味が必要であった。

たとえば、一八世紀後期に限ってみても、最上徳内《もがみとくない》の『蝦夷国風俗人情之沙汰』の「蝦夷国」、工藤平助《くどうへいすけ》や松平定信《まつだいらさだのぶ》の蝦夷地認識における「外国」というとらえ方が存し、林子平《はやししへい》には日本中心の華夷秩序的な「三国」（朝鮮・琉球・蝦夷）観がみられる。国学的な「外国《とつくに》」観もある。そうではなくても、「異域」には国家を形成していない「無主の地」というイメージを含みがちである。用語一つをとっても、それぞれの脈絡において意味をなし、実態と観念の間で、どのような用語が適切か、たえずの検討を必要としている。

歴史と考古と民族と

②は、一九八六年七月の北海道・東北史研究会による、ゆるやかな実行委員会形式での最初のシンポジウムとなった「函館シンポジウム」の記録である。発表報告を中心としながら、多くの関連論考が寄せられている。

その後、毎年のように各地を巡回してシンポジウムを開催し、弘前（一九八八年）の『北からの日本史』第二集（三省堂、一九九〇年）、上ノ国《かみのくに》（一九九〇年）の『海峡をつなぐ日本史』（三省堂、一九九三年）、根室（一九九二年）の『メナシの世界』（北海道出版企画センター、一九九六年）と続き、二〇〇二年「函館シンポジウムⅡ」まで一七回のシンポジウムが開催され、一〇点の図書あるいは報告書が刊行された（『北海道・東北史研究』創刊号、サッポロ堂書店、二〇〇四年）。以降は、シンポジウム形式から研究会（学会）に組織を改め、現在に至っている。

第一回の函館シンポジウムのテーマは、「前近代における地域・民族・国家を考える―北から見た日本史像の再構成をめざして―」であった。この企画は、近世史研究のごく数人から始まり、東北の古代・中世史研究者の賛同を得て開催にこぎつけることができたもので、「蝦夷」論を通して、前近代に限られてのことであるが、時代史の枠・壁を越えて、地域・民族・国家を同じ土俵で論じあう、それまでにはない試みとなった。

初回こそ歴史（文献史学）が中心ではあったが、第二回以降は考古学・民族学などの報告者・執筆者が加わるようになり、学際的な性格を帯びたシンポジウムとなっていく。学問の対象、目的、方法はそれぞれ異なるが、その違いを認識する機会でもあった。本書の通史的な叙述が可能となったのは、それらの成果をできるかぎり咀嚼《そしゃく》して、歴史像を再構成してみたいという気持ちが生まれたからであった。

このシンポジウムにおいて、北海道ウタリ協会副理事長貝沢《（澤）》正氏の「アイヌ民族の権利回復を目ざして」と題したアピールがあった。松前時代から近現代にかけてのアイヌの歴史を順々に語り、「北海道旧土人保護法」（一八九九年公布）を廃止して、「アイヌ民族に関する法律（案）」（「アイヌ新法」（案）ともいう、一九八四年、北海道ウタリ協会総会で可決）の制定への協力を求めた。その「前文」に、「この法律は、日本国に固有の文化を持ったアイヌ民族が存在することを認め、日本国憲法のもとに民族の誇りが尊重され、民族の権利が保障されることを目的とする」とうたい、「本法を制定する理由」の冒頭に次のように述べていた。

北海道、樺太、千島列島をアイヌモシリ（アイヌの住む大地）として、固有の言語と文化を持ち、共通の経済生活を営み、独自の歴史を築いた集団がアイヌ民族であり、徳川幕府や松前藩の非道な侵略や圧迫とたたかいながらも民族としての自主性を固持してきた。

このあとに、「第一　基本的人権」など、六項目が掲げられていた。本書の刊行後になるが、新法制定の運動が政治を動かし、一九九七年の「アイヌ文化振興法」公布、そして二〇一九年の「アイヌ施策推進法」公布となっていく。それによって何が実現し、何が残されているのか、原点としての新法（案）の歴史的意義がある。北海道・東北史研究会のシンポジウム開催は、こうしたアイヌの権利回復運動に促され、応えていく側面があった。

中世の居館研究から

③は、奥州藤原氏居館（秀衡《ひでひら》の館跡）と考えられていた「柳之御所《やなぎのごしょ》跡遺跡」の発掘成果についての検討の研究書である。北上川遊水地事業に伴う堤防とその上に造られる国道バイパスの工事のための、一九八八年以来の緊急調査によって、大量の出土遺物と庭園を含む居館遺構がすがたを現わした。一九九一年には全国の知るところとなり、活発な保存運動が繰り広げられることとなった。中心となったのは古代・中世史や考古学分野の研究者であり、直接その運動や研究に加わることはなかったが、幾度となく、発掘調査の現地説明会やシンポジウムにでかけたので、その熱気を感じた聴衆の一人であった。現在、中尊寺経蔵別当領であった「骨寺《ほねでら》」の荘園遺跡（一関市）の村落調査研究に加わっているのは、そうした縁による。

しかも、この柳之御所跡遺跡だけではなかった。時期をほぼ同じくして、奥州藤原氏のあとに登場してくる津軽安藤氏の十三湊《とさみなと》遺跡や、北海道渡島半島南部の松前氏初代武田（蠣崎《かきざき》）信広の勝山館跡の発掘調査が進められるなど、東北・北海道の中世居館が脚光を浴びた時期であった。北海道・東北史研究会のシンポジウムもその一端を担ったといえるが、報告・討論のあとの巡見が歴史の「現場」感覚を養うのに大いに役立った。

こうして、①〜③の研究動向が自身では嚙《か》み合って、粗削りながら、一九九一年に「北方史研究の現状と課題—国家・境界・民族—」(『歴史評論』五〇〇号、のち『アイヌと松前の政治文化論—境界と民族—』校倉書房、二〇一三年、に改題のうえ再録)を書くことができた。本書にも反映している「境界権力」という言葉は、このとき使ったものだった。本書のバックグラウンドを考えてみれば、およそ以上のようなものであったと思う。

①〜③を振り返って思うことは、いずれも個別の大学や機関の研究プロジェクトといったものではなかったということである。とりわけ②③の場になるが、特色として市民的研究者の参加も多く、運動的な側面をもっていた。

本書のあとに

さて、三〇年ほども経った今の時点で、新たに、同様の本を書こうとしても書けないであろう。近世の歴史研究として引き受けるべきテーマに的を絞って、その後は、たとえば、「酋長《しゆうちよう》」や「和人」という言葉の成り立ちや文脈、ロシアの接近とともに認識されはじめる「異国境」(エトロフ島)の政治・軋轢《あつれき》、アイヌの伝承に刷り込ませようとしてきた義経蝦夷渡り伝説の政治性、菅江真澄を通してみたアイヌ文化のすがた、史料批判を通してのクナシリ・メナシの戦いの真相、場所請負商人に雇われて働く北東北の民衆の行動、そのようなことなどに関心を注いできたからである（『十八世紀末のアイヌ蜂起』サッポロ堂書店、二〇一〇年、など）。その分、古代・中世や考古などの分野に目を向けることが乏しくなり、それらの新しい成果をフォローできていないのである。また、近現代史にもほとんど踏み入れる余裕なく過ごしてきた。

二〇二一年、北海道・北東北三県にまたがる合計一七遺跡で構成される「北海道・北東北の縄文遺跡群」が、世界遺産として登録された。さかのぼること、青森市の三内丸山遺跡の発掘調査が一九九二年に始まり、縄文時代前期〜中期の大規模な集落跡が大量の出土品とともに見つかり、世間を驚かせた。遺跡の保存と公開が決まり、二〇〇〇年には国の特別史跡となっている。『アサヒグラフ』など雑誌で話題となったのは、本書刊行と同時期（あるいは直後）であったので、本書で触れるところではなかった。

縄文文化・縄文人といっても、北東北から道南にかけての海峡を挟む地域の遺跡群（あるいは円筒型式土器などの分布）の範囲は何を示しているのか。その担い手はどのような人たちであったのか。アイヌの人々の歴史とのつながりを想定しなくては説明できそうにない。近世史の者には手に負えない。

近現代についていえば、函館シンポジウムが「前近代」と銘打っていたように、当時の関心は主要には前近代に向かい、近現代のアイヌ史研究を組み込めていなかった。本書も古代・中世に比べて近代が乏しい。その点に対する批判は受けなくてはならない。

本書の参考文献にあげていた、貝澤正『アイヌ　わが人生』（岩波書店、一九九三年）のなかに、たとえば「我が家の歴史」という遺稿がある。それを読むと、幕末のことも書かれているが、「近現代史」がいかにアイヌ一人ひとりの人生や暮らしに刻まれてきたかがみえる。今日、同化政策のもとでの差別や生活破壊とたたかってきたアイヌの活動・運動がより詳しく知られるようになり、またアイヌおよびその出自をもつ人々がみずからの人生や家族の歴史のことを語り、書くようになった。アイヌ史は近世史から近現代史へと確実に重点移動しているように思われる。

アイヌの近現代史については、榎森進『アイヌ民族の歴史』（草風館、二〇〇七年）が本文の四割程度のスペースを近現代史にあて、最初といってよい本格的通史となっている。最近刊の関根達人・菊池勇夫・手塚薫・北原モコットゥナシ編『アイヌ文化史辞典』（吉川弘文館、二〇二二年）も、近代史研究者の協力を得て、近代に関係する人物や事柄を少なからず立項し、物質文化や精神文化と合わせて、アイヌ文化を総体的に知ることができるものとなっている。石原真衣編著『アイヌからみた北海道一五〇年』（北海道大学出版会、二〇二一年）には三〇名を超える人たちが文を寄せ、近現代史を問い、今後に向けて発言している。むろん以上にとどまらない。

日本史の省察のために

刊行直後のことであるが、幕末のロシアによる樺太の占拠を述べたところで、文久元年（一八六一）のロシア軍艦ポサドニック号の対馬占拠事件についてまったく触れていない、という批判を頂戴したことを覚えている。また、その後の自他の研究で、クナシリ・メナシの戦いの翌年、ツキノエらが松前にきた（一一〇頁）というのは疑問があり、北海道は松浦武四郎が名付けたといえるのか吟味されている（一三〇、二三三頁）。しかし、復刊という性格上、誤植などを除き内容に手を加えることはしなかった。

最近においても、名前の知られている政治家などを含めて、アイヌの民族としての尊厳を傷つけるような差別的な発言が跡を絶たない。ネット社会の功罪でもある。同調・迎合的な空気が現状不満のはけ口として、もろもろの社会的弱者への揶揄《やゆ》となってあらわれている側面もあろう。そればかりでなく、国家の権威・権力を後ろ盾にしたような、自尊的で優越主義的な感情も働いている。根深いところでは歴史意識と結びついているのではなかろうか。

もはや「単一民族国家」は幻想でしかなく、多民族・多文化社会である現代日本において、「日本人」（和人）とアイヌの人々との関係の歴史を振り返ることによって、日本史の省察の一助となるならば、「読みなおす日本史」に加わることの意味がいくらかはあると思われる。

（二〇二二年一二月二〇日記）

本書の原本は、一九九四年に朝日新聞社より刊行されました。

著者略歴
一九五〇年　青森県に生まれる
一九八〇年　立教大学大学院文学研究科博士課程単位取得退学
現在、一関市博物館館長、宮城学院女子大学名誉教授

〔主要著書〕
『義経伝説の近世的展開―その批判的検討―』（サッポロ堂書店、二〇一六年）、『近世北日本の生活世界―北に向かう人々―』（清文堂出版、二〇一六年）、『クナシリ・メナシの戦い―事件の復元と歴史的位相―』（藤田印刷エクセレントブックス、二〇二三年）

読みなおす
日本史

アイヌ民族と日本人
東アジアのなかの蝦夷地

二〇二三年（令和五）三月一日　第一刷発行

著　者　菊《きく》池《ち》勇《いさ》夫《お》

発行者　吉川道郎

発行所　株式会社　吉川弘文館
郵便番号一一三―〇〇三三
東京都文京区本郷七丁目二番八号
電話〇三―三八一三―九一五一〈代表〉
振替口座〇〇一〇〇―五―二四四
http://www.yoshikawa-k.co.jp/

組版＝株式会社キャップス
印刷＝藤原印刷株式会社
製本＝ナショナル製本協同組合
装幀＝渡邉雄哉

ISBN978-4-642-07522-0

刊行のことば

現代社会では、膨大な数の新刊図書が日々書店に並んでいます。昨今の電子書籍を含めますと、一人の読者が書名すら目にすることができないほどとなっています。ましてや、数年以前に刊行された本は書店の店頭に並ぶことも少なく、良書でありながらめぐり会うことのできない例は、日常的なことになっています。

人文書、とりわけ小社が専門とする歴史書におきましても、広く学界共通の財産として参照されるべきものとなっているにもかかわらず、その多くが現在では市場に出回らず入手、講読に時間と手間がかかるようになってしまっています。歴史の面白さを伝える図書を、読者の手元に届けることができないことは、歴史書出版の一翼を担う小社としても遺憾とするところです。

そこで、良書の発掘を通して、読者と図書をめぐる豊かな関係に寄与すべく、シリーズ「読みなおす日本史」を刊行いたします。本シリーズは、既刊の日本史関係書のなかから、研究の進展に今も寄与し続けているとともに、現在も広く読者に訴える力を有している良書を精選し順次定期的に刊行するものです。これらの知の文化遺産が、ゆるぎない視点からことの本質を説き続ける、確かな水先案内として迎えられることを切に願ってやみません。

二〇一二年四月

吉川弘文館

読みなおす
日本史

読みなおす
日本史

- 鎌倉幕府の転換点 『吾妻鏡』を読みなおす　永井　晋著　二二〇〇円
- 奈良の寺々 古建築の見かた　太田博太郎著　二二〇〇円
- 日本の神話を考える　上田正昭著　二二〇〇円
- 信長と家康の軍事同盟 利害と戦略の二十一年　谷口克広著　二二〇〇円
- 軍需物資から見た戦国合戦　盛本昌広著　二二〇〇円
- 武蔵の武士団 その成立と故地を探る　安田元久著　二二〇〇円
- 天皇家と源氏 臣籍降下の皇族たち　奥富敬之著　二二〇〇円
- 卑弥呼の時代　吉田　晶著　二二〇〇円
- 皇紀・万博・オリンピック 皇室ブランドと経済発展　古川隆久著　二二〇〇円
- 日本の宗教 日本史・倫理社会の理解に　村上重良著　二二〇〇円
- 戦国仏教 中世社会と日蓮宗　湯浅治久著　二二〇〇円
- 伊達政宗の素顔 筆まめ戦国大名の生涯　佐藤憲一著　二二〇〇円
- 武士の原像 都大路の暗殺者たち　関　幸彦著　二二〇〇円
- 海からみた日本の古代　門田誠一著　二二〇〇円
- 鳴動する中世 怪音と地鳴りの日本史　笹本正治著　二二〇〇円
- 本能寺の変の首謀者はだれか 信長と光秀、そして斎藤利三　桐野作人著　二二〇〇円
- 餅と日本人 「餅正月」と「餅なし正月」の民俗文化論　安室　知著　二四〇〇円
- 古代日本語発掘　築島　裕著　二二〇〇円
- 夢語り・夢解きの中世　酒井紀美著　二二〇〇円
- 食の文化史　大塚　滋著　二二〇〇円
- 後醍醐天皇と建武政権　伊藤喜良著　二二〇〇円
- 南北朝の宮廷誌 二条良基の仮名日記　小川剛生著　二二〇〇円

吉川弘文館
（価格は税別）

読みなおす日本史

境界争いと戦国諜報戦　盛本昌広著　二二〇〇円
邪馬台国をとらえなおす　大塚初重著　二二〇〇円
百人一首の歴史学　関　幸彦著　二二〇〇円
江戸城　将軍家の生活　村井益男著　二二〇〇円
沖縄からアジアが見える　比嘉政夫著　二二〇〇円
海の武士団　水軍と海賊のあいだ　黒嶋　敏著　二二〇〇円
呪いの都　平安京　呪詛・呪術・陰陽師　繁田信一著　二二〇〇円
平家物語を読む　古典文学の世界　永積安明著　二二〇〇円
坂本龍馬とその時代　佐々木　克著　二二〇〇円
不動明王　渡辺照宏著　二二〇〇円
女人政治の中世　北条政子と日野富子　田端泰子著　二二〇〇円
大村純忠　外山幹夫著　二二〇〇円
佐久間象山　源　了圓著　二二〇〇円
源頼朝と鎌倉幕府　上杉和彦著　二二〇〇円
近畿の古墳と古代史　白石太一郎著　二四〇〇円
東国の古墳と古代史　白石太一郎著　二四〇〇円
昭和の代議士　楠　精一郎著　二二〇〇円
春日局　知られざる実像　小和田哲男著　二二〇〇円
伊勢神宮　東アジアのアマテラス　千田　稔著　二二〇〇円
中世の裁判を読み解く　網野善彦・笠松宏至著　二五〇〇円
アイヌ民族と日本人　東アジアのなかの蝦夷地　菊池勇夫著　二四〇〇円
空海と密教　「情報」と「癒し」の扉をひらく　頼富本宏著
（続　刊）